建築と設備の接点

トラブル予防のツボ

日本建築協会 企画

仲本尚志・馬渡勝昭・赤澤正治 著

学芸出版社

はじめに

　建物は建築デザインと構造及び設備のテクノロジーが融合され、各種の建築工事や設備工事によって完成される。建築と設備の関係者が協働し多種多様な組織体制の中で建設が行われるために、品質トラブルも発生する。

　既刊『建築品質・トラブル予防のツボ』（学芸出版社）では、主に建築に関する品質トラブルに焦点を当てて「ものづくり」の要点を示した。

　本書は建築と設備の取合い部分を「建築と設備の接点」と捉え、そこに焦点を当ててトラブル予防のための手引書とした。建築技術が多様化し、設備技術についても高度化、専門化すれば、そこに新しい接点領域が生じる。建築に占める設備の割合はますます増大し、それにつれて両者の接点でのトラブルも多く発生すると思われる。トラブルに視座を固定すれば、設計段階から建築と設備の相互理解のもとで「ものづくり」を進めることが予防につながる。

　接点で起きているトラブルの多くは、建築ならびに設備の担当者が、求められた設備の機能が発揮されて、必要な性能を満足しさえすればよしと考えているから起こるのである。「建築は誰のためにあるのか」という視点や、温暖化による環境の激変に対する省資源、省エネルギーといった観点から、建築と設備の枠を超えた取組みがますます必要となってきている。建設業界では生産プロセスの中でBIMの導入がなされ、デジタルコンストラクションの流れが一気に加速しているが、完成時をイメージする能力とコミュニケーション能力は、これからも欠かせない。

　本書では、第1部で建築工事のプロセスの中で押さえておかなければならない建築と設備の接点について解説し、第2部で建築と設備の接点・トラブル予防のツボ100を整理し、どこから開いても気軽に読めるように配慮した。建築に関わる若手技術者が建築と設備の接点における「トラブルに対する予知と予防」という発想で「ものづくり」の原点に立ち返るきっかけとなれば幸いである。

　なお、本書では設備全体のトラブルは扱わず、あくまでも建築と設備の接点と、そこで生じるトラブルを扱っている。

目　次

建築と設備の
接点はここだ

1

建築と設備の接点とは「取合い」

「建築と設備の接点」を建築と設備の「取合い」と定義し、「建物のライフサイクルでの接点」と「建物部位との接点」との二つに大別した。建物のライフサイクルでの接点についてはさらに、「計画段階」「設計段階」「施工段階」「維持保全段階」の四つに分けて解説する。

接点はここ！

① 建物のライフサイクルでの接点
② 建物部位との接点

1. チームワークによる「ものづくり」

建築と設備の技術者が協働して建物をつくる場合、最も大切なことは、相互理解に基づくチームワークである。設備設計者は計画段階から参画し、基本となる設備仕様とグレードの設定に総合的に関わり、仕様とグレードの整合性を持たせた計画を行わなければならない。計画、設計、施工、維持保全のすべての生産プロセスで接点の融合を図り、品質トラブルの予防措置を確実に行うことである。発注者の企画を受けての計画及び設計業務は、建築設計者が行うのが一般的であるが、設備設計者との相互理解に基づくチームワークによる「ものづくり」が大切である。

2. ヒューマンエラーによる品質トラブル

建築は受注生産であり、しかも一品生産で必ず現地生産することが特徴である。設計図書に基づき、現場で唯一無二のものをつくるために、どれ一つとして同じ工程、手順で建設されることはない。よって品質トラブルも同じような不具合が発生しても、その原因は一つ一つ異なる。そのために、工事手順のマニュアルを作成して、その手順どおりに施工をしても品質トラブル

は発生する。これらの品質トラブルは、予期せぬ自然災害に起因するものを除けば、ほとんどが建築生産プロセスに、関わる発注者、設計者、工事監理者、施工者、設備専門業者や職人等の関係者によるヒューマンエラー（人的な要因による誤り）に起因するものである。

> **ヒューマンエラーによるトラブル**
>
> 1 設計要因
> 2 施工要因
> 3 維持保全の要因

3. 設備システムの仕様・グレード設定

　建物が完成してから発生する不具合は、エンドユーザーの使い勝手に起因するものも少なくないが、設備システムの仕様やグレード設定を誤ったために、建物使用者から「こんなはずではなかった」というクレームを受けることがある。

　建築に対する社会的ニーズは高度化、専門化し、建物使用者のニーズも多様化している。それにより設備との接点も多岐にわたり、より専門化してきた。発注者のニーズに合致した建物を提供するには、発注者と設計者の間で仕様やグレードの設定の判断基準について納得のいくまで十分に協議をして、設備システムの仕様とグレードの設定を誤らないことである。そのためには設備システムの仕様やグレード設定の判断基準を発注者から明確に聞き出すことが一番大事である。

　工事契約時点で、すべての仕様を確定できずに未決事項を残して暫定契約図書で契約をする場合が多いが、仕様やグレードの設定に関する判断基準を明確にし、発注者と設計者、施工者が相互に契約条件や契約図書の内容に合意をしておくことが重要である。

2

建物のライフサイクルでの接点

　建物が完成し発注者に引き渡された時点で、建物のライフサイクルが完結するのではない。引き渡し後の社会的ニーズの変化による、建物への要求機能の追加や建物の老朽化などにより低下した機能の回復など、維持保全が繰り返し行われ、建物が存続する限り「建物のライフサイクル」が繰り返される。

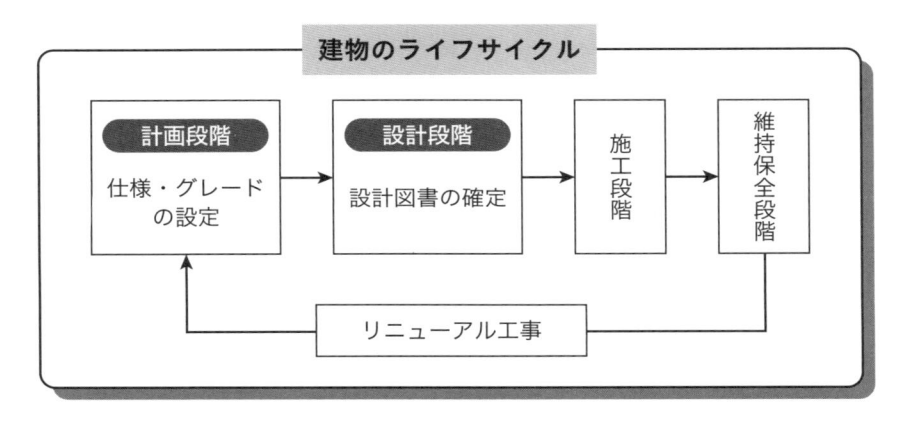

1. 仕様やグレードに標準はない

　発注者と十分な協議を重ねて、仕様やグレードの設定をしても、予算に合わせるために仕様やグレードの設定を下げ、建築主の要求品質を満たさなくなり、竣工後に「こんなはずではなかった」といった不満が、クレームにつながる。建物が竣工し1年が経過して初めて、発注者が当初求めていた設備システムや機器の性能が満足しているか否かが判明する。「クレーム減らしは金次第」と言われる所以である。

2. 建築のライフサイクルと設備との接点

　建物のライフサイクルの流れに沿って、フェーズごとの主な業務とそこでの接点について、「建物のライフサイクルと設備との接点」として整理した。接点での「トラブル予防のポイント」については、第2部の「トラブル予防のツボ100」を参照してもらえれば、押さえておかなければならないポイントが理解できる。

建物のライフサイクル	設備との接点
計画段階	接点 1 設備仕様・グレードの設定
設計段階	接点 2 立地条件 ①敷地境界線 ②隣接建物との関係 ③インフラの位置と引込み経路 ④電波障害 ⑤地盤 接点 3 関連法規 ①防火・防煙区画を貫通する設備配管等の仕様 ②機器設置の必要最小限のスペース等 ③防災関連 接点 4 ④省エネ法関連 接点 5 設備機器の防音・防振対策 接点 6 設備機器の耐震性能 接点 7 建物の構造耐力 工事区分
施工段階	接点 8 現地調査 接点 9 設備機器搬入計画 接点 10 総合図作成 接点 11 BIM の活用
維持・保全段階	接点 12 設備機器類の耐用年数を考慮した更新計画 接点 13 適切なメンテナンススペース

2・1　計画段階での接点

　計画段階は、敷地の立地条件や建物用途、規模、OA 化・IT 化のグレード等、建物に対する要求性能を把握し、設計要求品質である建物の機能、設備の仕様・グレードを明確にして、設計の基本方針を確定する段階である。

接点 I　設備仕様・グレードの設定

計画段階での接点はここ！

接点 I　設備仕様・グレードの設定
計画段階では、建物に対する要求性能を把握し、設備の仕様・グレードを明確にして設計の基本方針を確定させる

1.　建築主要望事項の確認

　計画段階の初期では、建築主の要求性能は明確になっていない場合が多いので、潜在的な建築主の要望をいかに引き出すかが鍵となる。設備システムや OA 化・IT 化への建築主の要望を明確にして設計の基本方針を確定させるのが、建築設計者や設備設計者の重要な役割である。建築主の要望事項を確認する項目は、建築主の特性や建物の用途、規模、ビル管理の方法により異なるため、最初に「建築主要望事項確認チェックリスト」（表 1）を作成して確認する。建物用途ごとに確認項目の内容も変わるが、基本的な考え方は変わらない。「建築主要望事項確認チェックリスト」で設計の基本方針を確定させた後は、設備の仕様・グレードの設定をするために、「設備仕様・グレード設定の分類・項目リスト」（表 2）で、建築主の要望事項を確認する設備仕様・グレードの設定作業に着手する。

表 1　建築主要望事項確認チェックリスト（事務所編の例）

確認項目	内　容
建物用途	● 事務所ビル 　注）商業施設編、生産施設編、医療施設編、ホテル編、集合住宅編等、 　　　建物用途別に建築主要望確認チェックリストを作成する
使用目的	● 自社ビル ● 貸しビル　他
使用時間帯	● 休日の有無 ● 24 時間対応　他
収容人員	● 全体、階別、ゾーン別、室別　他
設備システム	● 仕様・グレードの確認 ● 建築主予算　他
建築主仕様	● 建築主独自の設計基準・仕様書の有無 ● メーカー指定、業者指定　他
工事区分	● 工事、別途工事、テナント工事、支給品　他
保守管理	● 自営・委託（管理体制及び保守契約） ● 管理者の常駐・非常駐、既存建物の竣工図の有無
BCP 対応	● 電力及び情報の複数ルート、複数回線の引込み ● 非常用自家発電設備 ● 排水の再利用
将来計画	● 増改築の可能性
省エネ対応	● 高効率、VAV・VWV ● 回生電力 ● LED ● Low－e ガラス ● ペリメーターレス

2. 設備仕様・グレードの設定方法

　設備仕様・グレードの設定方法は、「設備仕様・グレード設定の分類・項目リスト (例)」(表2) により、建物全体として設定するのではなく、建物用途、プロジェクトの特性に合わせて分類・項目ごとに判断し設定する。変更できない絶対条件と選択可能な条件に整理して仕様・グレードを設定する。

表2　設備仕様・グレード設定の分類・項目リスト (例)

分　類	項　目	絶対条件	条件1	条件2
スペース	● 占有面積 （m²/人）			
空調室内の環境基準	● 冷暖房コントロール単位 ● 温度制御・湿度制御 ● 外気量 （m³/h・人） ● 気流 （m/s） 他			
室内騒音に関する基準	● 騒音値 （N/C）			
光	● 水平面照度・鉛直面照度 ● 照明器具			
情報通信システム	● 衛星電波受信 ● LAN ネットワーク ● 館内無線電話			
フレキシビリティ	● コンセント電気容量 （VA/m²） ● OA 機器発熱負荷 （kcal/m²） ● 分割可能テナント数			
セキュリティ	● 受電方式 ● 防災・防犯			
省エネルギー性	● PAL ＊ （パルスター） 空調、換気、照明、給湯、昇降機の一次エネルギー消費量			

> プロジェクトごとに、建築主と協議し、必ず守らなければならない絶対条件と、工事予算等から判断して、選択可能な条件1＞条件2に分けてグレードを設定する

3. BCP 対応について

近年、世界各地で起きている地震、津波、洪水などの自然災害やテロ、事故などの人為的災害等、事業に関わる様々なリスクが顕在化している。こうした自然災害や人為的災害などの不測の事態に対して、事業を継続させ、機会損失を最小限にするための復旧力、対応力を構築することが求められている。

BCP（Business Continuity Plan）とは、災害などの不測の事態が発生したときにでも、企業の重要業務が中断しないこと。また、万が一事業活動が中断した場合でも、目標復旧時間内に重要な機能を再開させ、業務中断に伴うリスクを最低限にするために平時から事業継続について戦略的に準備しておく計画のことである。政府（中央防災会議）は、大企業のすべて、また、中小企業の半数以上が BCP を策定することを目標に掲げている。BCP は事業を継続するための組織運営のあり方や行動指針として策定されるが、建築・設備のハード的な機能と整合していないことや、理想と現実が乖離しているケースが多く見られる。そうした中で、東日本大震災では、企業にとって多くの想定外の事態が発生した。

BCP を実行可能とするための建築・設備のあり方として建築そのものを耐震性や水害に対する安全を確保した堅固な建物とし、建物内のライフラインや重要な事業活動を支援する機能をあわせ持つ自己完結型の堅固な施設をつくることが求められる。これら BCP 対応は、建築と設備の接点に深く関わっている。

自己完結型の施設とするための BCP 対応

1. 電力及び情報の複数ルート、複数回線の引込み
2. 非常用自家発電設備
3. セキュリティ対策
4. 排水の再利用
5. 空調設備の信頼性の向上
6. 地震に強いエレベーター

2・2 設計段階での接点

　設計段階では、建築と設備の整合性を持たせて、設計図書を完成させる。設計図書等をまとめるためには、立地条件、関連法規、設備機器の防音・防振対策や耐震性能に対する検討や調査を十分に行い、設計図書を確定することが重要である。

設計段階での接点はここ！

接点2　立地条件
接点3　関連法規
接点4　設備機器の防音・防振対策
接点5　設備機器の耐震性能
接点6　建物の構造耐力
接点7　工事区分

接点2 立地条件

接点2 立地条件のポイントはここ！

① 敷地境界線
　　・境界杭、道路と敷地地盤の高低差の確認
② 隣接建物との関係
　　・給排気口、煙突、冷却塔の隣接建物との関係
③ インフラの位置と引込み経路
　　・引込み位置と管の埋設深さ管径の確認
④ 電波障害
　　・TV や情報通信等の受信障害の確認
⑤ 地盤
　　・土質や常水位の高さ、埋設配管等の不同沈下対策

接点3 関連法規

　建築設備を規制する法律は、建築基準法ならびに消防法の他、建築基準関係規定の16法令に加え、電気事業法、ビル管理法等、関連するものは多岐にわたる。

接点3 関連法規のポイントはここ！

- 1 防火・防煙区画を貫通する設備配管等の仕様
- 2 機器設置の必要最小限のスペース等
  - ①水槽、高架水槽の6面点検スペース
  - ②オイルタンク、受変電設備、ボイラーの設置スペース
  - ③設備機能を満足させるためのスペース
    - （各種床下水槽、天井内チャンバー、ガラリ、換気口等）
- 3 防災関連
  - ①消火水槽、②消火器、③スプリンクラー
  - ④消防活動用開口部、⑤ガス器具の給排気
- 4 省エネ法関連
  - ・太陽光発電設備

接点4 設備機器の防音・防振対策

　設備機器からの騒音・振動源の防止策は設計段階における重要事項の一つである。

接点4 防音・防振のポイントはここ！

- 1 騒音・振動源となる設備機械室と対象室との離隔距離
- 2 低騒音・低振動仕様の機器採用
- 3 騒音・振動経路の絶縁（浮基礎、防振吊り、EXP. J 他）
- 4 設備機器室の床、壁、天井、扉の遮音性能

接点5 設備機器の耐震性能

　建築設備の耐震性能は建物が健全であることによって発揮される機能である。建築設備の耐震設計は、建物全体の耐震性能と整合性を持たせることが重要で、日本建築センターの「建築設備耐震設計・施工指針」に準じて設計することを推奨する。

接点5 機器の耐震性能のポイントはここ！

1 転倒防止対策
　・転倒の恐れのないもの：移動防止用滑り止めを設ける
　・転倒の恐れのあるもの：浮き上がり止め、頭つなぎで支持する
2 防振支持
　・機器を基礎、スラブなどに防振装置を介して固定する
　・天井吊り下げの機器は振れ止めを設ける
　　注）運転時に振動が発生しても問題とならない場合は、床や天井の躯体に直接支持したり、基礎、スラブ等にアンカーボルトで直接固定支持する。

〈留意点〉
①機器と配管・ダクトは、それぞれ地震力に対する応答が異なるので、可撓継手を介して接続する。
②耐震支持のアンカーボルトは、ねじ部（谷径部）において十分な強度を持たせ、すっぽ抜けやコンクリートの割れが生じないよう、コンクリート強度、アンカー位置に注意する。
③地震時には、大きな変位を生じることが多く、移動・転倒防止のためにストッパーを設ける。

接点 6 構造耐力に関するポイントはここ！

① 設備配管やダクト等は、主要構造部を貫通してはならない。

② 電気配管等は、主要構造部へ埋設配管をしてはならない。埋設配管は集中させると、コンクリートが密実に打設できず、「ひび割れ」が発生して、雨水が浸入し鉄筋や埋設鋼管を腐食させる。

〈留意点〉

①配管の貫通、埋設をする場合は、構造設計者と対策を協議する。

②施工段階で、貫通や埋設配管の位置変更が生じないように、設計段階で十分に調整する。

接点 7 工事区分

　工事区分は、該当工事がどの専門職によって施工されるのが適切であり、最も経済的で高品質のものができるか、によって決める。見積落ちや重複等があれば、施工段階でトラブルが発生する。工事の関係者が工事区分について明確に理解できるように、工事区分表を作成し、責任の所在を明確にしておくことが大切である。

接点 7 工事区分のポイントはここ！

① 工事区分は、建築工事、電気工事、空調工事、給排水衛生工事、昇降機工事、その他工事に分類されるのが一般的である。

② 工事種別ごとの施工範囲と施工者を指示し、特記仕様書等に工事見積区分を表記する。

③ 多様化した専門職種間の担当工事領域を明確にする。

施工段階での接点

施工段階での設備との接点は、現地調査、仮設計画、各種申請手続き、工程管理、設備機器搬入計画、総合図作成と広範囲で多岐にわたる。建築、設備相互間の十分な意見調整がなされていないと、施工段階において、手戻り、施工方法の変更が生じ、工程・品質・工費に大きな影響が発生する。

施工段階での接点はここ！

接点 **8** 現地調査
接点 **9** 設備機器搬入計画
接点 **10** 総合図作成
接点 **11** トラブル予防としての BIM の活用

接点8 現地調査

現地調査は、計画や設計に着手する前にも行われる。施工段階での現地調査のポイントは、設計図書の記載内容と現地の状況に不整合がないかを確認することである。

詳細については、接点2を参照のこと。

接点9 設備機器搬入計画

主な機械室が地下にある場合と、最上階にある場合とでは、全体工程に影響するところが大きい。仮設の搬入口やクレーンの設置位置は、設備工事との関連を見て総合的に決めなければならない。新築時に設備機器の更新計画を考慮せずに、マシンハッチの位置を決めたり、機器搬入経路が確保されずに建物が完成すれば、設備機器更新時に、建物を一時的に休館したり、工事に困難をきたすばかりでなく、更新工事費が膨大となる。

接点 10 総合図作成

　総合図とは、作成された設計図書（建築図、構造図、設備図）から、構造躯体寸法や梁の位置、スラブ下がり等を読み取り、建築と設備間、設備相互間の関連工事について設備配管やダクトの取合いを考慮して器具配置を調整し、設備機器等の位置を各階平面図、展開図に記入したものである。

　総合図を作成する段階で、建築設計者、設備設計者、各種設備工事関係者が協働で、予想される問題点を抽出し、施工を着手するまでに対策をする。総合図を作成することは、BIM のワークフローの中で、フロントローディングや干渉チェックを通じて、予想される危険予知を行い、それに対する予防措置を行うのと同じ目的である。

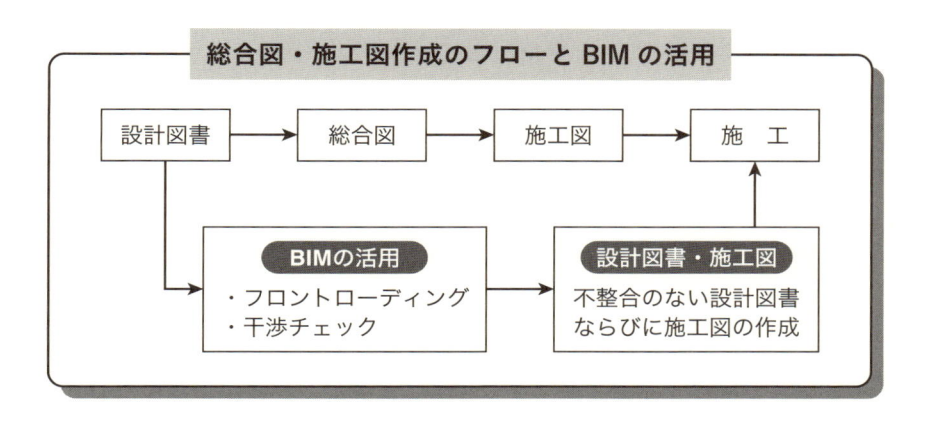

接点 11 BIM の活用

　建築の生産プロセスの流れの中に BIM が導入されて、デジタルコンストラクション（Digital Construction）の流れが一気に加速している。BIM（Building Information Modeling）とは、コンピュータで 3D の建物情報をデータ化し、ヴァーチャルに 3 次元モデルで建築を構築することである。建築、構造、設備や生産機器等、建築するのに必要なありとあらゆる情報をデジタル化して設計図書を纏め上げる。設計変更があった場合には、3 次元モデルを修正すれば自動的に変更内容が設計図に反映され、不整合のない設計図ならびに施工図を作成することができる。

　生産プロセスをヴァーチャルに可視化することにより、各種シミュレーションや干渉チェック等が可能となり、建築、構造設備の関係者が不具合の情報をいち早く共有して、トラブルに対する予防措置が打てる。「BIM ガイド」（2014 年 3 月国土交通省大臣官房官庁営繕）では IPC（ISO16793：2013 の国際規格）形式で入出力することになっている。異なる BIM ソフトウェアで作成された BIM モデルにも互換性を持たせることができる。

トラブル予防ツールとしての BIM

1️⃣ 設計の「可視化」と「整合性」

2️⃣ 干渉チェック（重ね合わせ）

　建築、構造、設備の設計図書の連動で、柱、はり、天井、ダクト、配管等の外形寸法や各種のクリアランスの干渉をチェックする。

3️⃣ 製品のユニット化、プレファブ化の開発ツール

　建築、設備の接点領域の融合により製品や部品のユニット化やプレファブ化を行い、内装工事一切を工場生産することも可能となる。ユニットバスやサニタリーユニット、システムキッチンユニット、外装カーテンウォールや電気配管等を組み込んだ設備間仕切りユニットなどが代表事例である。

デジタルコンストラクション

　今、建設業界はデジタルコンストラクションへの流れへ大きく舵を切っている。建築の生産現場はテンポラリーで、建てる建物も一品生産品である。BIM などデジタル情報技術を建築生産へ応用することにより、施工における精度の確保や安全性の向上、工期の短縮といったイノベーションが起きている。BIM やデジタルアプリケーションの普及などでデジタル情報技術が設計段階から施工段階まで統合され、建築デザインの革新と高品質、高精度の建物を創り出すデザインと生産技術の融合が生まれつつある。BIM データをフル活用して、デジタルのまま建築施工を実現する時代がやってくるかもしれない。こうした新しい建築の方向性をデジタルコンストラクションと捉えている。

　建設業界の業務形態はクラウド上で、BIM データ、ドキュメント等を集約管理し、あらゆるステークホルダーとの情報の共有基盤が確立されれば、建設業界の課題である、技能労働者の減少や高齢化、建設現場の生産性の向上にも寄与すると考える。IoT（Internet of Things）技術や AI 及びロボティックス活用の社会基盤が確立されれば、デジタルコンストラクションの流れが一気に加速されるだろう。

2・4 維持保全段階での接点

　設計・施工・維持保全は三位一体のもので、このバランスが崩れていては良い建物とは言えない。建物のイニシャルコストを低減するために、維持保全の側面を軽視すると竣工後にメンテナンスの不具合が生じたり、ランニングコストが想定以上にかかったりする。メンテナンスが容易で、設備機器が耐用年数に至っても建物機能を停止することなく更新ができることが大切である。

維持保全段階での接点はここ！

接点 12 設備機器類の耐用年数を考慮した更新計画
接点 13 適切なメンテナンススペース

接点 12 設備機器類の耐用年数を考慮した更新計画

　建築物の寿命に比べて設備機器の寿命は短い。建物の耐用年数は構造躯体で 50 年から 60 年、設備機器やそのシステムは 15 年から 20 年と言われており、建物本体が使用可能な間に、設備機器やそのシステムは数度の改修更新が必要となるのが一般的である。設備機器の機能低下の現象を調査・診断し、その影響が許容されるうちに改修・更新を計画・実施することが必要である。なお、屋上防水などでは建築のメンテナンス周期の方が短い場合もあり、設備に影響することもある。

設備機器の劣化要因

要因 1 経年変化や耐用年数による劣化
要因 2 法的要因
要因 3 社会的要因

要因1 経年変化や耐用年数による劣化

　設備機器やシステムは保守管理を徹底しても、経年により機能は徐々に低下していき、補修により機能を回復しえない状態に至り、寿命を迎える。物理的な劣化の進行は設計仕様、施工方法、保守管理や運転方法により異なり、結果として機能低下や機能停止といった機能障害を起こす。

要因2 法的要因

　建築基準法、消防法、省エネ法や公害防止法など建築設備に関する法律の改正に伴う遡及適用や、行政指導がある。既存の防火対象物に設置されている消防用の機械器具などは、規格の改正に伴って新規格に適合しないものは型式承認の効力を失う。これらは一定期間を限って規格に適合するものと交換しなければならない。また、建物を管理する側の安全意識や省エネ意識の高揚により設備機器の更新も行われる。

要因3 社会的要因

　経年による業務処理形態の変化により、建築設備の各種機能に対する要求品質も多様化、複雑化してくる。機能面、経済効率、省エネ、安全面や保健衛生面は建物が竣工した時と比較して要求品質にギャップが発生する。ギャップを解消することを目的とした更新計画の要因が社会的要因である。

接点13 適切なメンテナンススペース

　機器や配管類を取り換える時に、ビルの機能を停止することなくスムーズに工事が進められるように、当初の計画段階から更新・改修計画に必要なスペースを確保しておく必要がある。このスペースは設備機器類の日常管理のためのスペースにもなる。メンテナンススペースが適切に確保されていないために、定期点検や日常点検が困難となり、メンテナンスの不具合や場合によっては異常なランニングコストがかかる場合がある。設計や施工のうえで配慮されている機能上の特徴は、建築主や建物の保全管理者（設備管理技士）に「取扱説明書」を作成して、機器の操作とともに十分説明して建物を引き渡すことが大切である。適切なメンテナンススペースについては、環境衛生上問題となるものに対しては、ビル管法や給排水設備に関する国交省告示が出ている。

3
建築部位との接点

　建物部位との接点を、躯体関連、仕上げ関連、昇降機設備、外構関連の四つに大別して、「建築部位と設備との接点」として整理した。接点でのトラブル予防のポイントについては、第2部を参照してもらえれば、押さえておかなければならないポイントが理解できる。

建物部位		設備との接点
躯体関連	地下階	**接点14** 接地
		接点15 地下壁貫通部の止水対策（インフラの引込み、免震継手）
		接点16 各種地下水槽（蓄熱槽、汚水槽、消火水槽）
	地上階	**接点17** 外壁等への設備配管の打込み
		接点18 各種貫通部の処理（床や壁、防火区画貫通部、防水層貫通部）
		接点19 設備機器の振動・騒音対策、機械基礎の耐震性
		接点20 シャフトの納まり
	屋上階	**接点21** 屋上防水層貫通部の止水対策（ハト小屋、通気管）
		接点22 屋上防水と機器基礎
		接点23 避雷突針、アンテナ、ゴンドラの受信障害等
仕上げ関連		**接点24** 天井（点検口、照明計画、換気口）
		接点25 壁（遮音間仕切り壁、器具取付け、防湿・防熱仕様、ガラリ）
		接点26 床（配線ピット、床排水計画、防振仕様・浮基礎）
昇降機設備		**接点27** エレベーターの関連工事
		接点28 エスカレーターの安全対策
外構関連		**接点29** インフラの引込み（地中壁貫通部の防水処理）
		接点30 排水の公共下水道への接続
		接点31 埋設配管の地盤沈下対策

建築部位と設備との接点断面図

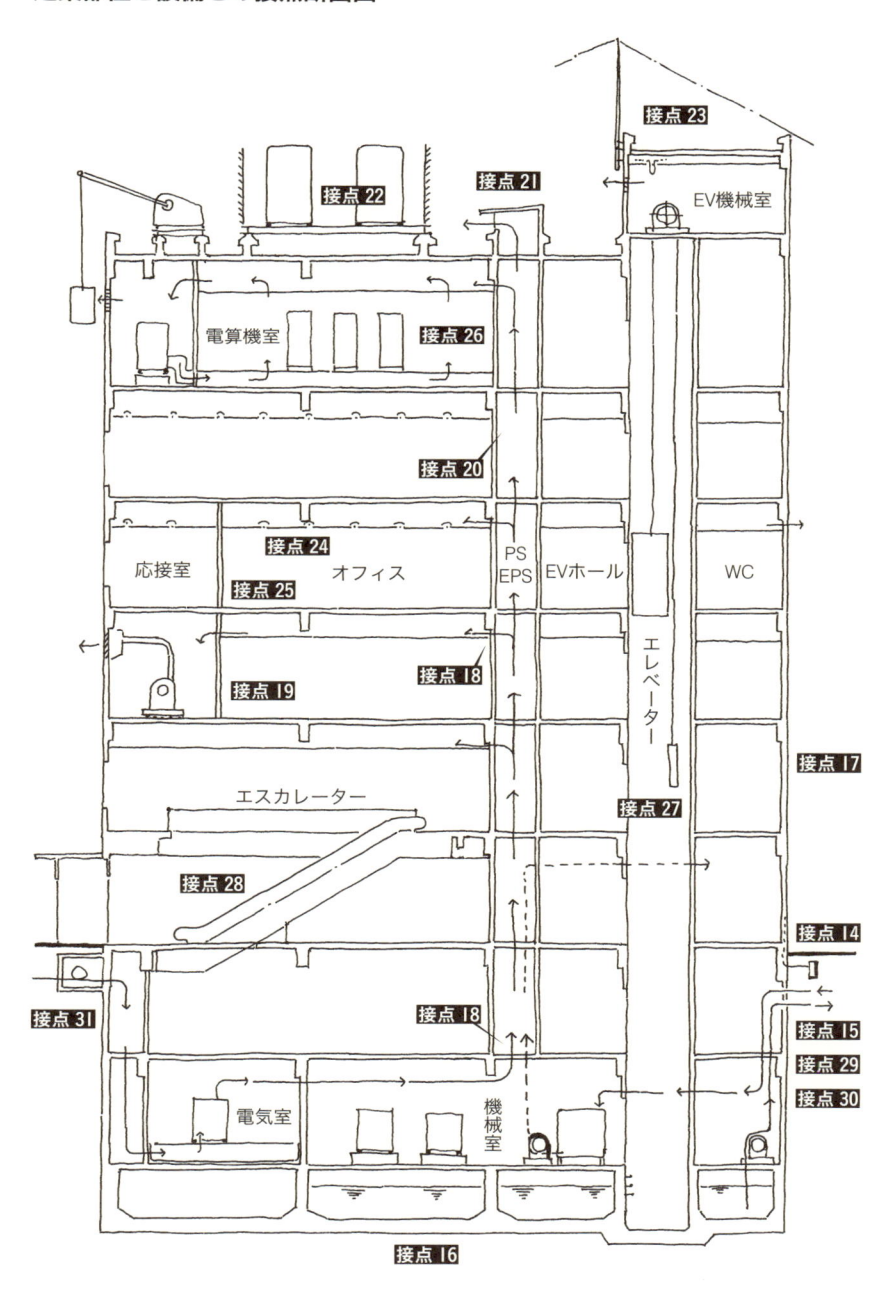

接点 23

EV機械室

接点 22　　接点 21

電算機室　　接点 26

接点 20

応接室　　接点 24　オフィス　PS EPS　EVホール　WC

接点 25

接点 19　　接点 18

接点 17

エスカレーター

接点 27

接点 28

接点 14

接点 31

接点 18

接点 15

電気室　　　　　機械室　　接点 29

接点 30

エレベーター

接点 16

3·1 躯体関連との接点

躯体関連部位を地下階、地上階、屋上階の三つに分けて解説する。

躯体関連部位との接点はここ！

【地下階での接点】

接点 14 接地

接点 15 地下壁貫通部の止水対策（インフラの引込み、免震継手）

接点 16 各種地下水槽（蓄熱槽、汚水槽、消火水槽）

【地上階での接点】

接点 17 外壁等への設備配管打込み

接点 18 各種貫通部の処理（床や壁、防火区画貫通部、防水層貫通部）

接点 19 設備機器の振動・騒音対策、機械基礎の耐震性

接点 20 シャフトの納まり

【屋上階での接点】

接点 21 屋上防水層貫通部の止水対策（ハト小屋、通気管）

接点 22 屋上防水と機械基礎

接点 23 避雷突針、アンテナ、ゴンドラの受信障害等

---

1 地下階での接点

　建物の地下階は、設備にとって心臓部ともいうべき、主要な設備機械室が配置されることが多く、インフラの引込みのために地下外壁を設備配管が貫通する。また、建物の基礎版を利用した各種地下水槽もある。

接点 14 接地

　接地を必要とする設備は、受変電設備に関するものの他、避雷針、電子通信機器、危険物等多岐にわたる。避雷針の接地極（JIS A4201）は、各引下導線に1個以上接続し、地下 0.75m 以上（電気設備工事監理指針）の深さに埋設する（➜ **037** 接地極導線からの漏水）。

接点 15 地下壁貫通部の止水対策（インフラの引込み、免震継手）

　地下壁貫通部の止水対策（➜ **004** 設備配管が外壁を貫通するとき）は、インフラの引込みや、地上階での外壁貫通部の処理や防水層貫通部の止水にも関係する。**接点 18** や外構関連との接点のところで併せて解説する（➜ **010** 配管類の継手は地震に強く／**012** 設備インフラを引き込むとき）。

接点 16 各種地下水槽（蓄熱槽、汚水槽、消火水槽）

　地下コンクリート躯体を利用した各種地下水槽には、蓄熱槽や排水槽（汚水・雑排水槽）、消火水槽や雨水貯留槽等の床下水槽がある。

地下水槽施工のポイントはここ！

①蓄熱水槽は断熱・防露対策

②排水槽は、防臭対策と躯体の腐食対策（➜ **078** ピットの汚水槽は腐食する）

③消火水槽を複数の地下ピットで構成する場合は、水槽容量は減圧計算して水槽容量を決定する（➜ **084** 消火水槽の有効容量）

④水槽壁を貫通する配管貫通部の止水処理

---

2 地上階での接点

中間階に設けられた機械室に設置した機器からの振動・騒音の伝搬や外壁ガラリ、配管の防火区画の貫通等、多岐にわたる。

接点 17 外壁等への設備配管打込み

電線管等設備配管は原則として、外壁や主要構造部への打込みは避ける。躯体に打ち込む場合は、構造体の断面欠損、コンクリートの被り厚さの不足によるひび割れの発生に留意する。ひび割れによる雨水の浸入や被り厚の不足により設備配管内に内部結露を発生させる恐れがある。

外壁等への設備配管打込みのポイントはここ！

①外壁やスラブへの配管打込みは、電線管相互の隙間を 40mm 以上とし、コンクリートの被りが取れない場合は、壁やスラブを増打ちし、被り厚さを確保する。

②打込み配管やボックス等はコンクリート被り厚を 25mm 以上とする。

③外壁や床がダブル配筋の場合は、必ず鉄筋と鉄筋の間に配管を打ち込む。

接点 18 各種貫通部の処理（床や壁、防火区画貫通部、防水層貫通部）

①床や壁の貫通部処理

一般的な床や壁の貫通部で注意すべき点は、貫通する配管やダクトが振動するか、振動を伴わないかで、貫通部の納まりや支持方法が異なることである。

②防火区画の貫通部処理

防火区画の貫通部処理は、火災が発生した場合に、壁床等の防火区画や鉄骨耐火被覆を貫通する設備部材や貫通部周辺からの火災の延焼、拡大を防止することにある。

防火区画の貫通部処理のポイントはここ！

①耐火構造の防火区画、防火壁等を貫通する配管は、両側 1m 以内の部分は不燃材とするか、または不燃材で覆う（令 129 条の 2）。
②防火区画、竪穴区画を貫通するダクトには、防火ダンパ、または防炎ダンパを設け、保守点検用の点検口が必要である。
③鉄骨耐火被覆の貫通部の配管断熱材はロックウールを使用する。
④乾式工法の場合は耐火被覆を施工後に設備配管を、湿式工法の場合は配管の施工を先行し、耐火被覆は後施工する。

③防水層貫通部の処理

　設備関連の防水層貫通部は、建物外壁や屋上防水等の雨がかりとなる場所や機械室や便所、厨房の内部防水部分がある。

防水層貫通部の処理のポイントはここ！

①外壁貫通部の処理は雨水浸入防止策。
②屋内防水層の設備配管貫通部止水処理と床の水勾配

接点 19 設備機器の振動・騒音対策、機械基礎の耐震性

　設備機械室の主要なものは、電気室、発電機室、蓄電池室、空調機械室である。機械室は地下階、中間階（地上階）、屋上階に設置されるが、地上階のところで、まとめて解説する。共通して言えることは、設備機器が発する振動・騒音対策や機器据付けに関する機械基礎との耐震性が主要なポイントである。

振動、騒音対策と機械基礎の耐震性のポイントはここ！

①機械室・電気室は吸音・遮音対策が必要。

②防振の必要な機器は、防振装置や耐震ストッパを取り付けて、移動、転倒を防止する。

③防振の必要がない機器は、基礎、床スラブ、壁、梁などに地震力に見合った方法で確実に固定する。

④配管・ダクトは防振対策
　設備機器や躯体とは、可撓性のあるフレキシブルな継手で、振動絶縁をする。

⑤コンクリート基礎は、原則として主要構造部と一体構造とする。

⑥設備機器に作用する地震力で機器が移動、転倒しないように、地震力に耐えるアンカーボルトで基礎に支持固定する。

⑦自立型機器で背の高いものは、転倒防止に頂部支持をする。

接点 20 シャフトの納まり

　シャフトからダクトや設備配管を取り出す部分には、設備配管類が集中する。コンクリート垂れ壁を設けて貫通箇所に箱入れをしておくと、配管施工後の貫通仕舞が容易である。

3 屋上階での接点

　屋上階での接点は、防水層を貫通する配管類や設備機器の基礎、避雷針やアンテナ、煙突等がある。

接点 21 屋上防水層貫通部の止水対策（ハト小屋、通気管）

屋上防水層貫通部の止水対策のポイントはここ！

①配管・ダクトの取出しは、ハト小屋を設け防水層を貫通しない。
　または防水立上り部より上部の壁を貫通して水切りを設ける。
②集合住宅の通気管は実管スリーブを打ち込み、防水層を巻き上げる。

接点 22 屋上防水と機械基礎

屋上防水と機械基礎のポイントはここ！

①機械基礎は、鉄骨架台の利用等で数を極力減らす。
②防水の施工上、防水アゴ間隔は 600mm 以上確保する。

接点 23 避雷突針、アンテナ、ゴンドラの受信障害等

避雷針・アンテナ等設置のポイントはここ！

①設置場所における風圧の状況などを考慮して計画する。
②集合住宅は原則、棟上げ導体を採用する。
　自立型避雷突針は、風による共振で、騒音・振動が伝搬する。
③アンカーボルトは躯体に打込みとし、支持材はステンレス製とする。

3·2 仕上げ関連との接点

　天井内や壁・床下に設ける設備機器や配管類は、仕上げ工事が完了すると、天井、壁、床の仕上げ材で隠れてしまい、建物が引き渡された後の維持保全に関わる人にとっては、直接見ることができずに、トラブルの要因につながることもある。

> **仕上げ関連との接点はここ！**
>
> **接点 24** 天井（点検口、照明計画、換気口）
> **接点 25** 壁（遮音間仕切り、器具取付け、防湿・防熱仕様、ガラリ）
> **接点 26** 床（配線ピット、床排水計画、防振仕様、浮基礎）

接点 24 天井（点検口、照明計画、換気口）

①空調設備の機能を十分に発揮させるために、ブレースや壁と天井のクリアランスも考慮し、適切なダクトの断面が確保できる天井内スペースを確保する。

②点検口はメンテナンスができる適切な位置に設ける。

③照明計画、照明の球替え・器具替え、シャンデリア等の落下防止策。

接点 25 壁（遮音間仕切り、器具取付け、防湿・防熱仕様、ガラリ）

①防露対策

②遮音・吸音対策：遮音間仕切りは上階スラブ下まで壁を伸ばす。遮音間仕切りに設備器具を取り付ける場合は、器具取付け用壁を遮音間仕切りに沿わせて設ける。

接点 26 床（配線ピット、床排水計画、防振仕様、浮基礎）

①床下配線ピットの止水や防露対策

②床の防振対策：浮床基礎等

③内部防水床の排水計画：厨房の床仕様、グリストラップ等

昇降機設備との接点

　エレベーター（EV）やエスカレーターとの接点には、建築基準法や同法関連法令、『昇降機技術基準の解説』（日本建築設備・昇降機センター、日本エレベーター協会）に準拠した設置基準や安全対策がある。

昇降機設備との接点はここ！

接点 27 エレベーターの関連工事
接点 28 エスカレーターの安全対策

接点 27 エレベーターの関連工事

①昇降路の壁は耐火構造

②地下水の湧水対策

③昇降路やピットへの雨水浸入対策

④昇降路内温度の維持

（➜ **093** エレベーターの関連工事）

接点 28 エスカレーターの安全対策

①挟まれ防止

②エスカレーターからの転落防止

③地震時のエスカレーターの脱落防止

（➜ **100** エスカレーターの安全対策）

3・4　外構関連との接点

外構関連での接点は、インフラの引込みや排水の公共下水道への接続等がある。これらのインフラに関する埋設配管では、とりわけ地盤沈下対策が重要である。

外構関連との接点はここ！

接点 29 インフラの引込み（地中壁貫通部の防水処理）
接点 30 排水の公共下水道への接続
接点 31 埋設配管の地盤沈下対策

接点 29 インフラの引込み（地中壁貫通部の防水処理）

インフラには、給水、ガス、電力、電話、通信線等の引込みがある。

建物内の土間埋設配管は原則として避け、ピット内配管とする。土間埋設配管は、工事中の外力による折損や沈下による水勾配不良、腐食などのトラブルにつながる恐れがある。トラブルが発生した場合にも点検が不可能であり、補修工事も困難を極める。

①給水の引込みは、公共水道の本管から最短距離で直角に分岐して引き込む。メーターは検針しやすい位置に設ける。

②ガスの引込みは、ガスメーターやガバナ室との関係から適切な位置から引き込む。

③電力、電話、通信線の引込みは、電柱またはハンドホールからの引込み位置を確認し、敷地内に構内柱の位置を決める。引込み線は他の敷地を横切ることはできない。

埋設配管後の埋戻しは、配管の養生をしっかりと施工し、埋め戻しの土を川砂や良質の土にすることも大事である。

インフラ引込みのポイントはここ！

1. 地中壁貫通部の防水処理
   - 貫通部は、つば付き実管スリーブを打ち込み、止水シールで、内外とも二重シールとする。
2. 地盤沈下対策
   - 予想沈下量に応じた処置をする。予想沈下量を超えた場合に、手直しができるように配慮する。
3. 地中埋設電線相互の離隔距離
   - 地中埋設電線相互及び地中電線と地中弱電電流電線とは離隔距離を 30cm 以上離す。

接点 30 排水の公共下水道への接続

官庁との打合せをし、放流量と位置・深さから接続先の最終会所を決める。

接点 31 埋設配管の地盤沈下対策

埋立て地はもちろん、地盤が良くても、建物まわりは地下工事や基礎工事に伴う掘削や埋戻しがあり、圧密沈下が発生する。沈下量に応じた適切な沈下対策が必要である。

① 沈下量に応じてゴム製またはステンレス製の可撓継手やスライド継手を設ける。

② 排水管に使われるゴム製の可撓継手は、直接埋設でもよいが、圧力のかかる配管には点検桝を設けること。

③ 建物際を走る配管は、建物からブラケットや受けスラブを出して建物本体から支持する。

④ 根切に際して、深さが 1.5m 以上の掘削をする場合は、山留めを設ける。

⑤ 埋戻しは、配管の水圧試験・防食処置が完了した後に施工する。川砂または良質な土を床付け面に 100mm 以上敷き詰めて、平坦にしてから管の敷設をする。

4 品質トラブル予防措置

1. 品質トラブル予防のポイント

　品質トラブル予防のポイントは、品質トラブルが起きてから対処するのではなく、品質トラブルを起こさないように建物をつくることである。

　生産プロセスの流れの中で、建築及び設備の担当者が問題点を抽出し、トラブルの原因となる要因を事前に除去することが、品質トラブルの最大の予防措置となる。品質トラブルが、どのような段階で発生し、それはどのような不具合を発生させたのかを、具体的な事象として認識し、その予防措置の方法について理解することが、トラブル予防のポイントと考える。

> **品質トラブル予防のポイントはここ！**
>
> 1 設計段階で解決しておくべき項目
> 　①防露対策、防振・防音対策
> 　②梁貫通、壁貫通部の構造補強
> 2 設備に付随する建築工事は、工事区分を明確に
> 　①ガラリ、点検口、機械基礎等
> 　②設備の躯体貫通部分の仕舞い
> 3 工事手順の調整
> 　①埋込み配管、スリーブ入れ等
> 　②配管やダクト取付けと仕上げ工事
> 　③機器搬入等と仕上げ工事

2. 「暗黙知」から「形式知」へ

　トラブルに対する予知能力を持つことは、簡単ではない。先人の失敗例に学び、トラブルに遭遇した時に、先人から伝授された対処法や、そこから学んだノウハウをいかに応用するかが、品質トラブル予防のポイントである。

3. 品質トラブル予知と予防のサイクル

建築の「ものづくり」は現地現物で

・現場で唯一無二のものをつくる
・同じ工程、手順で建設されることはない

同じような不具合でも、その原因は一つ一つ異なる
マニュアルどおり施工しても、トラブル予防は困難

トラブル要因はヒューマンエラー

・設計に起因するトラブル
・施工に起因するトラブル
・完成引渡し後に起こる不具合

建物完成後に起きる不具合の大半は、設備システム
の仕様・グレード設定の誤りである

品質トラブル予防措置
─「暗黙知」から「形式知」へ─

・先人の失敗に学び予知能力を高める
・トラブル要因の情報を関係者が共有する

トラブルが起きてから対処するのではなく、
トラブルを起こさないように建築をつくる

図式化すれば接点が見えてくる

「建築と設備の接点」を図式化すれば以下のようになる。

建 築　　接 点　　設 備

　「第1部　建築と設備の接点はここだ」では、トラブル予防に視座を固定して、接点1から接点31に整理して解説している。「建物のライフサイクル」「建物部位」「接点でのトラブル」等々の観点をもとに、「建築と設備の違い」を「見える化」すれば、接点がよりはっきりと浮かびあがってくる。

建 築	接 点	設 備
ロングライフ（長寿命化）（構造躯体で 60 年）	ライフサイクル（法定耐用年数）	更新に対するフレキシビリティ（設備機器やシステムは 15 年）
躯体関連・仕上げ関連	建物部位	設備機器、配管類等
漏水、結露、振動騒音	トラブル	設備機器単独の故障
空間を利用	機能	システム機能の結果を利用
広い狭い、高い低いは寸法で確認（劣化診断には診断技術が必要）	機能・性能の確認	暑い寒い、明るい暗いは、計器測定（システム性能は診断装置・技術が必要）

　「建築と設備の接点」を論じるときに、まず理解をしておかなければならないことは、「建築と設備の違い」である。

　「建築」は構造体を構成し、それを外装材で囲って空間を利用する。雨漏りがする、振動・騒音がするなどのトラブルが起こった場合、原因と結果の診断は簡単にできる。

　「建築設備」は、熱交換器類や搬送用の回転機器と配管、ダクトなどで1つのシステムを構成し、水が出る、冷風が出る等の2次的な機能を利用している。寒い、暑い、明るい、暗いなどのトラブルの原因と結果の診断は簡単にできても、システム内で行われている変換効率や機器類の運転状況は直接に肌で感じることはできない。たとえ無駄や無理があっても現象として捉えることが難しく、長年にわたって無駄な浪費を建築主に強いるというケースも起こりうる。

　「設備機器単独の故障」は、接点でのトラブルには含まれないが、設備システムや設備機器の故障に起因して、不意に発生するトラブルは、日常の保守点検を十分に行い、設備機器の診断を定期的に行えば回避できるトラブルである。設備更新計画に基づいて設備システムや設備機器のリニューアル更新を実施することが建物を経済的に長持ちさせる秘訣である。

第 2 部

トラブル予防のツボ 100

　企業の研修センターで、研修が終わった後に、多くの研修生が自室のシャワーを利用した。しばらくして、お湯がぬるくなり、だんだん水に変わって、寒いと苦情が来た。建築主は予想もしていなかった。たが、ほかにも「暖房が効かずに寒い」「ランニングコストが高くつく」等々の「こんなはずではなかった」という苦情をよく聞く。建築設備の評価は竣工して1年が経過して初めて、設備システムや機器の性能が建築主ニーズに合致しているか否かが判明する。

1.　建築を使う側に立った「ものづくり」

　「こんなはずではなかった」という事例の多くは、建築主が当初考えていたイメージと完成時の状況が掛け離れていたために起きる。建築主要望事項の確認は重要事項である。要望事項には建築主固有の要求性能や建物用途などの絶対条件（譲れないもの）と選択可能な条件（譲れるもの）とがある。仕様に関するトラブルの多くは、選択可能な条件に該当する建物の基本機能に対する判断基準を明確にしていなかったために起きている。建築主の要求品質に対する考え方をいかに明確に聞き出すかがカギとなる。

2.　建築主要望事項の確認はどうする？

　冒頭の事例で、建築主要望は「研修のために個室を設け、いつでも好きな時にシャワーを利用できるように」であったはずである。建築主の要望は「シャワーを利用できたら良い」だけではないことを明確にする必要がある。詳細な建築主の思いを「建築主要望事項」として作成する必要がある。また、併せて評判の良い類似建物を実際に建築主と一緒に視察・確認することで、要望事項をより確かなものとすることができる。

3.　仕様・グレードをどう設定する？

　建築主要望事項は概念的で漠然としているところが多い。これを建築・設備の仕様やグレードに設定しなければならない。シャワーをいつでも好きな時に好きなだけ利用できる方法は個別給湯方式や貯湯式などいくつかあるは

ずである。それぞれイニシャルコストやランニングコストもメンテナンスも違うし、メリット・デメリットがある。それらを「仕様比較表」などでわかりやすく建築主に説明し、十分な協議をして設備の仕様・グレードの設定がなされなければならない。「譲れるもの」と、「譲れないもの」とのプライオリティも明確にする必要がある。

4. 設備の仕様・グレードに標準はない

設備の性能基準は、建築基準法や日本建築学会等で規定されている。これらは設備の仕様・グレードの設定のための指標であって、基準ではない。設備仕様・グレードは、建物用途、プロジェクトの特性に合わせて総合的に判断して設定する。

設備仕様・グレード設定のワークフロー

①要求品質の確認
建築を使う側に立った「ものづくり」

建築主要望事項確認チェックリスト

チェックリストは建物用途別に作成する。
(➡ p.17 接点 1 表 1)

②仕様・グレードの確認
仕様比較表を作成し、絶対条件や選択可能な条件を確認する

設備仕様・グレード設定の分類・項目リスト

設備仕様・グレードは、建物全体として設定するのではなく、プロジェクトの特性に合わせて総合的に判断する。
(➡ p.18 接点 1 表 2)

③仕様・グレードの設定
設計の基本方針を確定させる

設備仕様のグレードに標準はない

イニシャルコストやランニングコスト、メンテナンス性を考慮して、総合的に判断する。

設備全般

電気設備

空調設備

給排水設備

ガス設備

防災設備

昇降機設備

　設備機械室の面積が狭く、設備機器や配管等の保守・点検がしにくい例を見かけることがある。建物のライフサイクルに視点を当てて建築と構造はロングライフ（長寿命）化を図り、設備は一定の耐用年数経過後の更新計画を容易にするフレキシビリティに重点を置いた設備スペースの計画とすることが重要である。

1. 設備スペースは、日常の保守・点検を第一に

　建築基準法に規定された設置スペースの確保は当然であるが、建物の有効率やレンタブル面積の向上のみを考慮して設備機械室やパイプスペースを決定すると、設備機器や配管の日常の保守・点検に支障をきたす（図1）。

保守・点検のしやすさとは

①容易に設備機器に寄りつけて五感で状態を確認できる空間とする。

②機械の用途に応じたメンテナンススペースを確保する。

③保守・点検の動線を明快にする。保守・点検の活動をルーティン化し、間違いなく効率よく維持保全ができる。

④用具庫を設け、保守・点検に必要な用具を完備する。

　（→ **018** メンテナンスを考慮したパイプスペース）。

2. フレキシビリティに重点を置いた設備スペース計画を

　設備機器は耐用年数の劣化の他に、不意の故障による取換えも起きる。設計段階で設備更新計画を設計図書に反映しておくことが大事である。

①メカニカルフロア（中間階に設けた機械室）には、外壁から機器類の搬出入ができるように、大型扉や吊りフック等を予め設置しておく（図2）。

②研究施設などは外壁にメカニカルデッキ（設備バルコニー）を設ける（図3）。

③地下に設ける機械室にはマシンハッチを設置する。

④機器搬出入のために、間仕切壁を撤去できるようにしておく方法もある

　（→ **021** 大型設備機器は更新を考慮する）。

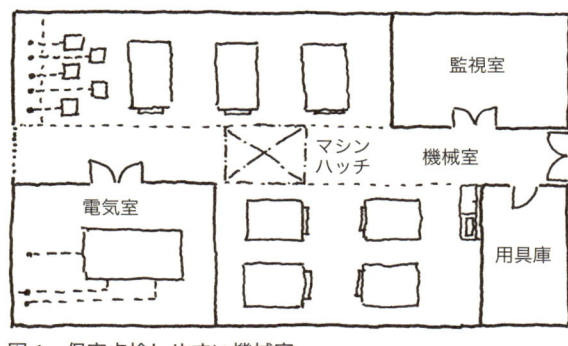

図1　保守点検しやすい機械室

マシンハッチ
監視室
機械室
電気室
用具庫

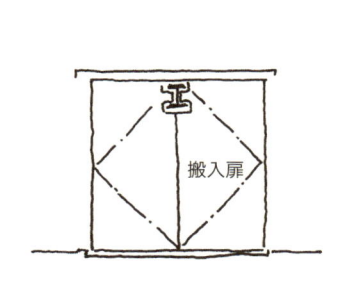

搬入扉

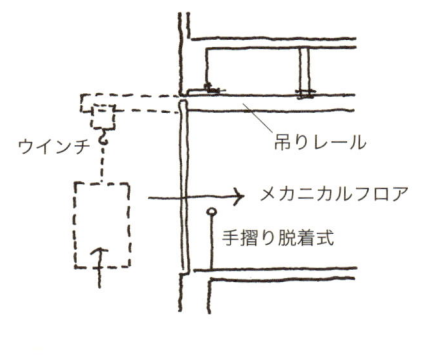

ウインチ
吊りレール
メカニカルフロア
手摺り脱着式

図2　メカニカルフロアへの搬入

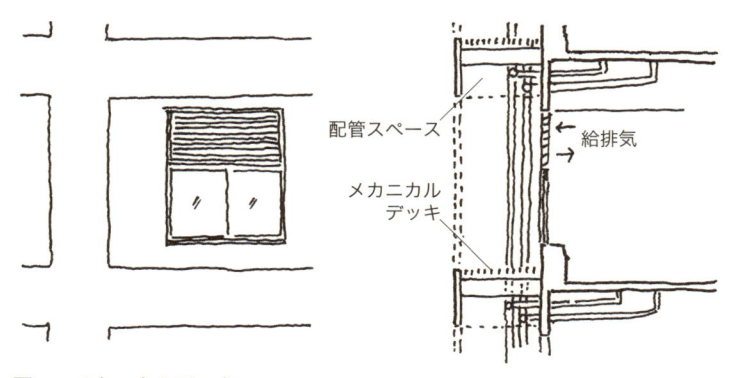

配管スペース
給排気
メカニカルデッキ

図3　メカニカルデッキ

設備全般

電気設備

空調設備

給排水設備

ガス設備

防災設備

昇降機設備

　騒音・振動源となる設備機器の主なものは、空調機器、受変電トランス、自家発電機、屋上クーリングタワーや空調屋外機、エレベーター等である。それらに接続されたダクトや設備配管類も振動・騒音源となる。

1．動力系の設備機器は振動し、躯体を伝搬する

　振動は機器本体だけではなく、接続されている配管やダクトも振動し躯体を伝播して振動・騒音を発生させる。機器の据付け方法は防振仕様とし、特に重量タイプの機器の基礎は浮基礎とする。振動する設備機器に接続された配管やダクトは防振吊りとする。機械室の天井や内壁には吸音材を内張りして、室内反響音を抑える。

2．集合住宅では騒音源は別棟に

　集合住宅では、上記の空調機器や受変電トランス、空調屋外機の他、エレベーターや機械式駐車設備、駐輪設備の他に、ディスポーザーの運転時には、機器の振動が騒音源となる。受水槽への給水音や加圧給水ポンプの運転時の振動も騒音源となる。静かな住環境の集合住宅では、振動・騒音対策は重要品質の一つである。騒音源は別棟にするのが原則である。やむを得ず同じ棟内に設置する場合は、EXP.Jで絶縁し、機器やそれに接続されたダクト、配管類は防振支持する

3．近隣への配慮

　閑静な住宅地の敷地境界際に空調屋外機を設置する場合は、騒音規制基準を遵守しなければならない。騒音源としては空調屋外機や受変電用屋外キュービクルの他、受水槽の水補給時の落水音等がある。また、排気ガラリの風切り音も、深夜には住人や近隣に対して与える影響は大きい（➜ **041** 空調屋外機は騒音対策を）。

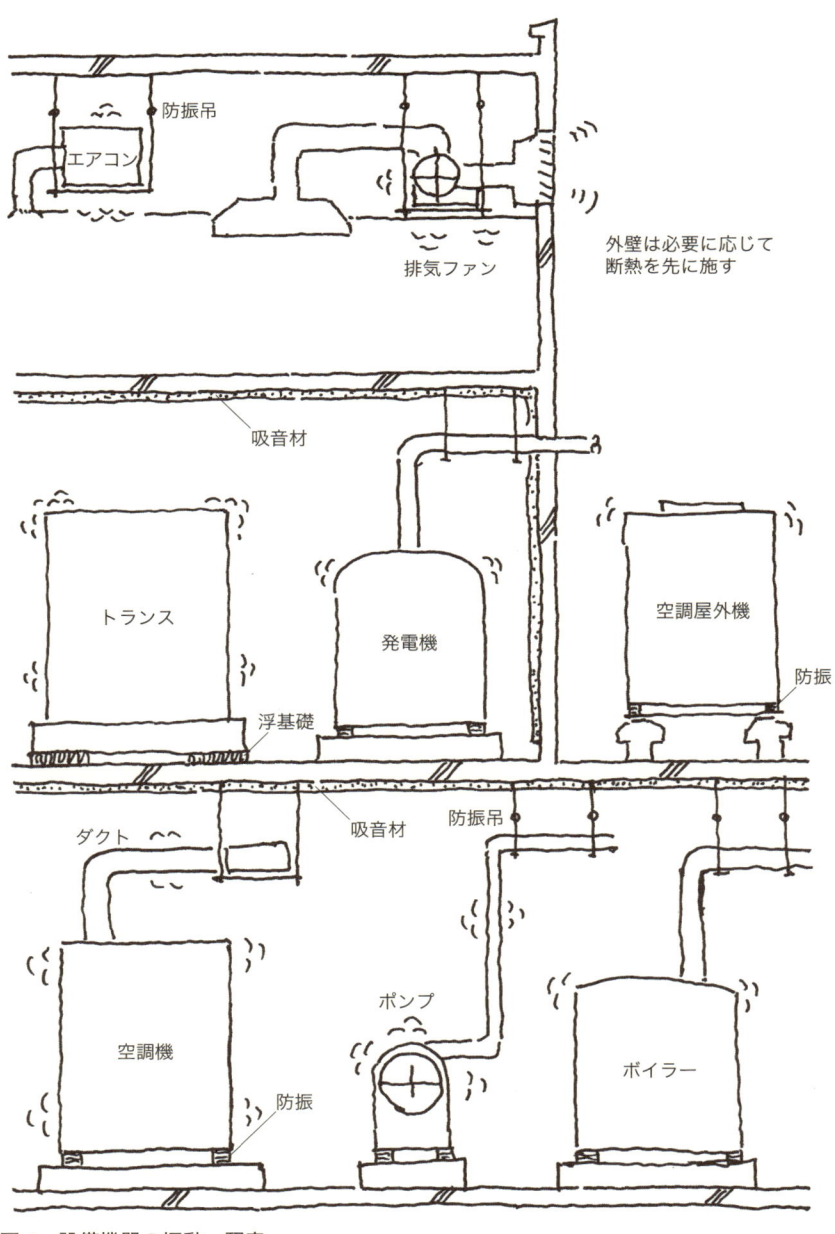

図1 設備機器の振動・騒音

設備全般

電気設備

空調設備

給排水設備

ガス設備

防災設備

昇降機設備

（図中ラベル）
防振吊
エアコン
排気ファン
外壁は必要に応じて断熱を先に施す
吸音材
トランス
発電機
空調屋外機
浮基礎
防振
ダクト
吸音材
防振吊
空調機
ポンプ
ボイラー
防振

　外壁を貫通する設備配管には、地下躯体部分を貫通する配管と地上階躯体部分を貫通する配管がある。これらの外壁を貫通する部位は止水処理を完全に処置しないと漏水トラブルにつながる。

1.　地上階躯体を貫通する配管

①外壁を貫通する配管材料は鋼管を用いるのを原則とする。

②外壁を貫通する配管は、躯体コンクリート打設時に、つば付き実管スリーブを打ち込み、配管は実管スリーブ内を通す。配管施工後に内外ともに二重シールをする（図1①）。

③設備配管が膨張伸縮をしたり、振動をする場合の止水対策は、図1②による。

④躯体コンクリートのひび割れは、壁厚・配筋・施工する季節により異なるが、概ねコンクリート打設後、6ヶ月から1年程度経過してから発生する。ひび割れをできるだけ進行させた後に配管の施工を行い、止水処理する。

2.　地下躯体部分を貫通する設備配管

①地下躯体部分を貫通する設備配管は、地下外壁の二重壁（裏積み）の部分で貫通する。万が一、配管貫通部から地下水が浸入しても二重壁内で受け、排水溝・排水管によって地下ピット内へ導く。二重壁の排水溝はコンクリートの遊離石灰で詰まることがあるので、排水管の位置にあわせて二重壁に点検口を設ける（図2）。

②地下水位が高い敷地で、地下外壁や基礎底版を貫通する設備配管は、貫通部に水圧がかかるので防水納まりには特別な配慮が必要である。

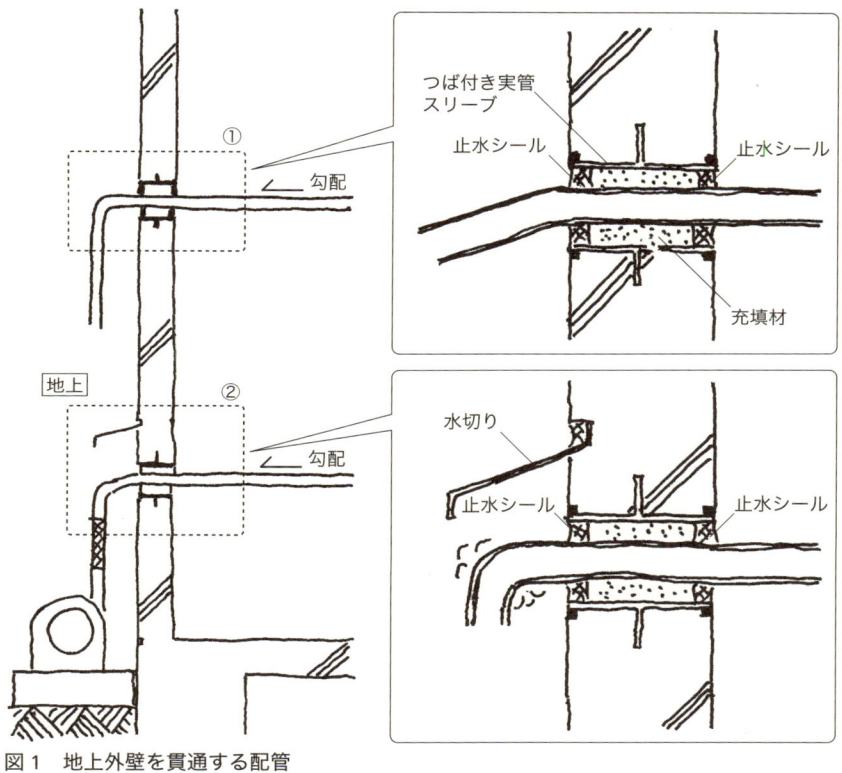

図1　地上外壁を貫通する配管

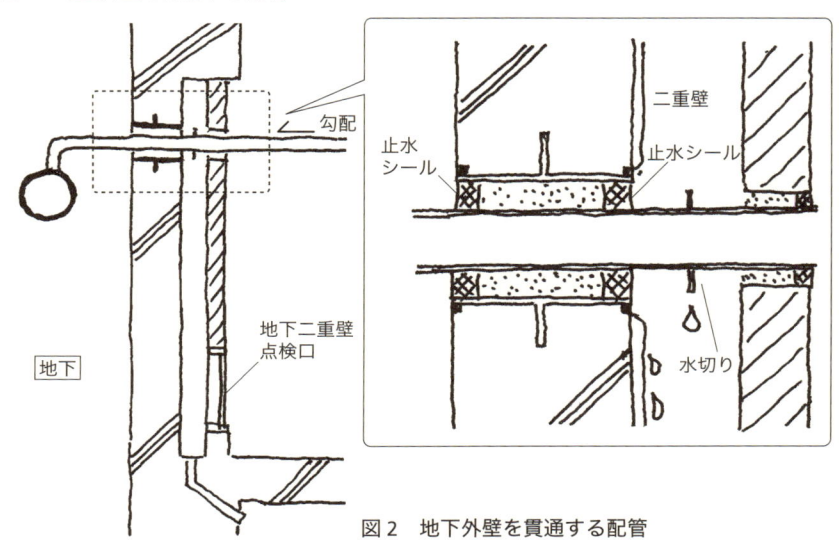

図2　地下外壁を貫通する配管

設備配管やボックス類を打ち込んだ外壁は「ひび割れ」が発生する。設備配管を外壁に打ち込んだ場合は、コンクリートの被り厚さが少なくなるために、配管内部で結露を起こし、配管の腐食や漏電を起こすこともある。原則、設備配管は外壁には打ち込まない。

1. 鉄筋の被り厚さの不足は建物の寿命を左右する

鉄筋の被り厚さは最も外側にある鉄筋の表面から、コンクリート端部までの最短距離を言う。外壁に設備配管やボックス類を打ち込むと、鉄筋に対する必要な被り厚さが確保されなくなり、「ひび割れ」を誘発する。鉄筋の被り厚さ不足は建築基準法違反となる（図1）。

2. 設備配管類の外壁打込みは漏水のもと

鉄筋はコンクリートのアルカリで保護されているが、「ひび割れ」から雨水が浸入し、鉄筋が腐食して膨張するとコンクリートを押し出し剥落させる。外壁へ設備配管やボックス類を打ち込むと「ひび割れ」を誘発し、漏水のもととなる（図1）。

3. 外壁に打ち込んだ設備配管やボックス類は内部結露する

外壁に設備配管やボックス類を打ち込んだ場合、外壁を断面欠損させるだけでなく、熱橋（ヒートブリッジ）となり、設備配管やボックス類で内部結露が発生する。配管の腐食や漏電の原因となるため、設備配管やボックス類は外壁に打ち込んではならない。外壁部分に設備配管やボックス類を設ける必要がある場合、外壁の室内側に設備配管用内壁を設ける（図2）。

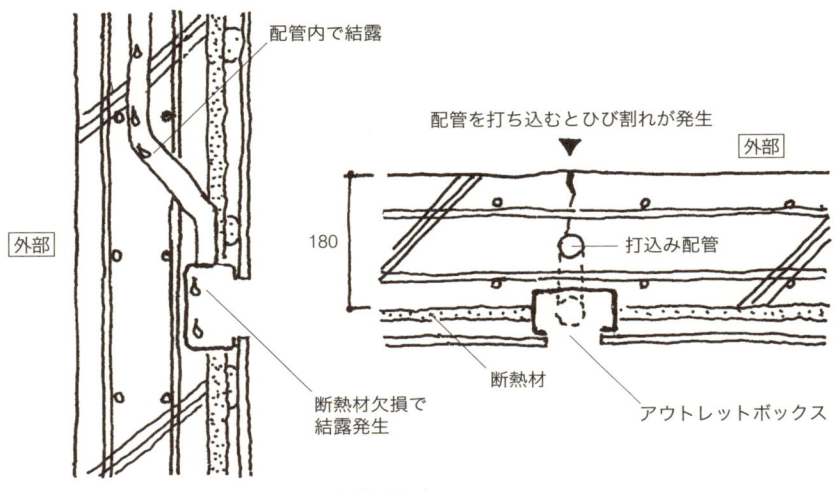

図1　配管を打ち込むとひび割れと結露が発生

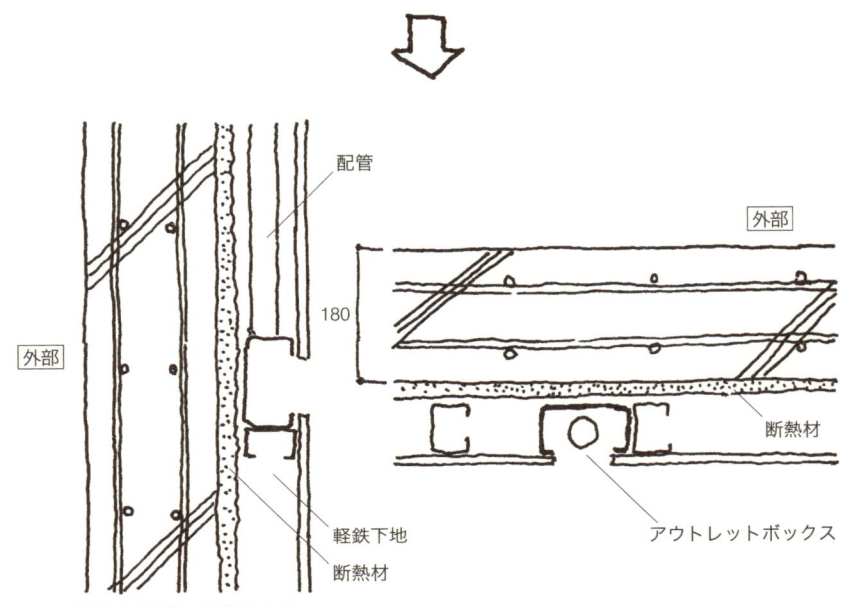

図2　配管を外壁に打ち込まない

設備全般

電気設備

空調設備

給排水設備

ガス設備

防災設備

昇降機設備

　建物の屋上には、各種設備機器が設置されている。その設備機器類に接続される電気配線や設備配管類を防水層を傷めずに貫通させるために、ハト小屋を設ける。集合住宅では屋上防水層を貫通する通気管もある。

1.　ハト小屋の屋根庇は深くして防水する

　設備配管は、ハト小屋の防水立上りのアゴの上部から取り出す。配管取出しの数が多くなり、止水納まりが複雑になるため、配管の取出し部分はアルミ等の金属パネルで塞ぐとよい。配管と金属パネルとの取り合いは、シールに頼るため、雨水がかからないようにハト小屋の屋根庇を深くする。屋根庇には防水（ウレタン塗膜防水程度）をする。ハト小屋の屋根庇面積が広くなる場合は「ひび割れ」が発生しやすくなるので、塩ビシート防水を推奨する。

2.　ハト小屋内部は結露する

　ハト小屋内部には、下階天井内の暖気が上がってきて、冷やされて結露が発生することがある。ハト小屋内壁には結露防止のため断熱をする。ハト小屋の面積が大きい場合は、気密性を高めるために床を設ける。その場合はハト小屋に点検口が必要となる（図1）。配管が結露する恐れがある場合は、保温する。

3.　塔屋外壁からの配管取出し部分は水切りを設ける

　塔屋外壁から直接配管を取り出す場合には、適切な大きさの水切りを設ける。配管取出し部に直接雨水がかからないようにし、水勾配を設けて配管の外部側を低くする（図2）。

　小規模の配管取出しには、既製品のハト小屋を利用してもよい（図3）。

4.　集合住宅は通気管やパラペットからの電気配管取出しもある

　集合住宅の通気管は屋上スラブに直接、さや付き実管を打ち込み施工する。また、電気配管はパラペットのアゴ部分から取り出す場合がある。その場合は止水を確実にする納まりとする。

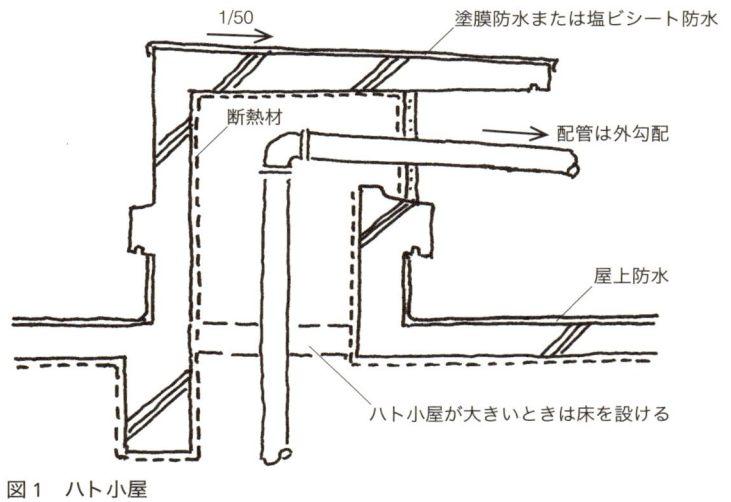

図1　ハト小屋

図中ラベル：
1/50
塗膜防水または塩ビシート防水
断熱材
配管は外勾配
屋上防水
ハト小屋が大きいときは床を設ける

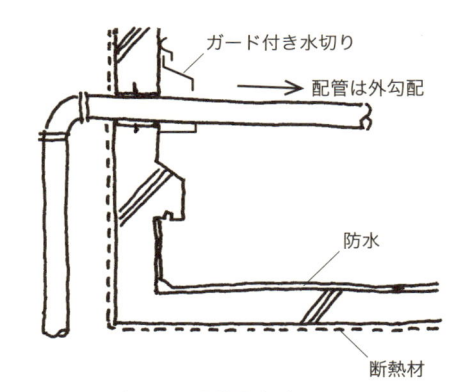

図2　外壁からの配管取り出し

図中ラベル：
ガード付き水切り
配管は外勾配
防水
断熱材

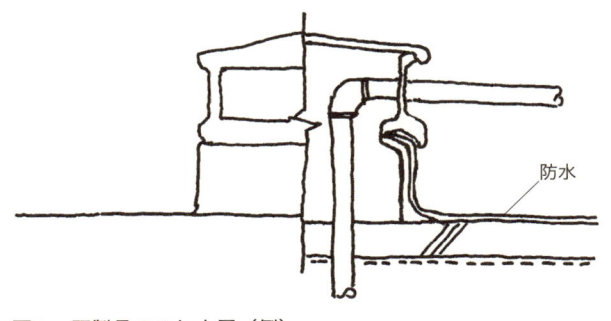

図3　既製品のハト小屋（例）

図中ラベル：
防水

設備全般
電気設備
空調設備
給排水設備
ガス設備
防災設備
昇降機設備

　屋上に設備機器を設置する場合、防水層の経年変化による劣化や、設備機器の日常点検や更新時に防水層を傷めて、漏水のリスクが高くなる。

　屋上防水のやり替えや補修の際に、設備機器の移動や一時停止をさせないために、機械基礎は躯体から立ち上げて、防水層を巻き上げる。

1. 機械基礎の数は極力少なくする

　設備機器ごとに機械基礎を設けると、基礎の数が多くなり、機械基礎の間隔も狭くなる。防水の施工性も悪くなり、防水納まりも不完全となる。また、躯体コストや防水費用も高くなる。屋上部分が狭小の場合は、屋上パラペットやハト小屋等の防水立上げアゴ部分を活用し、その上に鉄骨架台を組んで設備機器を載せ、機械基礎の数を極力少なくする。機器荷重や基礎と梁位置などの調整は構造担当者と調整をする（図1）。

2. 機械基礎間隔は防水の施工性を考慮する

　機械基礎の間隔及び機械基礎と屋上パラペットの間隔は、防水の立上げ部の施工が確実にできるように、600mm以上を確保する（図2）。

3. 露出防水の場合はメンテナンスのための点検経路は保護する

　露出防水や断熱防水では、設備機器のメンテナンスのための点検経路やメンテナンススペース部分に、防水層保護のために特殊ルーフィング（合成繊維不織布を機材としたルーフィング）一層を増張りする。

4. 機械基礎は屋上の水勾配の向きに沿わせる

　機械基礎を布基礎とする場合、屋上の水勾配の流れに沿って配置し、雨水の集水をスムーズにする（図1）。

5. 軽微な設備機器は、保護コンクリートの上で固定する

　軽微な設備機器は、機械基礎を立ち上げずに、防水層の保護コンクリートと一体の置き基礎でもよい。ただし、伸縮目地をまたがない計画とする。露出防水の場合は、防水層の上に緩衝材を挟み、その上に置き式基礎とする(図3)。

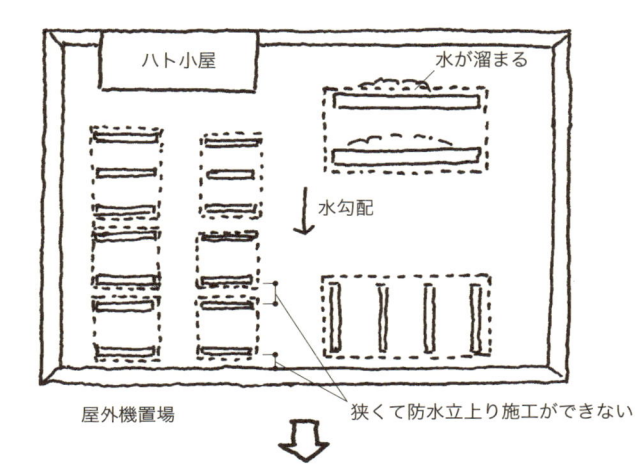

屋外機置場　　　狭くて防水立上り施工ができない

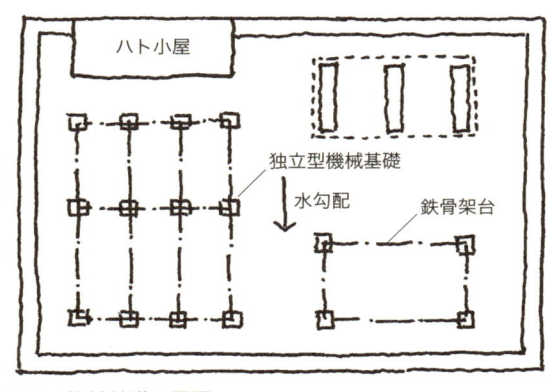

● 設備機械基礎は

・水勾配の向きに合わせる

・独立型基礎は水勾配の方向を
　考えなくてもよい

・できるだけ独立型とし、
　鉄骨架台を用いて基礎の数を
　減らす

・基礎とパラペットの間隔を
　確保する

図1　機械基礎の配置

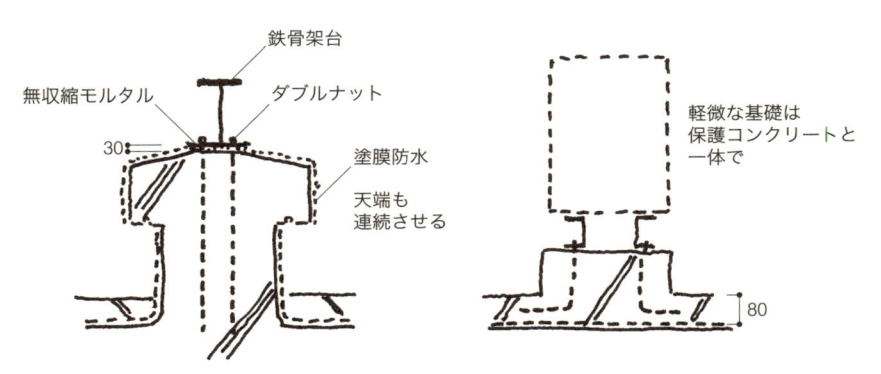

図2　機械基礎の断面　　　　　　　　図3　軽微な機械基礎

設備全般

電気設備

空調設備

給排水設備

ガス設備

防災設備

昇降機設備

　厨房や浴室、プール、機械室等の床防水部分から漏水することがある。これらの諸室は建築工事としての防水納まりも難しく、漏水のリスクも大きい。それに加えて給水や排水などの設備配管と防水層の取合い部分からの漏水のリスクもある。

1.　配管は、できるだけ防水層を貫通しない

　常時水がかりではない機械室（ポンプ室など）で、機械が故障したときや配管からの水漏れなどによる下階への漏水を防ぐため、床防水することがある。そのような場合は、機械室の界壁足元や機械室の出入口の建具足元は、コンクリートを 150mm 程度立ち上げて、塗膜防水を巻き上げる。万が一の漏水があっても、隣接室への漏水事故を防止する。機械室の床を配管が貫通する部分は、防水層を貫通することを避けて、防水層の外側を配管する。この場合は複数の配管が可能であり、一般のパイプスペースと同じ納まりとなる（図1）。どうしても防水層を貫通する場合は図2とする。

2.　浴室や厨房の防水納まり

　浴室や厨房の建築的な防水納まりについては、既刊『建築品質トラブル予防のツボ』No. 074、075 を参照されたい。

　防水層を貫通する配管がある場合、防水層と配管を密着させておけば漏水はないと考えられるが、実際には配管と防水層の密着は容易ではない。また、配管は動いたり劣化したりするので、配管のメンテナンスも考慮して防水層と配管は縁を切っておくことが基本である。防水層を貫通する配管の納まりは図2参照。配管に水がかかる場合は配管に水切りを設ける。浴室や厨房の排水管は、防水押えコンクリート内で水勾配を確保して配管し、排水最終会所やグリーストラップは、一ヶ所にまとめて防水貫通箇所を極力少なくする。

　厨房のグリーストラップは金属製（SUS 製）が一般的になっており、防水層との取合いは確実に施工できる納まりとなっている（図3）。

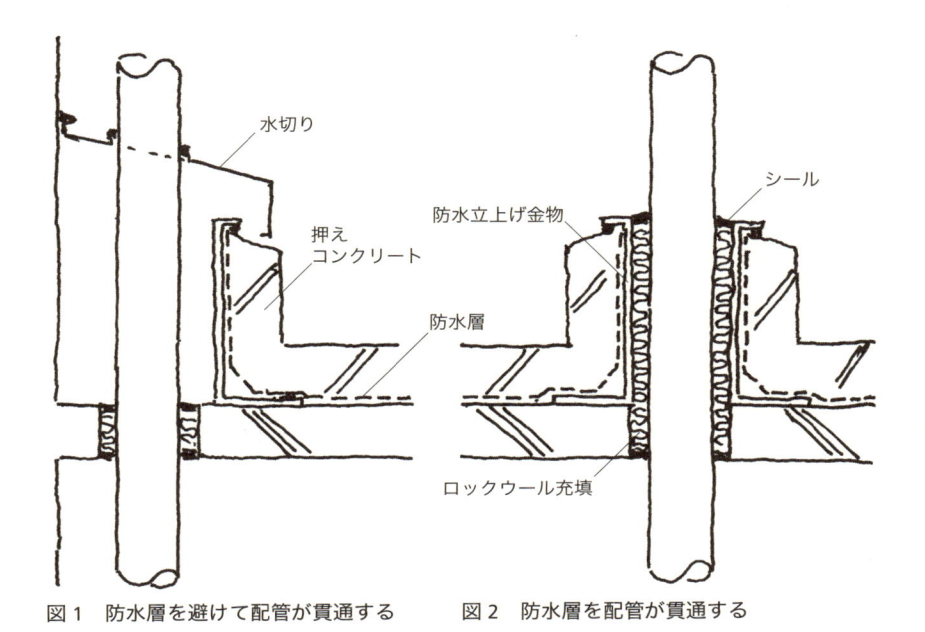

図1 防水層を避けて配管が貫通する　　図2 防水層を配管が貫通する

図の上部ラベル:
水切り
押え
コンクリート
防水層
防水立上げ金物
シール
ロックウール充填

点検ふた
防水層
排水 →
耐火材

図3 グリーストラップ

設備全般

電気設備

空調設備

給排水設備

ガス設備

防災設備

昇降機設備

　貯湯式給湯器はあらかじめ温水を蓄えているので、温水の使用量が多少ば
らついても許容でき、効率も良い。縦長なので設置スペースも少なくて済む。
　しかし貯湯量が大きく重量があるため、地震時に転倒すると被害が大きく
なる。転倒しなくても配管が破損すれば大事に至る。

1. 室内に設置する貯湯式給湯器は絶対倒さない

　集合住宅やビルの中間階に貯湯式給湯器を設置する場合、地震に対して倒
れないように丈夫な支柱や架台、壁に固定しなければならない。地震時に生
じる変位に対しても配管から温水や給水が漏れないようにすることも重要で
ある。万が一、漏水しても隣室や下階の室に漏水しないように止水堤で囲い
床を防水する。転倒防止や床の防水などは建築工事であり、給湯設備工事と
の調整が必要である。

2. 給湯器の耐震性能

　建築設備の耐震性能は、建物が健全であることで発揮される機能で、建物
全体の耐震性能と整合性を持たせることが重要である。転倒の恐れのある時
は、浮き上がり止めや頭つなぎで支持をする。

　①地震時には、大きな変位を生じることが多い。移動・転倒防止のための
　　ストッパーを設ける。

　②給湯器を基礎に固定支持するアンカーボルトは、ねじ部（谷径部）にお
　　いて十分な強度を持たせ、すっぽ抜けやコンクリートの割れが生じない
　　ように、コンクリート強度、アンカー位置に注意する。

　③給湯器と配管は、それぞれ地震力に対する応答が異なるので、可撓継手
　　を介して接続する。

　注）設備機器の耐震性能の確保は、日本建築センターの『建築設備耐震設計・施工指針』
　　に準じて設計する（→接点 5）。

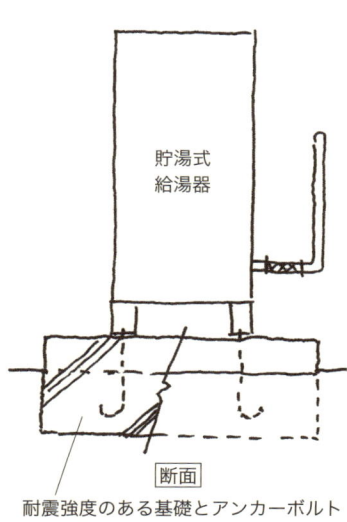

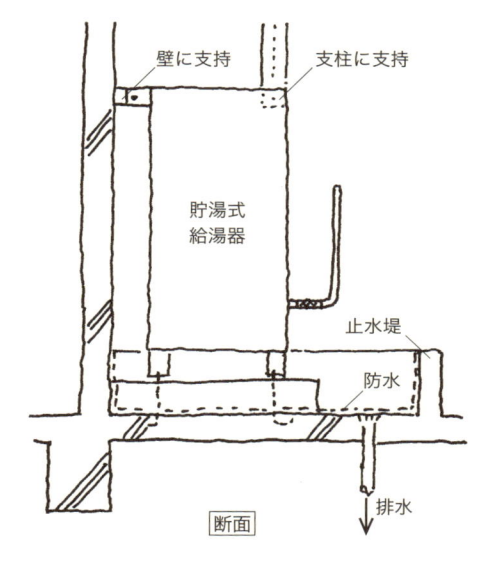

耐震強度のある基礎とアンカーボルト
（構造計算で確認）

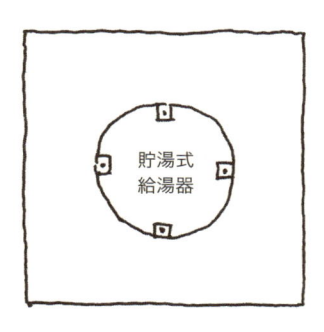

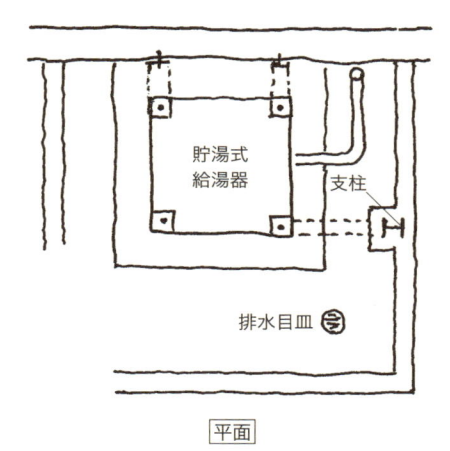

図1　貯湯器の屋外設置

図2　貯湯器の屋内設置

電気設備

空調設備

給排水設備

ガス設備

防災設備

昇降機設備

　設備機器の据付けが不十分であると、地震時に設備機器が水平移動して、配管やケーブル等が機器との接続部分で損傷し破断する。建物への引込み部分でも敷地地盤が不同沈下を起こすことがある。建物 EXP.J 部では、設備配管が伸縮継手になっていないと、配管やケーブル等と躯体が干渉して損傷し破断する。

1. 設備機器と配管類は可撓継手（とう）で接続する

　地震時に設備機器が水平移動したり転倒したりしないように、床スラブ、壁等の躯体に固定する。基礎、アンカーボルト、ストッパー、機器架台などすべてに必要な強度を持たせて耐震支持をする。機器と配管類の接続部のように、相互に違う動きが予想される箇所は、可撓性を有する継手とする。

2. 配管類の継手は躯体の層間変位に追随性を持たせる

　設備配管は、建物への引込み部が可撓継手（とう）になっていない場合や EXP.J 部分で、地震時の層間変位量に追従できないと躯体と干渉して損傷し破断する。EXP.J 部分を横断する配線配管、ならびに、地中引込みの配線、配管は地震時の変位量を考慮した継手とする（図1）。

3. 設備配管は免震クリアランスを確保する

　建物が免震構造の場合は、設備配管や配線を躯体の免震クリアランスの範囲に設けないこと。地震時の変位により、躯体と干渉して配管・配線が損傷・破損する。また、地震による変位に追従できるように免震継手を採用する（図2）。

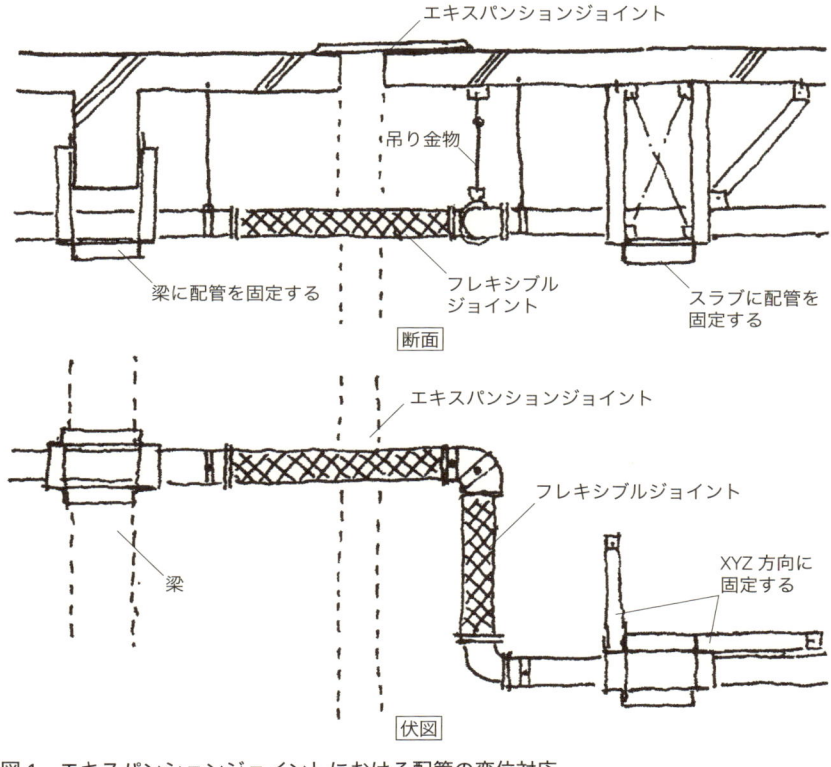

図1　エキスパンションジョイントにおける配管の変位対応

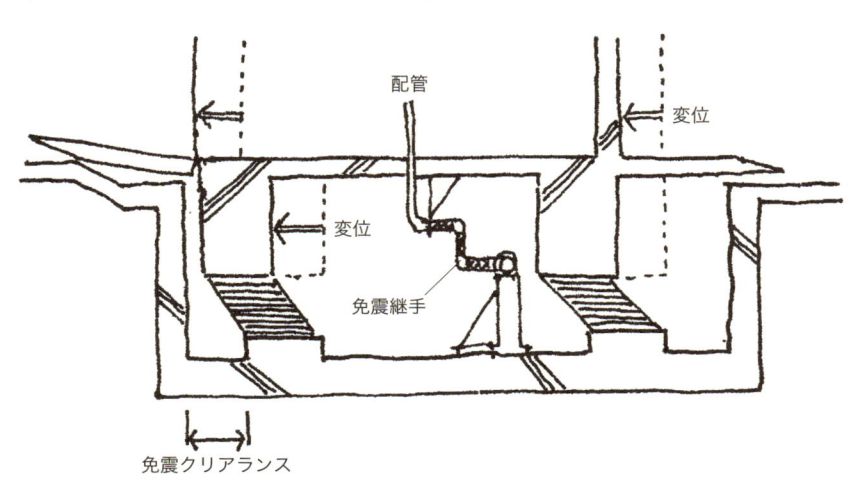

図2　免震クリアランスに対応した配管の免震継手

設備全般

電気設備

空調設備

給排水設備

ガス設備

防災設備

昇降機設備

　敷地が埋立地等の軟弱地盤の場合は、電気、ガス、給水、電話の引込み配管等の埋設管は建物への引込み部分で地盤の不同沈下が起きて引込み配管が損傷する。雨水、汚水、雑排水などの排水管も同様な損傷を受ける。

1.　軟弱地盤敷地では、トレンチを設け配管を引き込む

　埋立地等の軟弱地盤や液状化の可能性がある地盤では、自然沈下や地震時の移動などが起きて埋設配管がその変位に追従できずに損傷することがある（図1）。敷地内には、トレンチを設け、その中に余裕を持たせて配管を設置する。地下躯体引込み部分では、マンホールやハンドホールを設けて可撓（とう）継手やスライド継手で引込みを行う（図2）。

2.　地盤の沈下量に応じて継手を選択する

　埋立地等では、長期にわたり地盤の圧密沈下が進行することが多い。着工前に切土、盛土、埋立地等の敷地の状況などから地盤の沈下量を予測することができる。沈下量に応じて、ゴムまたはステンレス製の可撓（とう）継手やスライド継手などから適切なものを選定する。排水管などに使われるゴム製の可撓（とう）継手は直接埋設でもよいが、圧力のかかる配管はマンホール等を設ける。

3.　建物周辺部は圧密沈下が発生する

　地下工事や基礎工事に伴う掘削、埋戻しにより建物周辺部は圧密沈下が発生する。地盤が良くても、建物際に設ける配管は建物本体からブラケットや受けスラブを出して支持し、沈下させないようにする（図3）。

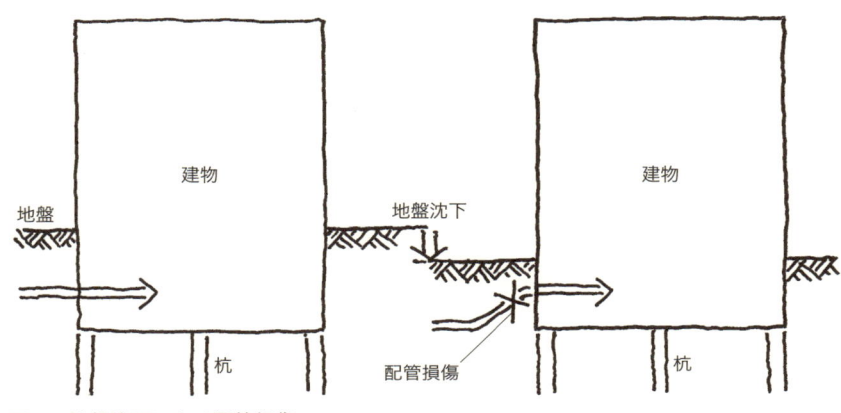

図1　地盤沈下による配管損傷

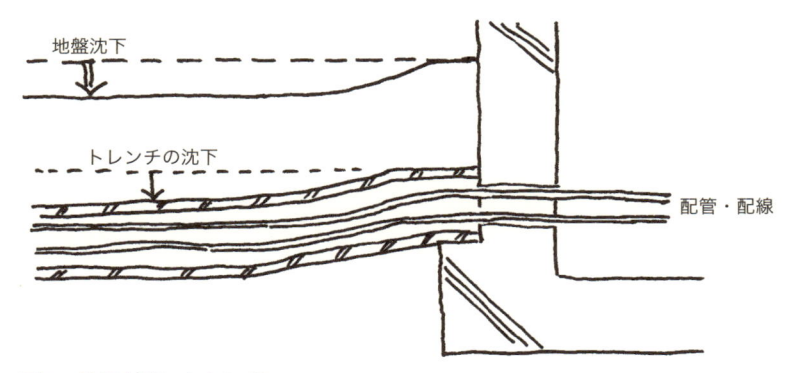

図2　沈下対策：トレンチ

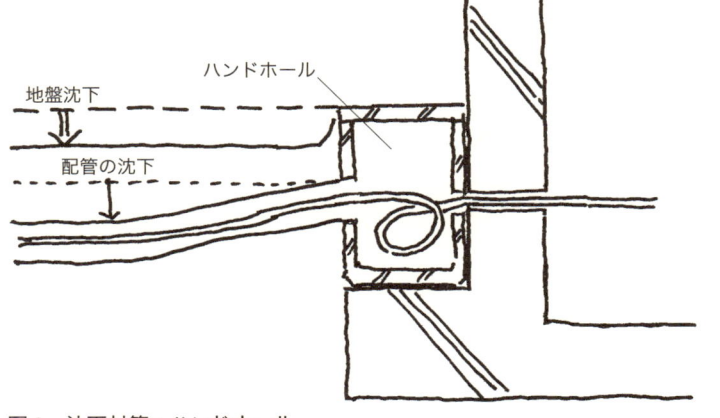

図3　沈下対策：ハンドホール

設備全般

電気設備

空調設備

給排水設備

ガス設備

防災設備

昇降機設備

　建築が実際に機能するには、設備インフラと建築設備を敷地内で接続しなければならない。設備インフラとは、電気、通信、上水道、下水道、ガス等で、その接続部は検針や点検が必要であり、設置場所には制限もある。建物のアプローチ部分や外壁に無造作に設置されると、美観上も好ましくない。引込みの方法や位置、仕上げに関しては、建築設計者と設備設計者が協議して、スマートに納めたい。

1. 敷地周辺のインフラ調査

　電気、通信、上水道、下水道、ガス等の地中埋設管や架空配線の位置や径などを事前調査し、確認をすることは重要である。

　敷地内排水管が自然勾配で下水本管に接続できるように、公共下水管の管径や管低のレベルの確認や電柱からの引込み柱の位置を決定するために、測量は必須である。

2. 電気・通信の引込みは引込み柱で

　地下共同溝等がない架空配線の市街地では、電力ケーブルや通信線を電柱から敷地内に引き込むことになる。建物外壁に設けたブラケットに直接引き込むのは美観上、見苦しい。電柱から引込み専用柱を経て、地中配管、配線で建物内に引き込むのが良い。住宅では電力メーターの検針が道路側からできるようにメーター取付け位置や、その意匠にも配慮する（図1）。

3. 上下水道、都市ガスの敷地内の納まり

　市水（上水）は、敷地内に引き込んだところに量水器を設け、道路側から検針ができなければならない。都市ガスの引込みも同様に、ガスメーターやガスの遮断弁を道路際に設けることになる。電力メーターや量水器、ガスメーターなどは、1ヶ所にまとめて意匠的に処理すれば、美観上も良くなる（図2）。

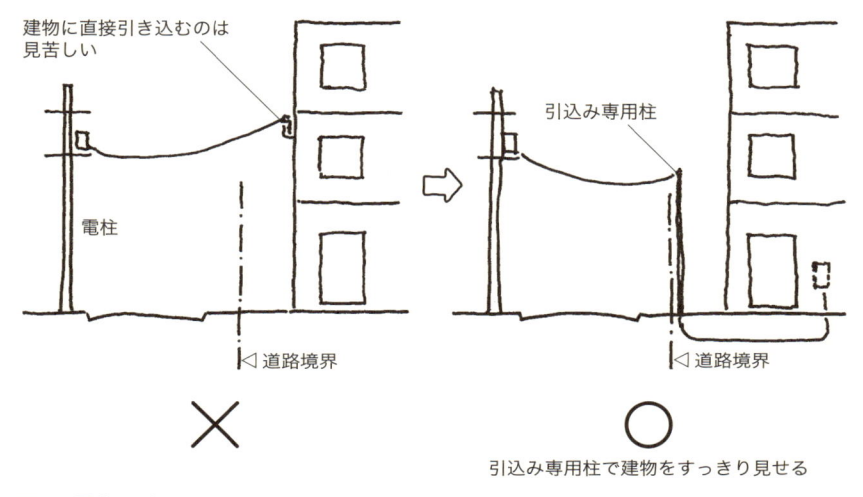

図1　電力の引込み

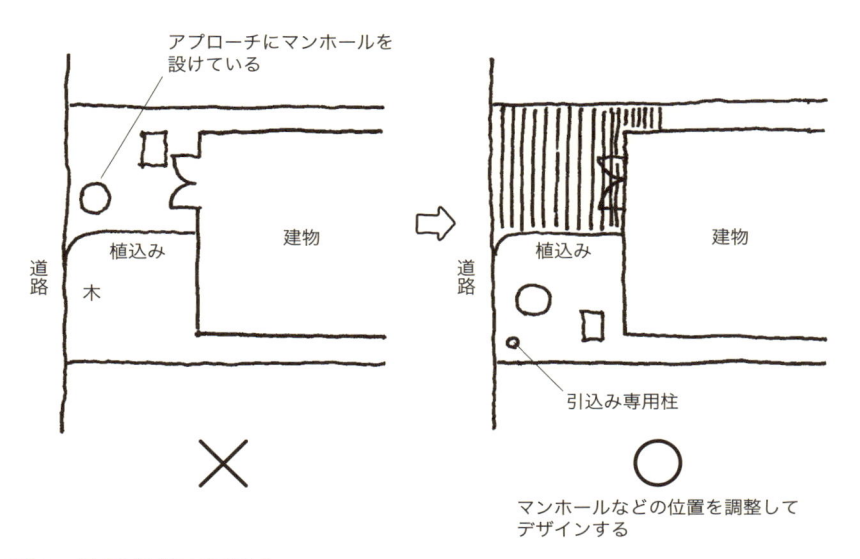

図2　上下水道ガスの引込み

設備全般

電気設備

空調設備

給排水設備

ガス設備

防災設備

昇降機設備

電気室は建物にとって重要な機能をもつ室である。万が一漏水などで電気室がダウンすると、建物のほとんどの機能が停止する。企業にとっては業務が中断し、経営上の機会損失は計り知れない。医療施設では人命に関わる重大事故につながる。電気室への漏水対策は、BCP 対応の重要な課題の一つであり、建築と設備の接点に深く関わっている。

1. 電気室には水配管を通さない

電気室には水配管を通さないことが原則である。やむを得ず水配管を通す場合は、壁貫通部の手前に止水弁を設け、水配管の直下には漏水受け皿を設ける。万一の場合に備え、速やかに対処できるように、漏水検知センサーを設置して、受信部は常に人がいる防災センターや中央監視室等へ通報する。空調機を設置する場合は独立した機械室を設けて設置する。やむを得ず空調機を電気室内に設置する場合は、床置き式とし、周囲に止水堤（コンクリート立上り）を設け、排水口を設ける。

2. 上階や隣室からの漏水対策

建物の機能上、給排水管のない建物をつくることは不可能に近い。直上階に水配菅がある場合は、直上階床を防水する。上階が事務室であっても、エアコンのドレン配管だけではなく、機能付きエアコン（加湿型）では給水管もある。その場合は、エアコンや給水配管の下に防水パンを設ける。

電気室の隣室に水を使用する室がある場合は、隣室との界壁（間仕切り）の足元切付け部は、コンクリートで立ち上げて塗膜防水をする。室への入口は 100mm ほど立ち上げておく。

3. 電気シャフト（EPS）への漏水対策

電気シャフトとパイプスペース（PS）は独立させて設置する。隣接させて設ける場合は、電気シャフトとパイプスペースは壁で区画し、パイプスペース側からの漏水に備えて、電気シャフトの床を嵩上げするか、コンクリートで止水堤を設ける。

4. パイプスペースからの漏水対策

人目につきにくいパイプスペースは、給水配管等の水配管に漏水検知センサーを設けて監視する。

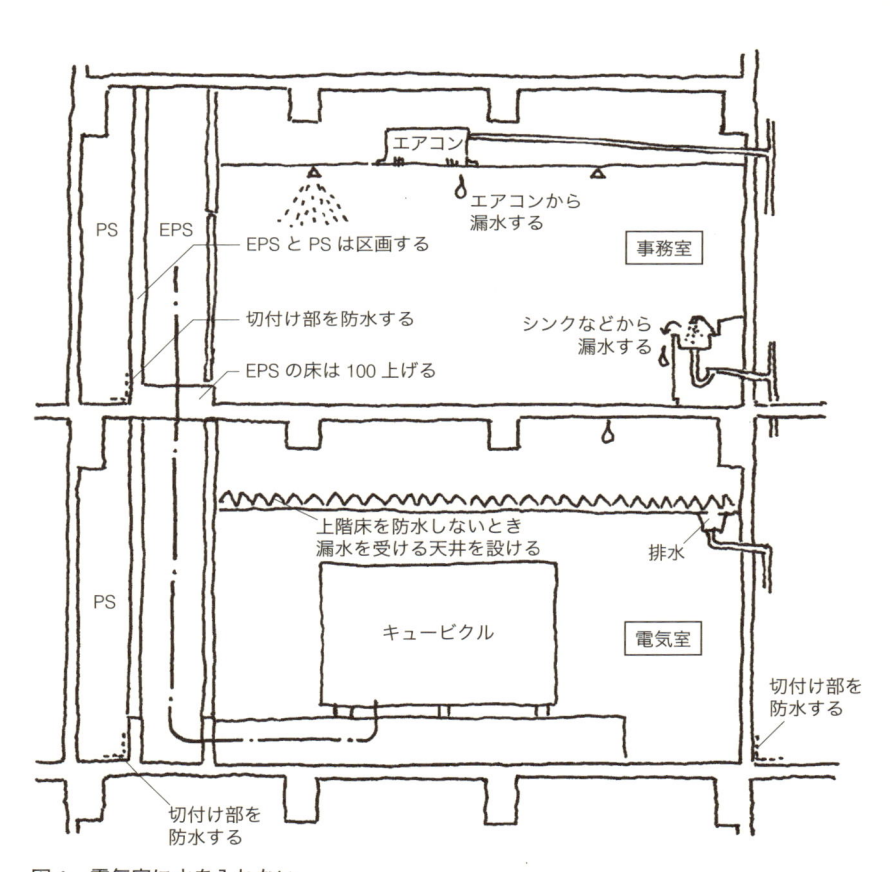

図1　電気室に水を入れない

設備全般

電気設備

空調設備

給排水設備

ガス設備

防災設備

昇降機設備

　上階や隣室の漏水トラブルで、コンピュータ室の二重床下（フリーアクセスフロアや OA フロア）内に水が浸入すると、電線や情報通信線を濡らし、電子データの損傷や停電を起こして大きな被害となる。コンピュータ室の二重床下は隠れていて見えないため、漏水トラブルによる浸入水があっても発見が遅れ、企業生命を左右するほどの甚大な被害となることがある。コンピュータ室は情報通信線の複数ルートや複数回線等と同様に、二重床下への浸入水対策は BCP 対応の重要な項目の一つである。

　コンピュータ室は、上階や隣室で漏水トラブルが発生しても、二重床下への浸入水を防がなければならない（図1）。

①隣室からの浸入水を防ぐため、界壁足元はコンクリートを立ち上げて止水堤を設け、塗布防水で止水処理をする。

②コンピュータ室の上階の床は防水をするか、天井内に防水パン等を設けて漏水を受け、排水パイプで排水する。

③二重床下内の電気配線や情報通信線を保護するために漏水検知センサーを設けて、中央監視室へ通報し、早期に漏水事故の対応が可能なようにする。二重床内に排水口を設ける場合は 2 ヶ所 / 室以上とし、二重床蓋に排水口の位置を表示する。

④隣室でスプリンクラーが放水しても二重床内に水が浸入しないように重要室の入口前には排水溝を設ける（→ **055** 電算室の床スラブ裏面は結露する）。

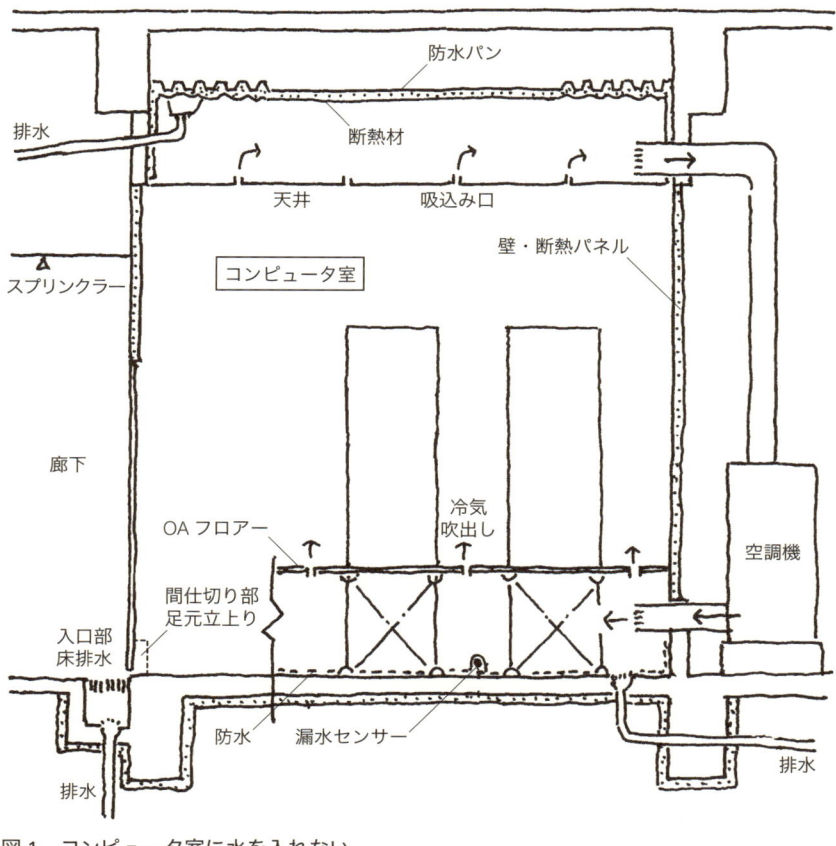

設備全般

電気設備

空調設備

給排水設備

ガス設備

防災設備

昇降機設備

図1　コンピュータ室に水を入れない

配管ピットや配管トレンチ内での漏水は、気が付くのが遅くなるので、配管を腐食させて漏水・漏汚水事故につながり、また、漏電が起こったりして重大事故になりかねない。

1. 点検しにくい設備ピットは要注意

設備配管を通すだけの配管ピット（店舗付き集合住宅の共同溝、フリーアクセスフロア）は、普段は点検がされないことが多く、ピットの中で漏水が起こっていても気が付かず、下階に漏水して初めてわかる場合が多い。初期段階で漏水を発見できれば、被害も最小限で済ますことができる（図1）。

2. 点検口はメンテナンスしやすい位置に

店舗付き集合住宅の共同溝などは、ほとんどが必要最小限のスペースとなっており、人が中に入っての点検はしにくく、必要な箇所に点検口を設ける程度である。配管ピットを点検しやすくするには、点検に必要な箇所には必ず点検口を設け、点検口への寄りつきを容易にするための点検タラップも準備する。ピットの下階が店舗の場合はピット内を防水し、排水をとる（図2）。

3. 日常点検を必要としない配管ピットには自動検知センサーを

日常点検をあまり必要としない配管ピットとは、集合住宅の低層階に設けられる天井内の配管ピットや店舗用の共同溝である。配管ピット内に漏水検知センサーを設ければ、漏水を早期に検知して、初期対応が速やかにできる。通報装置は最寄りの常時人がいる防災センターや管理人室等に設けるとよい（図2）。

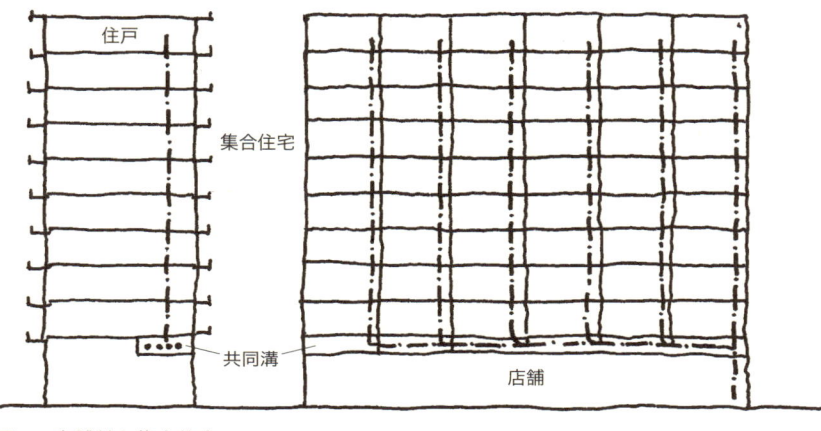

図1　店舗付き集合住宅

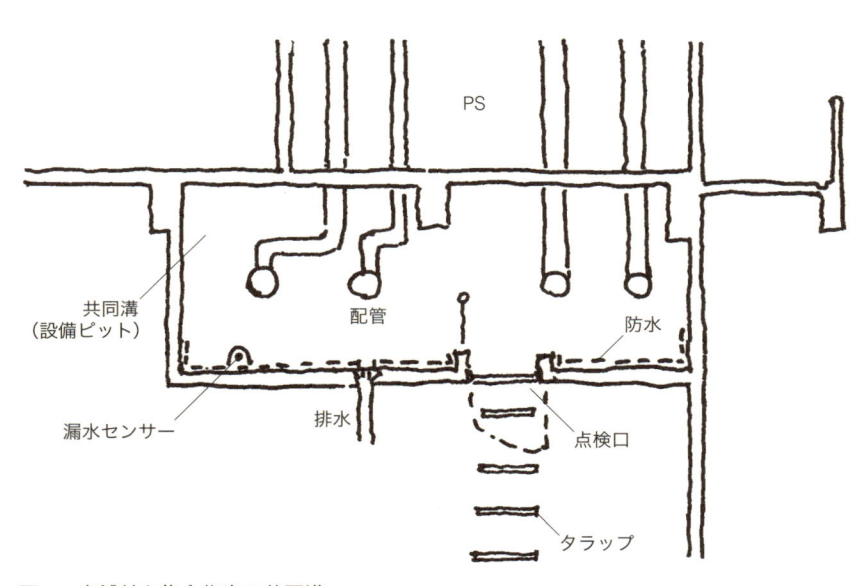

図2　店舗付き集合住宅の共同溝

設備全般

電気設備

空調設備

給排水設備

ガス設備

防災設備

昇降機設備

電気パイプスペース（EPS）は、主要な電気配線が通っているビルの重要なインフラスペースである。そこに水が浸入して漏電や停電が発生すると業務に支障をきたすだけでなく、人命に関わることもある。漏電や停電は、絶対に起こしてはならない。

1.　電気パイプスペースは給排水管とは切り離して設ける

電気パイプスペースと給排水などのパイプスペースが一体になったパイプスペースを見かけることがあるが、万が一、給水配管から漏水したり、配管で結露した水が電気配線に伝わったりすると非常に危険である。電気と水配管は、必ず切り離して設置する。給排水のパイプスペースと電気パイプスペースを並べて設ける場合は、界壁足元はコンクリート製の止水堤を設け、電気シャフトスペースの床を給排水パイプスペースより嵩上げする（図1）。

2.　集合住宅住戸内に設ける電気パイプスペースの浸入水対策

集合住宅では、システムキッチン流し台やユニットバス等の水まわりと電気パイプスペースが隣り合って配置される場合が多い。電気パイプスペースは、水まわりとは極力離して設け、パイプスペースの床を嵩上げする等、浸入水対策をする（図2）。

3.　事務室内に設ける電気パイプスペースの浸入水対策

事務室内に設けた電気パイプスペースでも、スプリンクラーが放水した場合、床面を伝って電気パイプスペースに水が浸入する。電気パイプスペースの床面は原則、室内あるいは廊下の床面から100mmほど高くして水を電気パイプスペース内に浸入させないように配慮する（図2）。

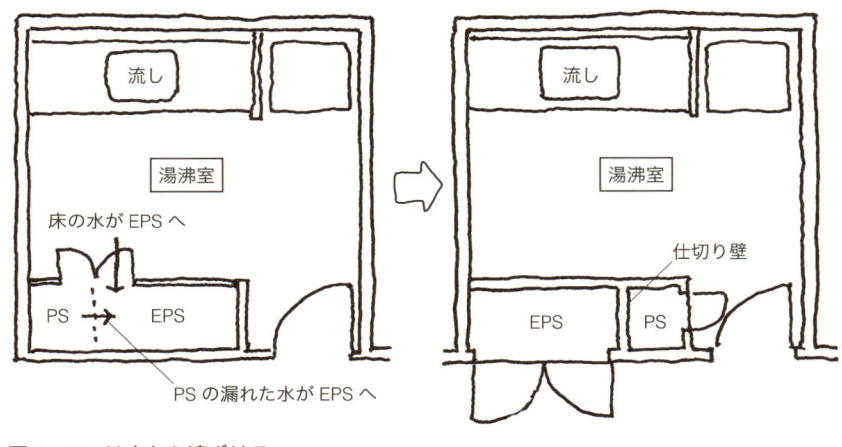

図1　EPS は水から遠ざける

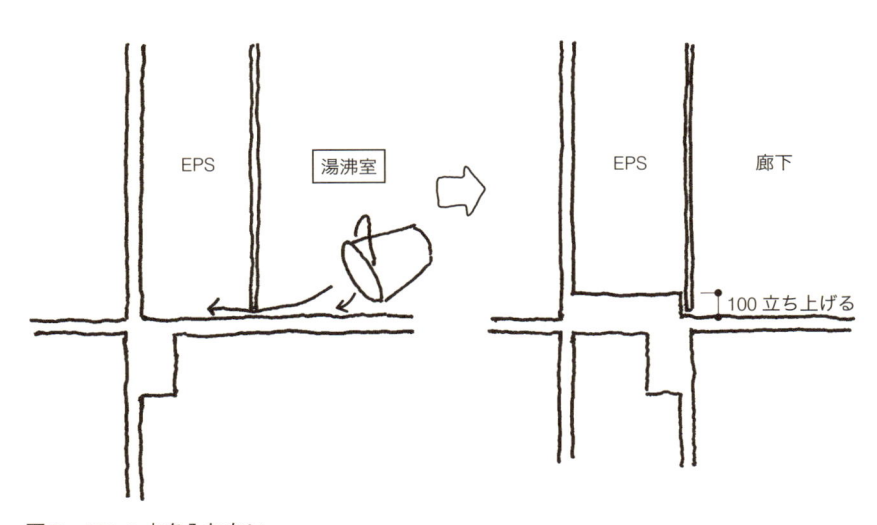

図2　EPS へ水を入れない

設備全般

電気設備

空調設備

4
給排水設備

ガス設備

防災設備

昇降機設備

　集合住宅の共用部開放廊下に設けたパイプスペースへ、雨水が吹き込み浸入すると、下階のパイプスペース内に漏水して、電気設備の漏電事故が発生したり、パイプスペース内に設置した分電盤やその他機器、配管類を腐食させる。また、タワー型集合住宅の屋内共用部廊下の床下に設けられたパイプスペースでも、給水管や温水器の配管接続部からの漏水等で、隣接した住戸内や下階の住戸内へ漏水し被害が発生する。

1.　共用部開放廊下のパイプスペースは浸入水対策が必要

　板状型集合住宅の共用部開放廊下に設けたパイプスペースの点検扉は、一般的には気密性がないため、扉下枠からの雨水の吹込みによる浸入水を防ぐために、パイプスペース内の床は、共用部開放廊下床仕上げ面より100mm程度高くする。パイプスペース内の床及び住戸壁との取合い切付け部は、塗膜防水をし、配管貫通部は下階への漏水を防ぐために止水を完全にする（図1、2）。

2.　タワー型集合住宅の共用部廊下の床下パイプスペースの漏水対策

　タワー型集合住宅の共用部廊下の床下部分をパイプスペースとして使用する場合は、各住戸との取合い部は、RCを立ち上げて防火区画を形成する。配管や電気配線が貫通する部分には、スリーブを設け配管等貫通部はロックウールを充填する。配管等の貫通部は止水シールを入念にする、下階への漏水を防ぐために、パイプスペース内は床及びRC立上げ部に塗膜防水を行い、排水口を設ける。

　タワー型集合住宅の共用部廊下の床下パイプスペースは、漏水に気付くのが遅れるために、水配管部分には漏水検知センサーを設け、管理人室へ通報するシステムを導入することを推奨する（図3）（➡ 015 ピット内の漏水は気が付かない）。

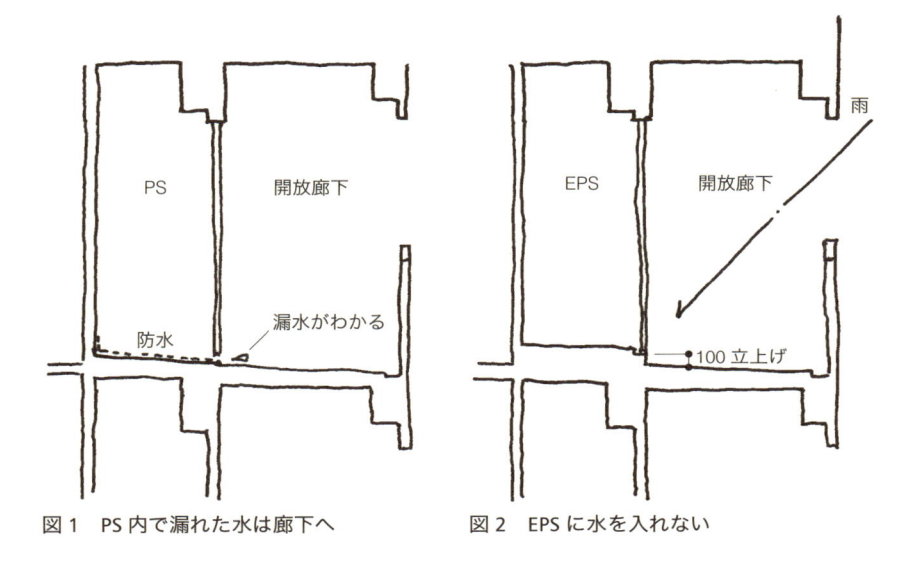

図1　PS内で漏れた水は廊下へ

図2　EPSに水を入れない

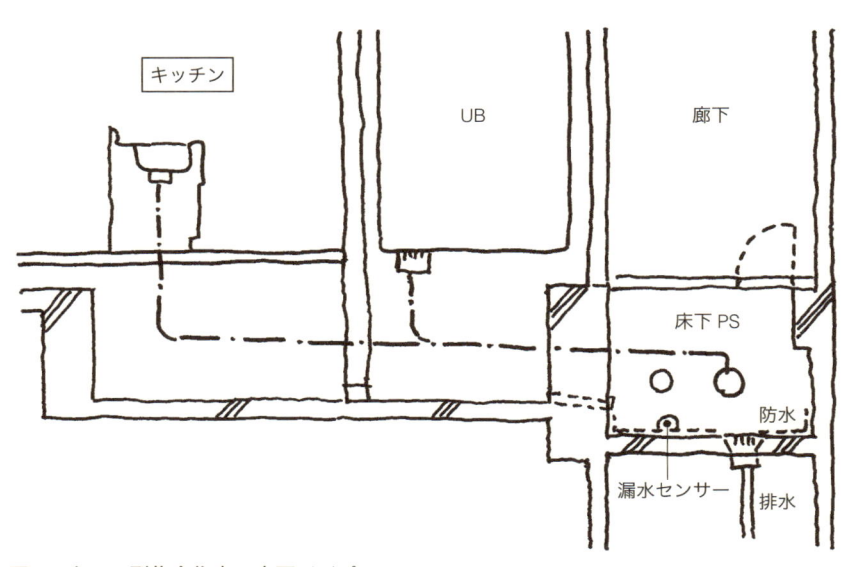

図3　タワー型集合住宅の床下パイプスペース

設備全般

電気設備

空調設備

4 給排水設備

ガス設備

防災設備

昇降機設備

　設計段階で床面積の有効率を優先して、適切なパイプスペースを確保しなかったり、点検扉の形状が適切でなかったりすると日常の保守点検を行うのに困難をきたす。設備機器の耐用年数は建物に比べて短い。設備機器や配管類が経年変化により老朽化し更新時期を迎えたときに、設備機器や配管の取替え作業が容易にできず、大変な手間を費やす。将来の設備更新を見越して適切なパイプスペースを確保しておくことが大切である。

1. パイプスペースの広さを決定するポイント

　パイプスペースの広さは、日常の保守・点検や将来の設備の更新を考慮して広さを決定することが重要である。

　①日常の保守点検が容易で確実にできるスペース

　②電気室、エレベーター昇降路、受水槽等法的に規定された点検スペース

　③共用パイプスペースとテナント専用パイプスペースの分離

　④更新時や用途変更等に対応できる予備スペースの確保

2. パイプシャフトの点検扉の大きさ

　点検扉の形状や大きさは、日常の保守・点検の作業内容を十分に把握し、また、将来の更新時の機器やダクト・配管類の取替えを考慮して決める。将来の更新計画を考慮して、パイプスペースの点検扉を取外しが可能な構造にしたり、壁部分に遮音性能を持たせて取外しが容易な間仕切り壁にしておくとよい（図1～3）。

3. ダクトシャフトの計画

　ダクトシャフトの平面計画では、シャフトスペースが同一であれば、ダクト取出し口の間口が大きくなるように確保、配置計画をする。断面計画では、ダクトシャフトの出口部分に梁がある場合、平面上の制約がない場合は、逆梁またはハンチ梁とすれば、ダクトの納まりや他の設備との干渉調整に有効である。パイプスペースの位置は、横引き配管の勾配に影響する。建築平面上、片寄った位置にシャフトを設けると横引き配管勾配が取れなくなる。

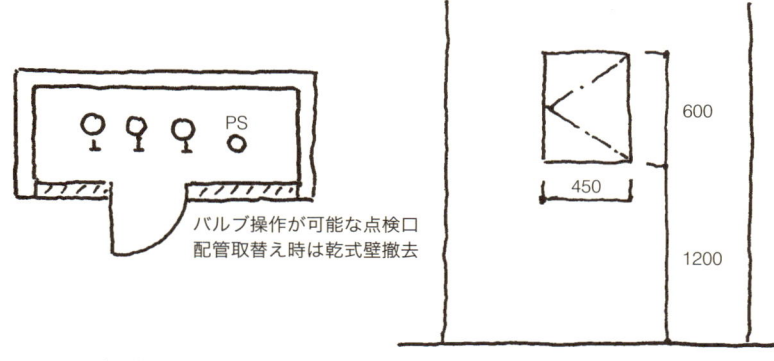

図1　PS の壁が乾式のとき

（図中の寸法・注記）
PS
600
450
1200
バルブ操作が可能な点検口
配管取替え時は乾式壁撤去

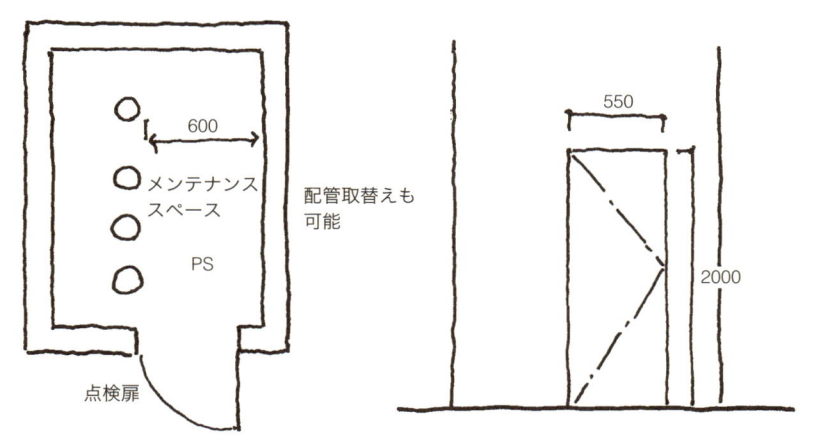

図2　PS の壁がコンクリートのとき

（図中の寸法・注記）
600
メンテナンス
スペース
PS
点検扉
配管取替えも
可能
550
2000

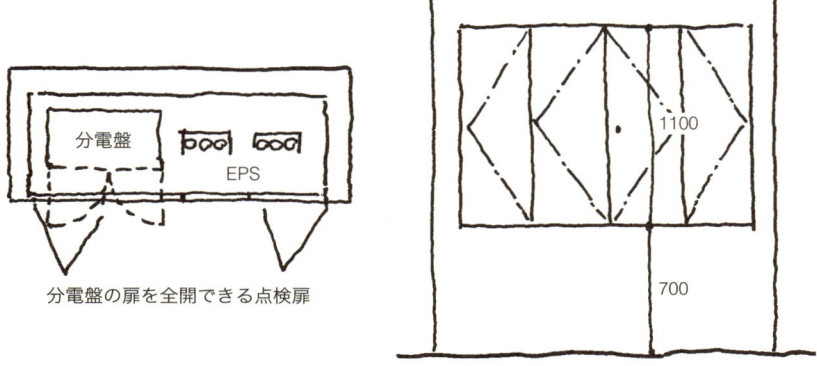

図3　分電盤を納める EPS

（図中の寸法・注記）
分電盤
EPS
1100
700
分電盤の扉を全開できる点検扉

設備全般
電気設備
空調設備
4
給排水設備
ガス設備
防災設備
昇降機設備

集合住宅やホテル、学生寮の界壁の乾式遮音間仕切り壁から話し声や生活音が漏れ聞こえてくるというクレームが発生した。界壁に、電気配管やコンセント等を埋設したために遮音間仕切り壁が断面欠損し、設備ボックス等で隣室とつながったために、話し声や生活音が筒抜けとなるクロストークといわれる現象が起きた。

1. 乾式遮音間仕切り壁には設備配管等を埋設しない

乾式遮音間仕切り壁には原則、設備配管やコンセント、スイッチ類を埋設しない。埋設する場合は、設備配管用壁を遮音壁に添わせて二重にする（図1）。

2. 乾式遮音間仕切り壁の遮音性能の確保

①設備機械室の配置は、遮音性能が求められる執務空間とは平面的に離して配置する。階の上下に配置する場合も2フロア以上離すのが望ましい。

②乾式遮音間仕切り壁は、天井面で止めずに、上階躯体スラブ下まで伸ばす。間仕切り壁が設備配管類の貫通部や建具枠まわり等、異種材料と取り合う部分には、ロックウールやシーリング材などで塞ぎ、弱点をつくらない。

3. 遮音性能は、日本建築学会の室内騒音基準による

表1　室内騒音に関する適用等級

建築物用途	室内用途	騒音レベル（dB A）			騒音等級		
		1 級	2 級	3 級	1 級	2 級	3 級
集合住宅	居室	35	40	45	N-35	N-40	N-45
ホテル	客室	35	40	45	N-35	N-40	N-45
事務室	事務室	40	45	50	N-40	N-45	N-50
	会議・応接室	35	40	45	N-35	N-40	N-45
学校	普通教室	35	40	45	N-35	N-40	N-45
病院	病室（個室）	35	40	45	N-35	N-40	N-45

表2　適用等級の意味

適用等級	遮音性能の水準	性能水準の説明
特級	特に優れている	特別に高い性能が要求された場合の性能水準
1級	優れている	建築学会が推奨する好ましい性能水準
2級	標準的である	一般的な性能水準
3級	やや劣る	やむを得ない場合に許容される性能水準

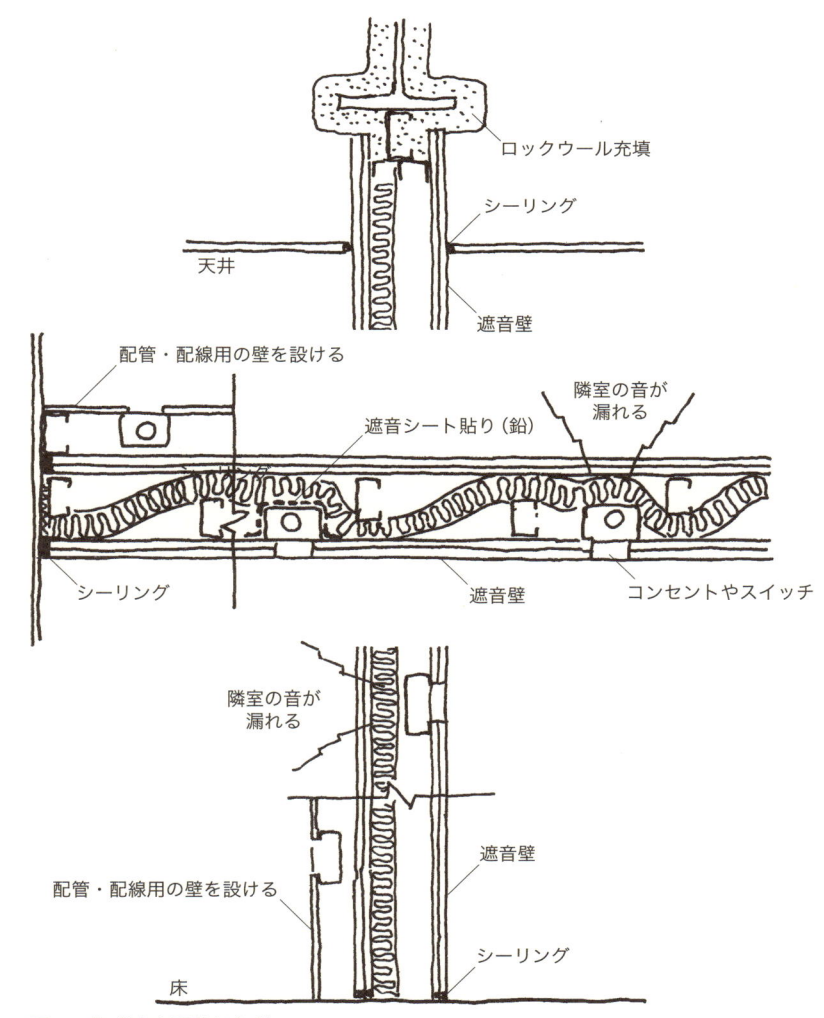

ロックウール充填

シーリング

天井

遮音壁

配管・配線用の壁を設ける

遮音シート貼り（鉛）

隣室の音が漏れる

シーリング

遮音壁

コンセントやスイッチ

隣室の音が漏れる

配管・配線用の壁を設ける

遮音壁

シーリング

床

図1　乾式遮音間仕切り壁

設備全般

電気設備

空調設備

4　給排水設備

ガス設備

防災設備

昇降機設備

　本社ビルの倉庫は一般用倉庫ということで、照明器具と機械換気のみで直天井であった。天井部に上階からの排水管が横引きされていたため継手部分から漏水し、保管中の書類の一部が水に濡れて使用不能となった。

1.　倉庫内は水配管を避ける

　特殊用途の明確な倉庫以外は、設計図書には用途まで明記されることは少ない。一般用倉庫ということで、安易に倉庫内に水配管を通すと、継手部からの漏水で保管品を濡らすこととなる。備品倉庫と言えども重要書類や貴重品、高額の商品を収納する倉庫もある。建築主に対する倉庫の用途の確認は重要事項と心得て、十分に協議することが重要である。

　重要書類等の保管倉庫の場合は、倉庫内の水配管は厳禁である。やむを得ず水配管を通す場合は、横引き配管を避けて、縦配管としてパイプスペースで区画する。横引き水配管する場合は、防水パンで受けて漏水検知センサーを設置し、速やかに対処できるように、中央監視室へ通報するシステムを導入することを推奨する。

2.　倉庫内の有効高さは重要事項

　保管品を、ラックを設置して収納する場合は、有効高さは設計条件として重要事項となる。梁下に照明器具や電線のメッセンジャーを通す場合は、それを考慮して階高を決める必要がある。ラックの高さによっては、照明器具の配置計画にも影響を及ぼす。設計段階で設備設計者と十分に協議し、その結果を書面にて建築主に確認することが必要である（図1）。

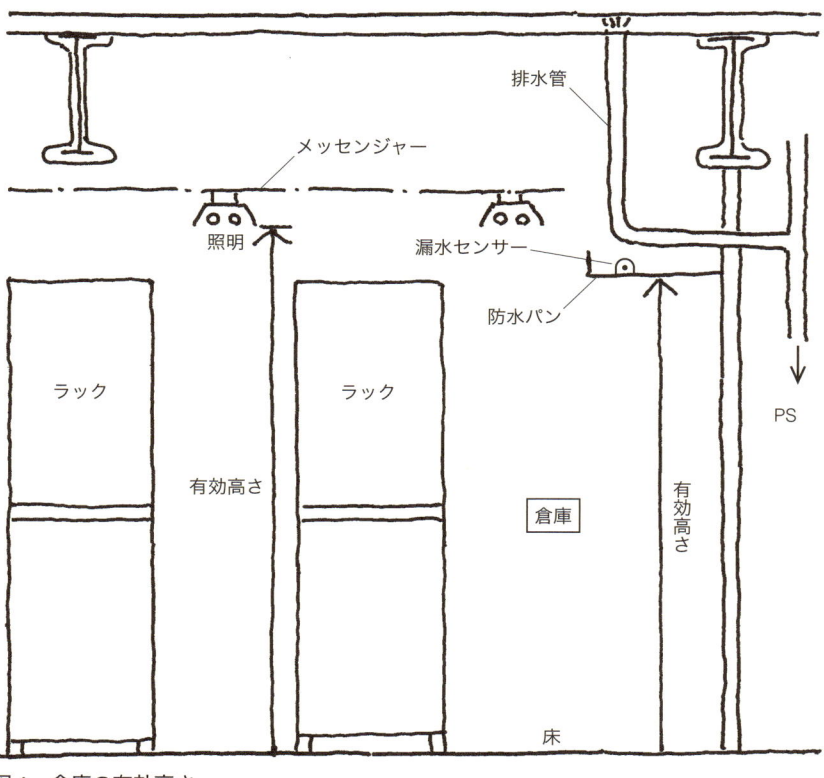

図1　倉庫の有効高さ

設備全般

電気設備

空調設備

4 給排水設備

ガス設備

防災設備

昇降機設備

　規模が大きな建物では設備機械室に大型の設備機器が設置される。設備機器の耐用年数は10年から15年と言われており、築後20年前後で老朽化等により更新しなければならない。更新時に撤去する設備機器が搬出できなかったり、更新しなくてよい設備機器を移動させないと設備機器の入れ替えができないことがある。

1．設備機械室は機器の更新やメンテナンスを考慮する

　建物と設備の耐用年数の違いを考慮し、予備スペースを更新時のために用意しておくことは重要である。設計段階で、レンタブル比を高めるために、機械室スペースをコンパクトに納めることが多い。大規模な設備更新をしようとした時には、撤去する設備機械は分割して搬出できるが、新しく更新する設備機器の搬入には制限がある。小さく分割して機械室内で組み立てができるものばかりではない。

2．設備機器の搬入ルート確保

　将来の設備機器更新を考慮した搬入計画をしておくことは重要である。機械室が地下2階にある、または地上2階にある場合、機械室までトラックに載せて搬入できる通路があれば良いが、そうでなければ、機器搬入のためのマシンハッチが必要となる。揚重機が進入できれば良いが、できなければ機器を吊り下げる吊りフックも躯体に設ける必要がある。マシンハッチから取り込んだとして、設備機器を設置する場所まで運べる横移動のための走行レールを通路の天井に設置することも検討する。

3．フレキシブルに対応できるスペース計画

　生産施設・実験施設では、事業計画によって設備機器システムが短期間に大幅に変化する。生産施設や実験施設はフレキシブルに模様替えに対応できるスペース計画が求められる。建物外部に配管、配線、ダクティング用のメカニカルデッキや、中間階にメカニカルフロアを設置するのは有効である（→ **002** 設備機械室の適切なスペース）。

設備全般

電気設備

空調設備

4 給排水設備

ガス設備

防災設備

昇降機設備

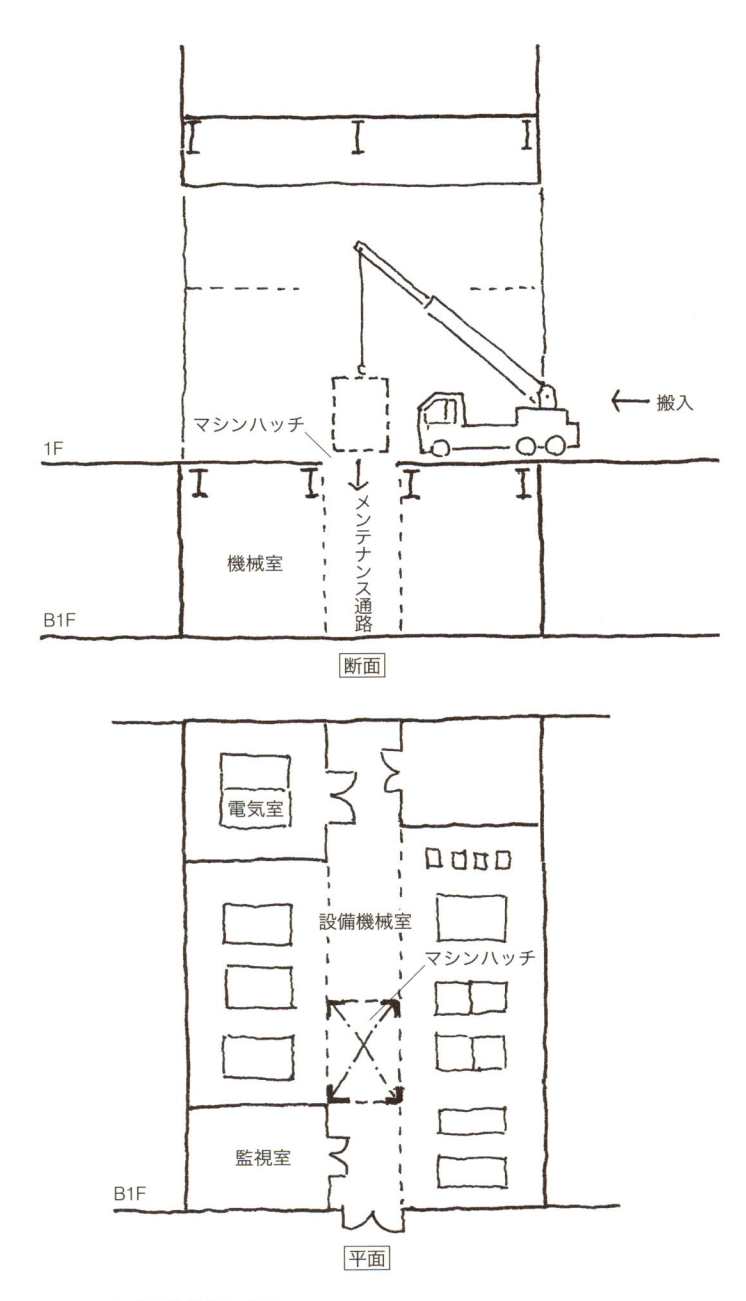

← 搬入

マシンハッチ

1F

↓ メンテナンス通路

機械室

B1F

断面

電気室

設備機械室

マシンハッチ

監視室

B1F

平面

図1　大型設備機器の搬入

　防火区画壁を貫通するケーブルラックや複数の電線管の貫通部にはロックウールを充填して処理するのが一般的である。ケーブルラックに複数の電線や配管類を貫通する場合は、電線や配管類の間に充填したロックウールが施工中に落下して隙間ができることがある。また、鉄骨の耐火被覆工事を終えた後に設備配管を後施工する場合は、耐火被覆を傷め剥落することがある。

1.　防火区画を貫通する配管等の貫通仕舞い

　防火区画の貫通部の塞ぎ処理の工法は建築基準法第36条の規定に基づく認定を受けた工法とする（建築基準法施行令112条15項、16項）。

①防火区画、防火壁、耐火構造の間仕切りや界壁を貫通する給水管や配電管等は、貫通部周囲の隙間をモルタル等の不燃材で埋め、防火区画から両側1m以内の部分を不燃材とするか、または、不燃材で覆う（図1）。

②換気、暖房、冷房等の設備の風道が防火区画を貫通する場合は、貫通部周囲の隙間をモルタル等の不燃材で埋め、区画の貫通部には、火災時の煙や熱を感知して自動的に閉鎖する、遮炎性能を有する防火ダンパーを設ける。

③鉄骨梁貫通部の処理（図2）。

④ケーブルラックが貫通する防火区画の塞ぎ処理（図3）。

2.　防火区画貫通部をモルタルで埋戻しする場合

　防火区画貫通部の埋戻しをモルタルでする場合は、乾燥収縮による隙間ができるので、無収縮モルタルか適正な調合比のモルタルで充填する。

3.　防火区画を貫通する設備配管の特例基準

　防火区画を貫通する設備配管を不燃材としなくてもよい特例基準として、建設省告示が出されている（平12建告1422号）。

設備全般

電気設備

空調設備

4 給排水設備

ガス設備

防災設備

昇降機設備

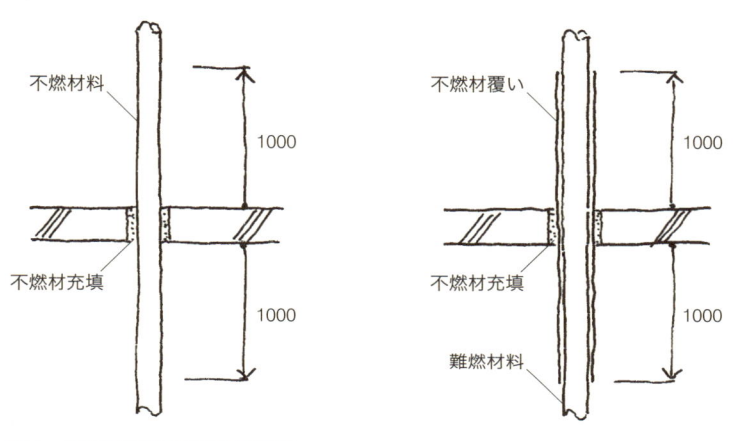

図1　防火区画を貫通する配管

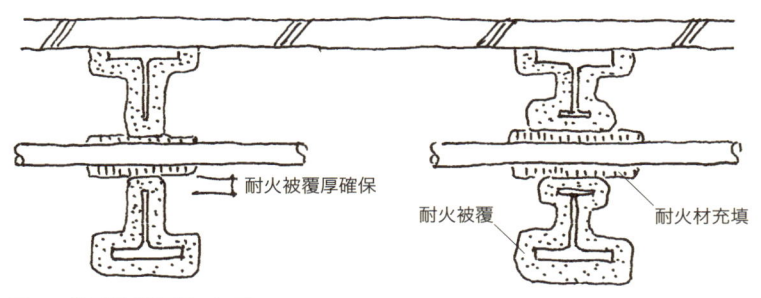

図2　鉄骨梁貫通部の処理

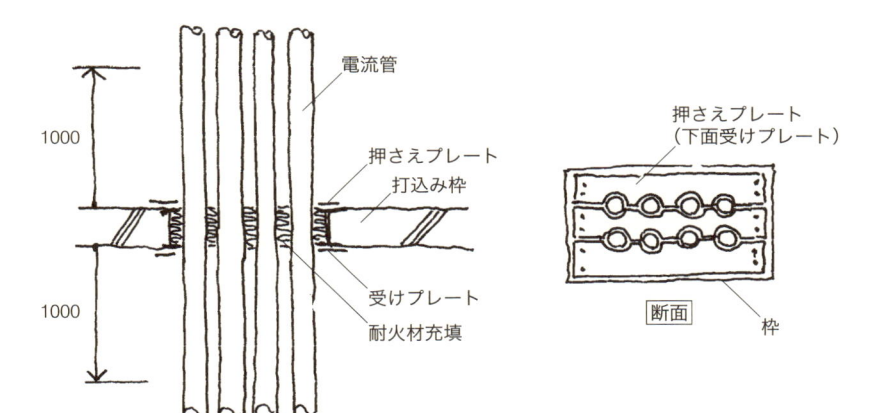

図3　ケーブルラックの防火区画貫通部

　照明スイッチ、空調コントローラー、サーモスタット、コンセント、警備スイッチ、インターホンなど、壁取付け高さがバラバラで見苦しいときがある。また、美観を重視しすぎて、使い勝手がよくないものもある。不特定多数の人が利用する施設で操作機器が壁から突出していれば、人がぶつかり危険である。

1.　壁取付け器具をすっきりとまとめるのは難しい

　照明スイッチや設備器具は、それぞれ大きさが違うために揃えにくい。また、器具の材料が金属でできているものや、樹脂でできているものがあり、同じ樹脂製でも色が違うなど、すっきりとまとめるのは難しい。

2.　いろんな大きさの器具をすっきり納めるポイントは？

　①器具の取付け高さは天端を揃える。近年器具の大きさもスイッチと同じ高さ120mmに揃ってきているが、それでも一回り大きな操作スイッチなどを見かける。器具の天端を揃えるだけですっきりする（図1、2）。

　②いくつもの種類の操作機器を配置する場合は、一つのパネルに整理して配置する。部屋の配置と合わせたり、器具の用途を明示したりすることもでき、わかりやすくできる。

　③使用頻度が少なく、特定の人しか扱わない操作器具は、目立たない場所に取り付けるか、器具を見せないようにボックスに収納して設置する。

3.　高齢者や身体障害者への配慮

　高齢者や身体障害者にもやさしい、器具の取付け高さや器具の大きさがある。加齢に伴う身体寸法や車椅子利用者に適合した、操作性のよい位置に取り付ける（図3）。

　①床面付近のコンセントは高めに、スイッチ類は低めに設置する。

　②スイッチは、タッチ面積が大きくパイロットランプ付きのものとしたり、室用途により、明るさの調節ができる調光スイッチとする。

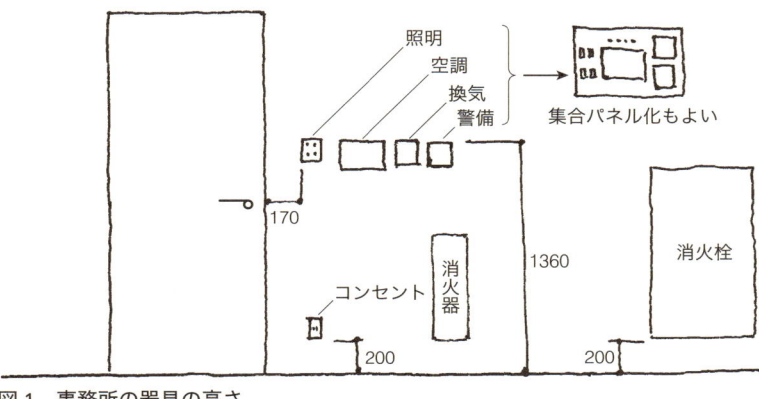

図1　事務所の器具の高さ

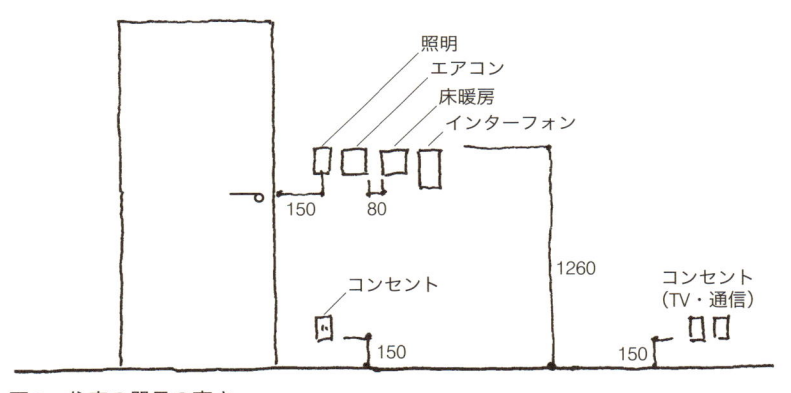

図2　住宅の器具の高さ

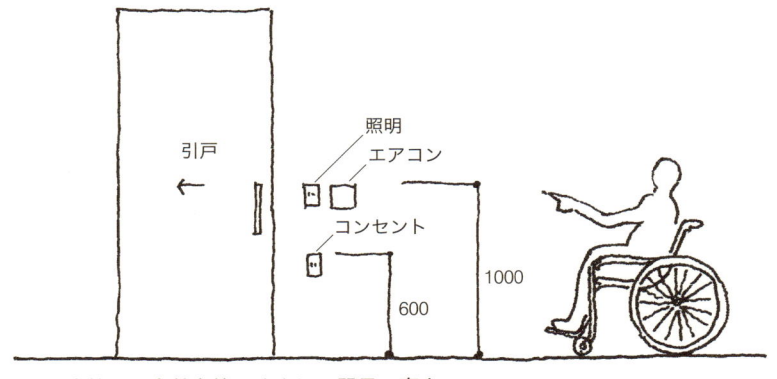

図3　車椅子や高齢者等にやさしい器具の高さ

設備全般

電気設備

空調設備

4　給排水設備

ガス設備

防災設備

昇降機設備

　事務所ビルなどでは、システム天井が多く採用されて、照明器具をはじめ設備器具がすっきり納められている。地震などで建物の揺れに伴って、システム天井が揺れて、設備器具が落下することがある。器具の落下は人に当たると人身事故につながり、非常に危険である。

1. システム天井の設備器具

　一般のボード張り天井では、設備器具は天井スラブから吊り金物で固定する。あるいは天井ボードに固定するか、天井の軽鉄下地に固定するため、天井ボードが落ちない限り器具は落下しない。

　システム天井は天井下地を兼ねた天井フレームに天井ボードを載せる納まりである。照明器具や空調機の吹出し口も天井フレームに乗せ掛けているのが一般的である。感知器や非常照明器具等の小型の設備器具は、設備プレートに組み込んで天井フレームに乗せ掛けている。したがって乗せ掛けた架かり寸法が十分でない場合や、地震でフレームが変形したり損傷したりすると落下する。

2. システム天井の設備機器の落下防止策

　器具落下防止策として、基本は天井が地震時にできるだけ変位しないように 18m² 以下ごとに野縁方向と T バー方向に一対のブレース（斜材）で天井下地を固めることである。これにより、変位を少なくしシステム天井の部材の変形も小さくすることができる。

　機器の落下防止策のもう一つは、機器を乗せ掛ける T バーに緊結するとともに、機器がフレームから外れても落下しないように、落下防止ワイヤーや鎖を取り付ける。設備プレートも同様に落下防止ワイヤーを取り付ける。設備機器がフレームから外れても落下しないように、二重の安全策が必要である（図 1 ～ 3）。（『建築品質トラブル予防のツボ』079「システム天井の落下防止策」参照）。

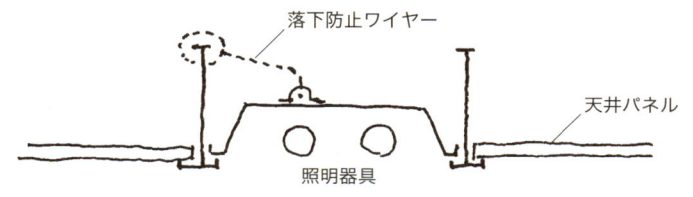

図1　照明器具の落下防止

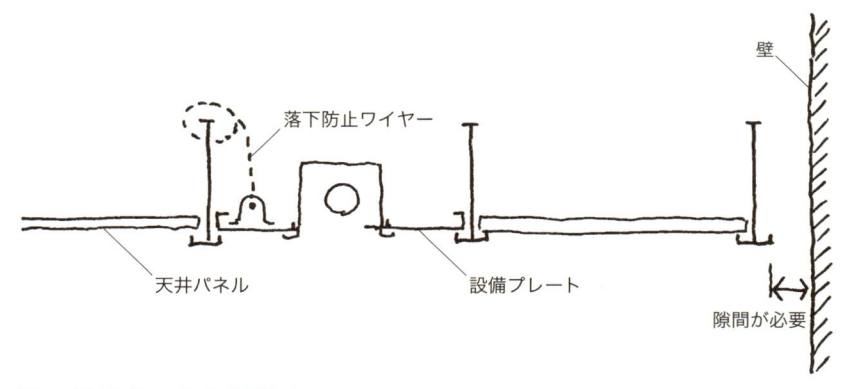

図2　設備プレートの落下防止

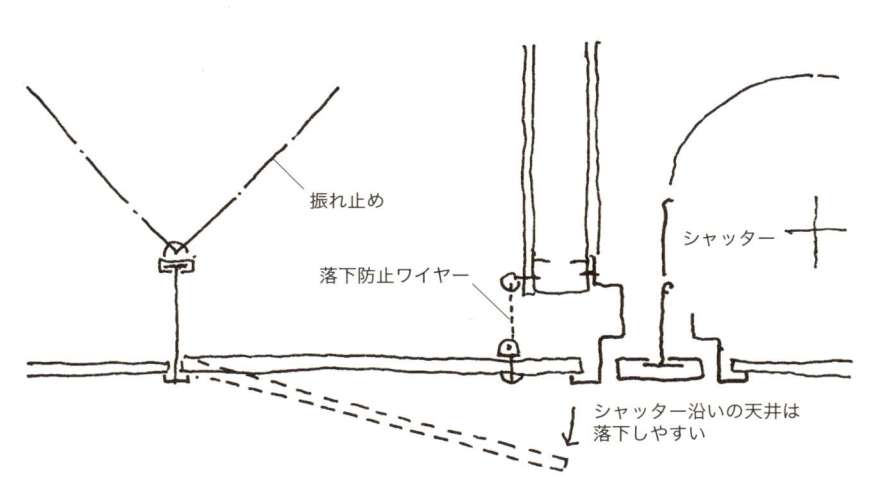

図3　シャッター沿いの天井パネルの落下防止

設備全般

電気設備

空調設備

4
給排水設備

ガス設備

防災設備

昇降機設備

　システム天井を採用したオフィス空間では、上階の便所の排水音や隣室の話し声が天井スリットから聞こえてくることがある。また、照明器具から天井内に漏れた明かりで天井内が見えることもある。

1. システム天井には二つのタイプがある

①吹出し口と吸込み口ともダクトが接続されたタイプ

　モジュールごとに、吹出し口と吸込み口ともダクト接続されたタイプ

②吹出し口はダクトを接続し、吸込み口はダクトを接続しないタイプ

　モジュールごとに吹出し口はダクト接続し、吸込み口はダクト接続せずに、天井内をチャンバーとして利用し、システム天井内の末端部に還気口を設けるタイプ。

2. システム天井のスリットから音や明かりが漏れない工夫

　吹出し口はダクトを接続し、吸込み口はダクトを接続しないタイプは要注意である。天井スリット部から隣室の話し声や上階や天井内に設置している設備機器の駆動音や振動音が漏れ聞こえることがある。遮音性能を求められる会議室や執務空間、テナント区画の間仕切り壁は、天井面で支持せず、上階スラブ下まで伸ばして、スラブ to スラブで支持をする。システム天井内に排水管を通す場合は、排水管に遮音材（鉛シート等）で巻いて遮音性能を確保する。

　システム天井のスリット部分に設備器具等が組み込まれていない部分は、スリット部から照明器具から漏れた明かりが見えてしまうので、天井内が見えないように吸込みバッフル（トラップ）を取り付けるとよい（図1）。

3. システム天井スリットは排煙口にも利用する

　建築基準法に規定された排煙設備には、天井チャンバー排煙の方式がある。この場合は、システム天井のスリット部を排煙吸込み口として利用するので、梁下の有効面積を確保しなければならない（→ **054** 天井チャンバー排煙は梁下空間が必要）。

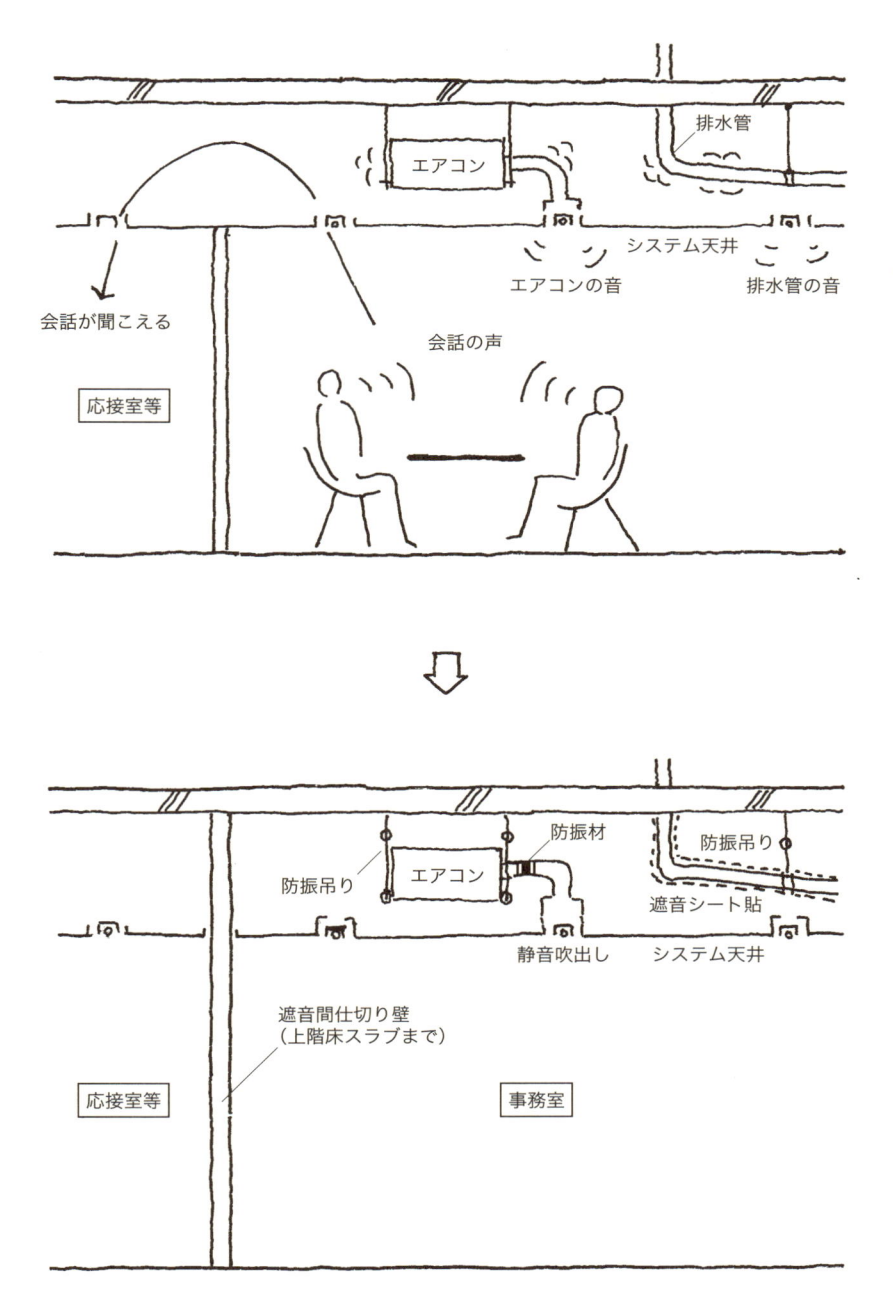

図1　システム天井の音漏れ

設備全般

電気設備

空調設備

4 給排水設備

ガス設備

防災設備

昇降機設備

　天井内にある設備機器の振動が天井に伝わり天井が振動する。振動で天井が共振して騒音にもなる。また、地震時に天井内の設備機器が揺れて、天井を破損することもある。ひどいときは設備機器が脱落する。

1. 天井吊り設備機器は振動対策を

　空調機など天井内の設備機器の本体が自身の駆動で振動する。その機器が上階の床スラブから吊り下げられている場合は、上階の床スラブにも振動が伝わる。機器と天井が接している場合には、天井にも振動が伝わる。機器の振動対策は、機器の振動をなくすか、小さくすることである。機器の振動をなくせないなら、振動が天井に伝搬するのを遮断するために防振支持をする。振動は機器だけでなく、機器とつながっている配管やダクトなども振動する。これらにも防振対策が必要である。空調機等が天井埋込みの場合、天井と接する部分には、隙間（1mm 程度でよい）を設けるか、防振材を挟むようにする。

2. 天井吊り設備機器は地震対策を

　天井内に設置する設備機器も自身の質量に応じて地震力（水平力）を受ける。

　質量が大きい設備機器ほど大きな水平力を受けることになる。また、上階の床スラブから吊られている場合、水平力で振り子の状態となる。地震で設備機器が振られると、接続してある配管が破断したり、天井の吊り材と衝突したりして天井の破損につながる。天井内の機器は地震で変位しないように斜材を X、Y 方向に設け、どんな地震が来ても揺れないようにしなければならない。

3. 天井下地の吊り材と設備機器の吊り材は兼用不可

　天井下地の吊りボルトを設備機器の設置に兼用すると、振動の伝搬だけでなく地震時もそれぞれの変位が増幅されて被害を大きくすることになる。天井と機器はそれぞれ別々に、耐震対策が必要である。

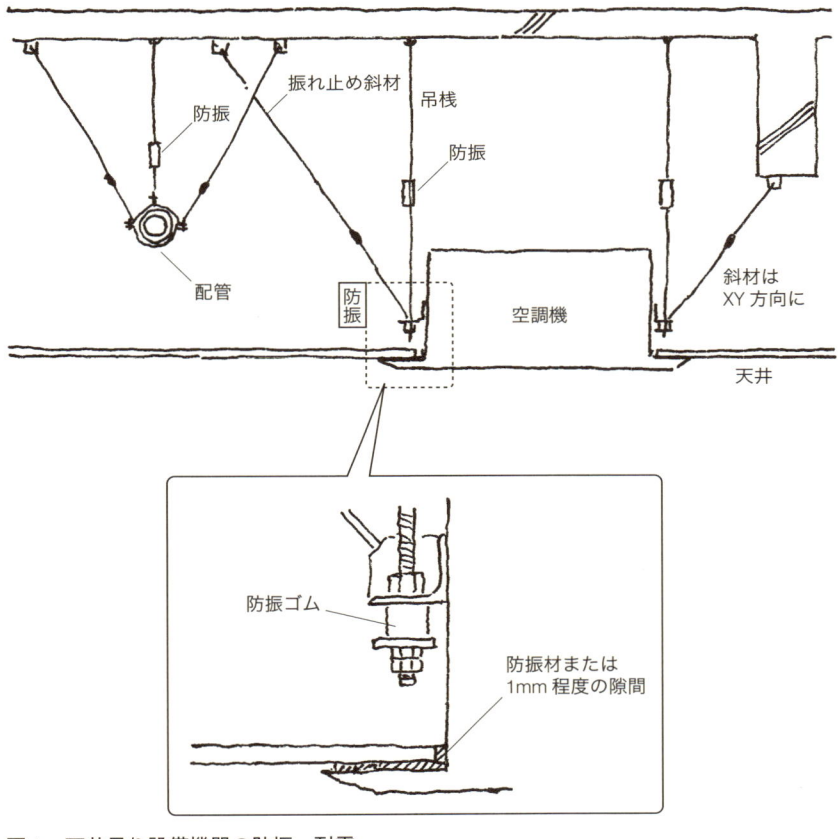

図1　天井吊り設備機器の防振・耐震

設備全般

電気設備

空調設備

4 給排水設備

ガス設備

防災設備

昇降機設備

　点検口の有無は、施工段階にはあまり問題にはならないが、建物が引き渡された後の保守点検時に、点検口の位置や有無が問題となる。

　ホテルのロビーは吹抜け空間で高い天井となっている場合が多い。点検口の位置も意匠的な配慮からロビー天井の隅部に設けることが多い。その場合は、天井内の梁下をくぐりながら点検に行かなければならず、作業も非常に困難なものとなる。

1．吹抜け空間の高い天井は足場が必要

　ホテルロビー等の吹抜け空間で天井が高い場合は、設備機器の点検のための足場が必要となる。照明器具の球替えは、ランプチェンジャー（高所ランプ交換器具）が届く高さであればよいが、それより高い天井の場合は、高所作業台やローリングタワー（組立て足場）が必要となる。最近ではLED照明も増えているが、球替え、器具替え、点検に関しては一般照明器具と変わらない。床が段床になっている場合は、高所作業台やローリングタワーを安全に移動させることは困難である。また、収納倉庫も必要となる（➔ **032** 照明は球替え・器具替えを考慮する）。

2．高い天井、吹抜け空間には点検歩廊を

　天井が高くかつ天井内スペースに余裕がある場合は、天井内を安全かつ容易に点検できるように、直上階床に点検口を設けて点検歩廊(キャットウォーク)を設置する。点検歩廊は、躯体梁から吊り材で支持補強をして、点検作業用の照明設備や可搬照明用コンセントを設置する（図1）。

3．天井内へ入れるように

　いくつかの目的の点検口を兼用し、点検口の数を少なくした場合は、操作やメンテナンスのたびに天井内に入らなければならない。天井内の移動が容易かつ安全にできるように、天井内に足場板などを設置しておくと役に立つ。このような点検口の大きさは、大きめにして余裕のあるものとしておくとよい。

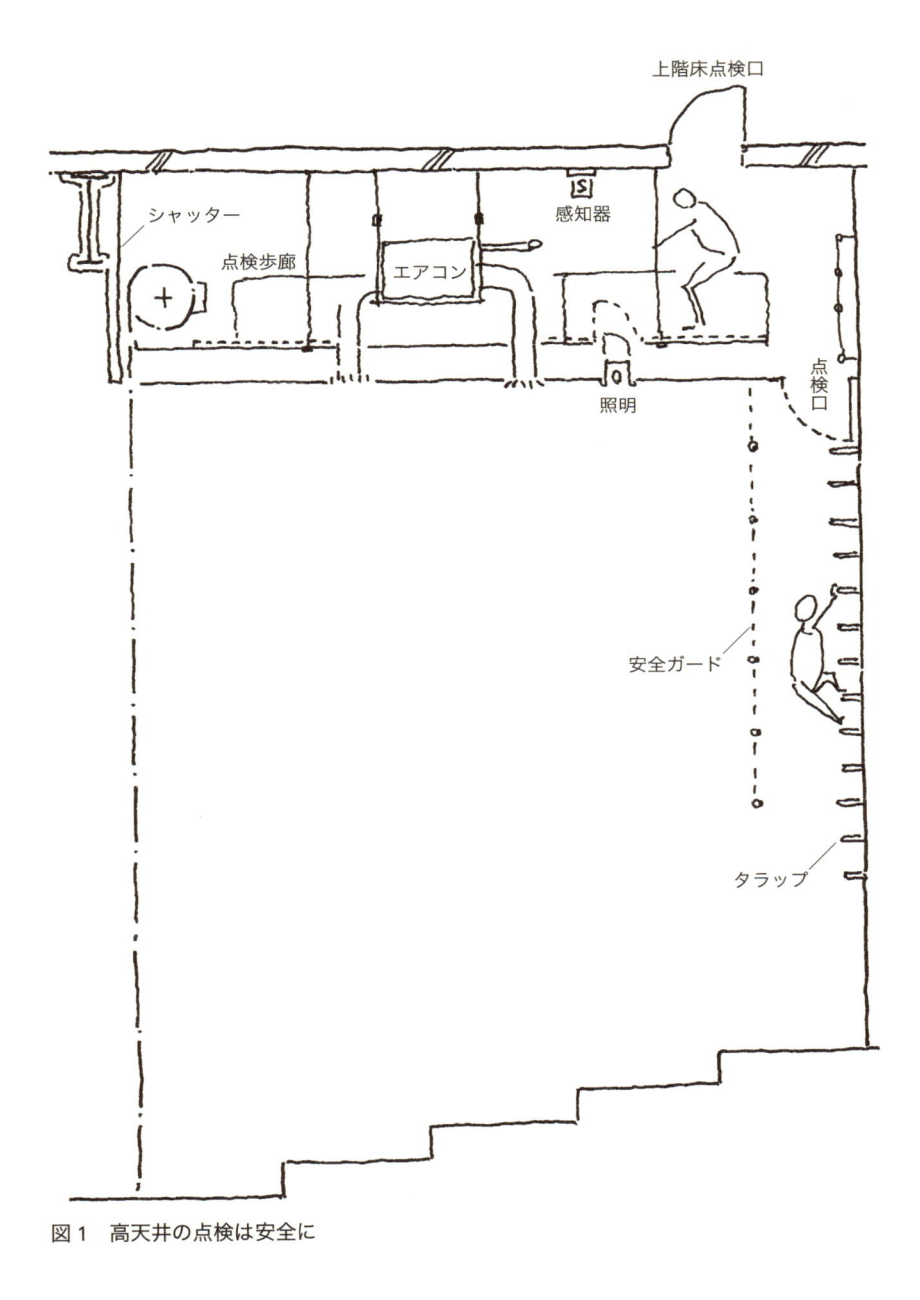

図1　高天井の点検は安全に

天井に設けられた点検口の用途は、防火シャッターや可動防煙垂れ壁のメンテナンスのためのものや、空調機の点検（フィルター掃除も含む）、天井内設置の通信機器（分配器など）の点検用の他、配管のバルブ操作のためのものなど、多岐にわたる。点検口のそれぞれが何のために設けられた点検口か、下から見上げただけではわからない。

1. 天井点検口には番号と点検目的を表示する

点検口は下から見てわかるように番号を表示するとよい。点検口の内側（点検口裏面）に、何の点検用か、場合によっては点検の確認事項も表示すれば、日常点検やメンテナンスをする人が開けたときに、この点検口でよいのか一目瞭然である（図1）。

2. 点検口一覧表を作成する

点検口を一覧表にして、その点検口の点検目的、定期点検回数や関連業者、連絡先などを一覧に表示すると点検・管理に活用できる。メンテナンスのチェックリストとして活用すれば、点検漏れもなくなる。メンテナンスの効率化に役立つだけでなく、緊急時の対応も速やかにできるメリットがある。ファシリティマネジメントの一環としてパソコンやスマートフォンなどで管理することも可能である（表1）。

天井点検口が必要な場所

① 空調用ダンパー類、可変風量調整装置等

② 天井裏に設置する空調機やファン類、バルブ類（保守用バルブ、自動弁など）

③ 屋上設置のハト小屋

④ パイプシャフトから天井内スペースへの出口付近

⑤ 梁下は天井下地スペースのみで、配管、ダクトが梁貫通している場合は、スパン内に1ヶ所点検口が必要

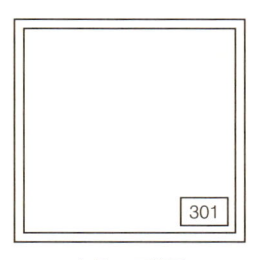

点検口天井面 　　　　　　　　点検口裏面

図1　点検口に番号と用途を表示する

表1　点検口一覧表（例）

天井点検口リスト					
階	点検口番号	業種	点検機器	品番	連絡先
3階	301	電気	煙感知器		△△電気 06-001-0001
	302	建築	防火 シャッター	FSH3	○○シャッター 06-002-0001
	303	空調	防火ダンパー		□□空調 06-003-0001
	304	空調	空調機	FCU-3	同上
	天井点検口配置図				

点検口がやたらと多い天井を見かけることがある。実に見苦しい。天井は空間をつくるうえで重要な要素であり、デザイン対象である。機器一つ一つ、そして点検口一つについても配置を検討すべきである。

1. 点検口は必要最小限に

点検口が数多く設けられているのは、電気設備、通信設備、給排水設備、ガス設備、空調設備、換気設備、そして建築用（自動ドア、シャッターなど）としてそれぞれのメンテナンスに必要な点検口を別々に設けているためではないだろうか。それぞれの設備に必要なのはわかるが、配置を調整する、あるいは点検しやすい位置に配管や機器の位置を調整するなど、設備関係者（設備設計者、設備監理者、設備工事管理者、設備業者）と建築関係者がお互いに調整を図って、点検口は一つでも少なくする努力が必要である（図1）。

2. 点検口は使いやすいものを

点検口は年に数回使用するもの、ほとんど使用しないものなどいろいろである。通常は点検口を目立たないようにしたいため、点検口の仕上げは天井と同じ材料で、エッジ（枠）はできるだけ細いものにし、エッジ（枠）のアルミは天井色に焼き付ける。しかしよく使用する点検口は、エッジ（枠）を細くするとエッジ（枠）の周囲の天井材が耐え切れず傷みがひどくなる。よく使用する点検口は枠もしっかりしたものを使用したい（図2）。

3. 天井点検口の設置位置は適切か？

天井点検口の吊元が不適切であるために、点検口から体を天井内に入れることが困難なことがある。吊元の位置は、人間の行動から判断すれば間違うことはない。また、点検口の真上に、点検の必要な設備機器が設置されていれば、頭を天井内に入れることもできない。点検動作を考えて設備機器から点検口の位置を決める必要がある（図3）。

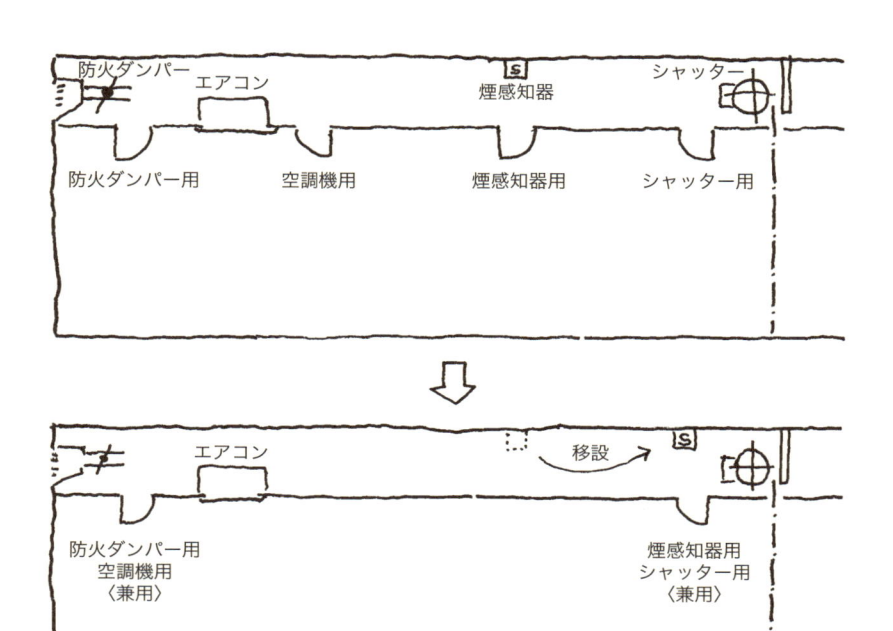

図1 点検口は必要最小限に

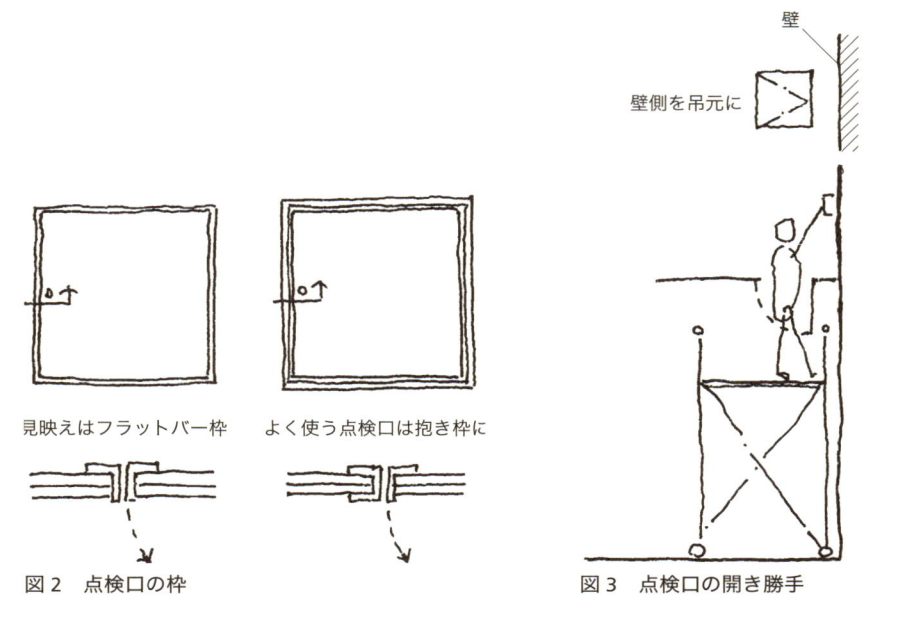

見映えはフラットバー枠　　よく使う点検口は抱き枠に

図2　点検口の枠

図3　点検口の開き勝手

設備全般

電気設備

空調設備

4　給排水設備

ガス設備

防災設備

昇降機設備

　特高・高圧受電等の受電室は変圧器（トランス）の振動が躯体を伝搬して、上下階に伝わり、振動や騒音として再放射される。変圧器本体の振動や騒音を防止するには、変圧器単体で防振するほか、変圧器と接続されている配線を壁や支持フレームと防振支持する方法がある。

1. 変圧器（トランス）は、振動を伴ってうなり音を発生させる

　変圧器が発する低周波振動が躯体を伝搬して、数層分の上下階へも振動が伝わる。変圧器は、浮床基礎として躯体とは絶縁する。変圧器は浮床基礎とは堅固に支持をする（図1）。

2. 配線用パイプフレームは共振する

　変圧器に接続されている高圧配線は、碍子を介して配線用パイプフレームに支持されて配電される。配線用パイプフレームの固定支持は床面だけでなく壁面からも固定支持されるので、配線用パイプフレームと床面や壁面との接触部は、防振支持をして絶縁する。

　配線や配管を通じて振動を伝搬するので、配線用パイプフレームとの支持は防振吊りとする。

3. 高圧電気室は吸音材を内張する

　変圧器の発熱で高圧電気室が高温となる。高圧電気室を冷却するために、単独の空調パッケージや換気設備などを設置する必要がある。空調機に接続されたダクトの振動や給排気口からの騒音も発生する。高圧電気室の壁や天井は吸音材を内張し室内反響を抑える（➜ **070** 特高電気室の室温維持）。

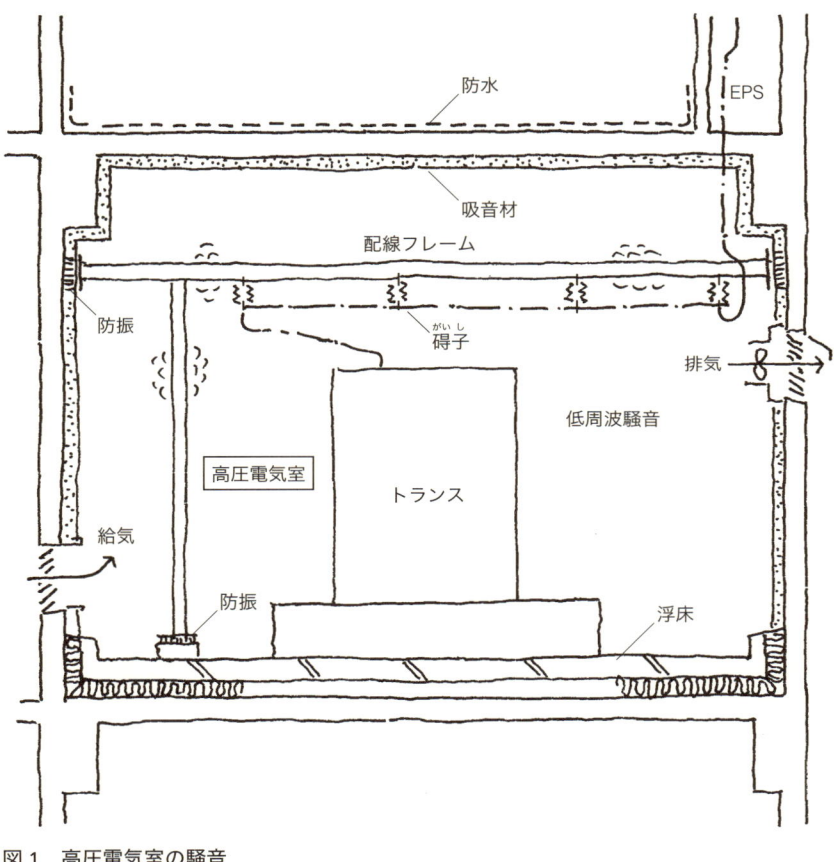

図1　高圧電気室の騒音

設備全般

電気設備

空調設備

給排水設備

ガス設備

防災設備

昇降機設備

EPS

防水

吸音材

配線フレーム

防振

碍子（がいし）

排気

低周波騒音

高圧電気室

トランス

給気

防振

浮床

　空調吹出し口に近い天井に取り付けられたシャンデリアが空調吹出し口からの空気の流れで、吊りボルトが繰り返し揺らされて吊りボルトが緩み、脱落してシャンデリアが落下した。

1.　シャンデリアや天井からの吊りものは振動や揺れで落下する

　空調吹出し口に近いところに設置した、シャンデリアや天井からの吊りものは、空調気流で繰り返し揺らされて回転する。そのため吊りボルトが緩んで脱落し、シャンデリアや天井からの吊りものが落下することがある。天井内に吊り下げて設置された空調機やダクトからの振動が躯体伝搬して、長時間かけて吊りボルトを緩めることもある。外気が流入する場所に設置したシャンデリアや天井吊りものも同様に揺らされて落下事故が起きる。また、器具の取付け時に、ボルトの固定やねじのかかりが十分でなかった場合も脱落して、落下する（図1）。

2.　シャンデリアや天井からの吊りものには落下防止ワイヤーを

　照明器具は『照明器具の耐震設計・施工ガイドライン』（日本照明器具工業会技術資料 127）による。100kg 以上の特殊照明器具は『懸垂物安全指針・同解説』（日本建築センター）により耐震設計をする。

　一般のシャンデリアなどの照明器具は、まず天井スラブにしっかり固定することである。強度のある吊り金具を使用し、緩み止めのボルトを使うなどしっかり固定する。次に落下防止を兼ねた振れ止めワイヤーを3点以上設ける。ワイヤーはシャンデリアの重量と繰り返しの揺れに十分耐える強度が必要である。これにより地震時の揺れを少なくし、吊りボルトが外れても落下することはない（図1）。

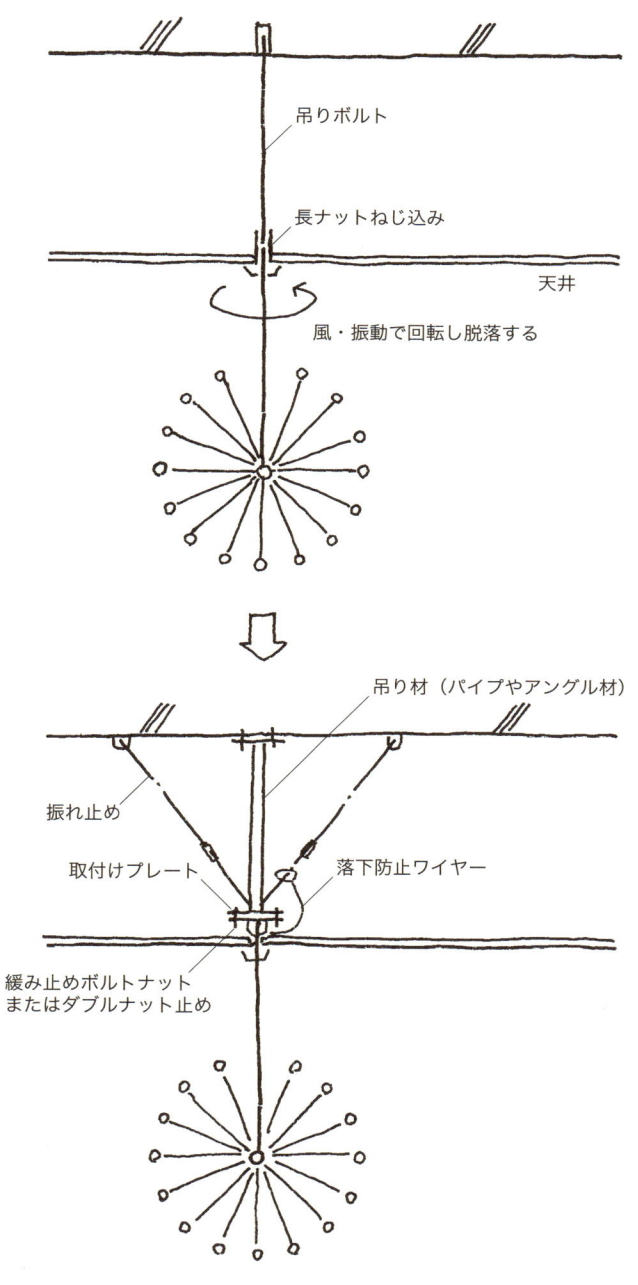

設備全般

電気設備

空調設備

給排水設備

ガス設備

防災設備

昇降機設備

図1　天井吊り照明器具の脱落防止

「照明器具の球替えができない」というクレームが寄せられることがある。高所に照明器具を取り付ける時は、球替えが容易にできることを確認しよう。

1. 球替えのメンテナンスは誰がする？

集合住宅や事業所のエントランスホール等の吹抜け部や工場や倉庫の天井の高い位置に照明器具を取り付ける時は、実際の維持メンテナンス体制を含め、球替えをする人は誰かを想定して建築主と協議しておく必要がある。工場や倉庫の場合は照明器具の球替え以外に、高所でのメンテナンス作業があり、高所作業車が用意されている場合がある。このような場合は高所作業を熟知した必要な資格を持った人が球替えをするので問題はないが、集合住宅や事業所のエントランスホールの吹抜け部分では、照明器具の球替えを管理人や住人がする場合があり、安全に、しかも容易に球替えができるように考えておく必要がある。

2. 球替えを容易に

高所に設けた照明器具の球替えでは、寿命の長い照明器具を選定し球替えの回数を少なくすることは基本である。また、高所に照明器具を設けないで空間の明るさを確保する方法の検討も必要である。例えば低い位置に照明器具を設置し天井と空間を照らす、壁面に集約してメンテナンス可能にするなどの方法がある（図1）。

3. 球替えの方法

高所に照明器具を設ける場合は、球替えの方法や、それをメンテナンスするための器具や用具の準備をするとともに、収納スペースも確保しておく必要がある。球替えの方法は以下のとおりである。

①伸縮梯子による球替え

②ランプチェンジャー（高所ランプ交換器具）による球替え

③ローリングタワー（可動式組立て足場）による球替え

④高所作業台車による球替え

⑤昇降式照明器具（オートリフター付き器具）の採用

⑥タラップと点検歩廊（キャットウォーク）の設置による球替え（図2）

（→ 027 高天井の点検は安全に）

4. LED照明は器具替えも必要

　LED照明は初期光束が80%に落ちると、球替えが必要となる。目安として照明時間2万時間、約10年と覚えておけばよい。LEDの照明器具によっては、球換えでなく器具ごとの取替えが必要な場合もある。その場合は電気工事が必要となる。

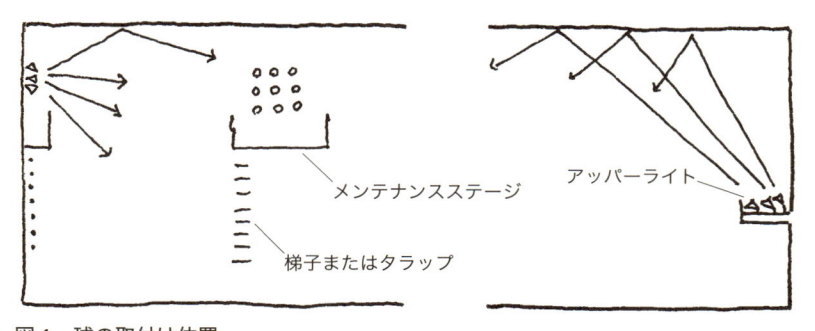

メンテナンスステージ

アッパーライト

梯子またはタラップ

図1　球の取付け位置

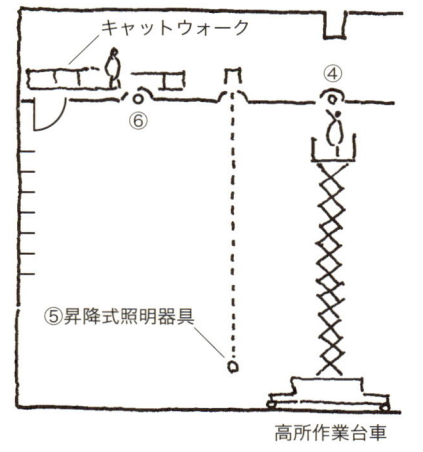

キャットウォーク

④

⑥

⑤昇降式照明器具

高所作業台車

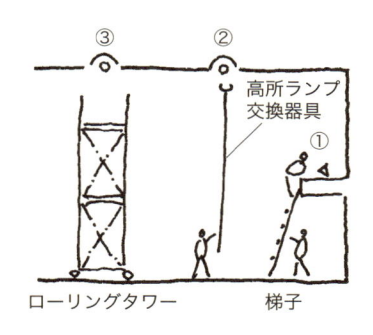

③　②

高所ランプ
交換器具

①

ローリングタワー　　梯子

図2　球替えの方法

設備全般

電気設備

空調設備

給排水設備

ガス設備

防災設備

昇降機設備

　照明計画は室の用途により変わってくる。ダイニングルームならペンダント、リビングルームならシャンデリアやダウンライトといった照明器具で計画することが多い。寝室はベッドに横になった時のまぶしさに対する配慮が必要で、特に病室は患者さんが1日中、ベッドに横たわり天井面を見て過ごすので、まぶしさに対する配慮が必要となる。

1．寝室の照明は間接照明を基本とする

　寝室の照明は、ベッドに横になった時、直接光源が目に入らないような配慮が必要である。ダウンライトなら、ベッドの枕もとから離して深型のタイプやルーバー入りの照明器具を選択する。また、明るさを調光できる常夜灯も必要となる（図1）。

2．人にやさしい照明計画

　病室や寝室では、基本照明は間接照明としたい。間接照明で天井面を照らしたり、壁面を照らしたりすることで、天井面の光源が目に入らないだけでなく、照明の光そのものが一次反射、二次反射して、優しい光となるからである。天井面に照明器具がないと、すっきりした空間になる。建築基準法上設置が必要な感知器や非常照明などは、法的な離隔距離を確保して、できるだけ壁際に設置する等の配慮が必要である（図1）。

3．病室の照明計画

　病室は治療のための室であるとともに、寝室でもある。個室は別として、相部屋の場合は、基本照度はもちろんのこと、同室の患者さんへの配慮から夜間の治療や処置のための処置灯や、患者さんが読書する際の手元照明（読書灯）も必要となる。天井は真っ白な無機的な仕上げにするのではなく、木目調や気持ちを和らげる色調の天井仕上げ材にすることも重要である（図2）。

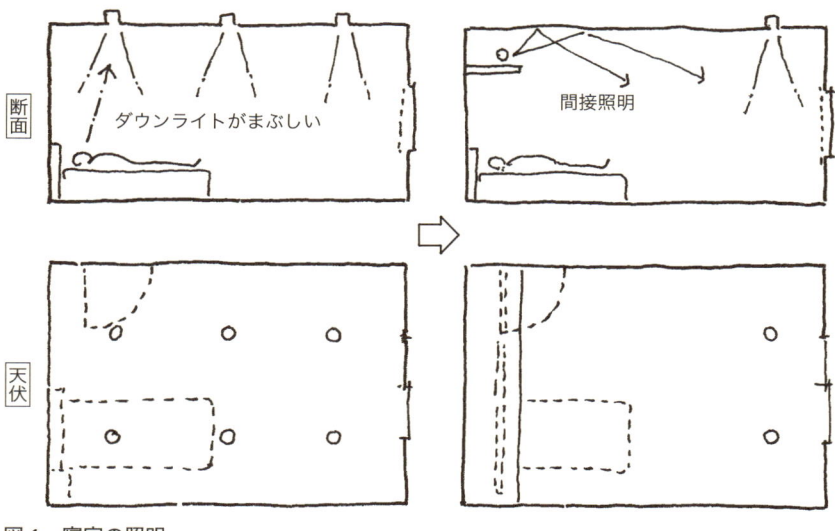

図1 寝室の照明

設備全般

電気設備

空調設備

給排水設備

ガス設備

防災設備

昇降機設備

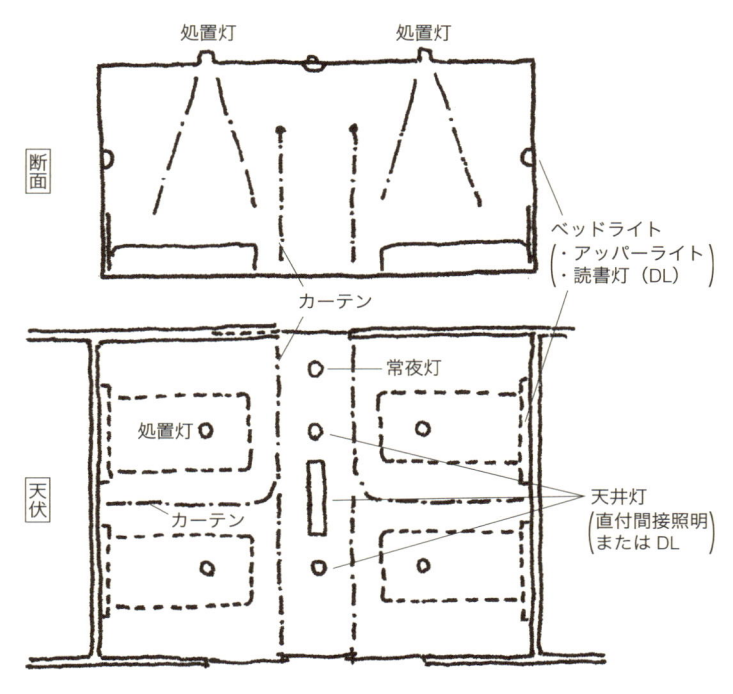

処置灯　処置灯

断面

ベッドライト
(・アッパーライト
・読書灯（DL）)

カーテン

常夜灯

処置灯

天井灯
(直付間接照明
または DL)

天伏

カーテン

図2　病室の照明

　快適な居住空間の雰囲気は、照度レベルや明るさの分布だけではなく、使用するランプの光色「色温度（K)」や、そのランプによって照らされた物体の色の見え方「演色性（Ra：平均演色評価数)」に大きく影響を受ける。色温度や演色性の特性を理解して器具を選定しよう。

1.　光源の明るさ

　照明器具には、器具本体とランプが脱着交換できる従来型器具と器具本体とランプが一体のLED器具の2種類がある。光源の明るさは、従来型は「器具光束（ランプ光速×器具効率)」で、LED器具は「定格光束」で明るさを表現するため、LED器具は同等の明るさを確保できる従来型と対比させて「○○ランプ△△形相当」と表記されている（図1)。

2.　ランプの光色「色温度（K：ケルビン)」

　照明器具の光源の色は色温度（K）を用いて表現する。色温度が高い青白い光は、明るくさわやかで活動的な空間に適し、高い照度でも快適な雰囲気が得られる。逆に、色温度が低い赤味がかった光は、落ち着きのあるくつろいだ雰囲気になり、低い照度の空間に適する。温かいとか、涼しいといった光色の温涼感は、個人差や季節によって異なるが、JIS（日本工業規格）では、3300K以下のランプのもとでは温かく感じ、5300K以上のランプのもとでは涼しく感じると定義している。澄み切った快晴の日の正午の太陽の光を「昼光色」と言い、おおよそ6500Kである（図2)。

3.　物体の色の見え方「演色性（Ra: 平均演色評価数)」

　物体の色を比較する時には、太陽光のもとで並べて比較する。太陽光のもとで見る色に近い見え方をする照明ランプを演色性の良いランプという。同じ設計照度であっても、演色性が良く色彩を鮮やかに美しく見せるランプを使用すれば、明るさ感の効果が高いため、快適な照明環境が得られる。Ra値が高いほど色の見え方が自然光に近いものになる。執務空間や長時間滞在する作業場では、より演色性の高いランプを使用し、Ra値が80未満のランプ

は使用しない方がよい（図3）。

設備全般

電気設備

空調設備

給排水設備

ガス設備

防災設備

昇降機設備

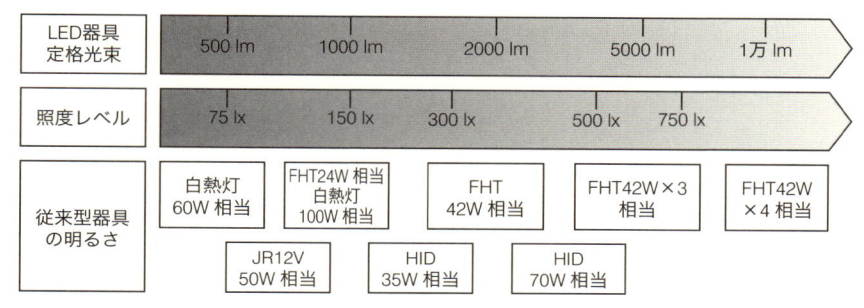

注）FHT：蛍光灯6本柱タイプのコンパクト蛍光ランプ。
　　HID：高圧水銀ランプ、メタルハイドランプ、高圧ナトリウムランプの総称で高輝度放電ランプ。
　　JR：「ローボルト」と呼ばれるハロゲンランプ。

図1　光源の明るさの目安

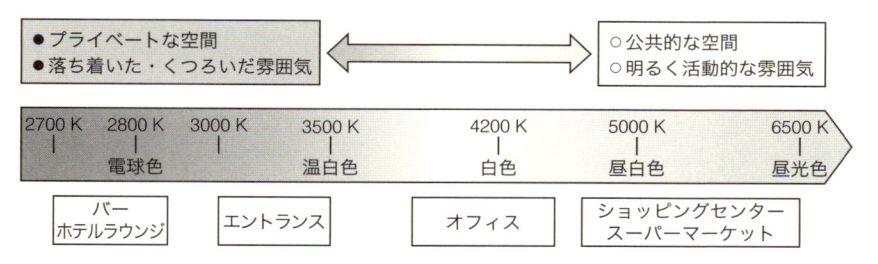

注）屋内照明として使用されている蛍光灯は「電球色」「温白色」「白色」「昼白色」「昼光色」に分類される。

図2　色温度の目安

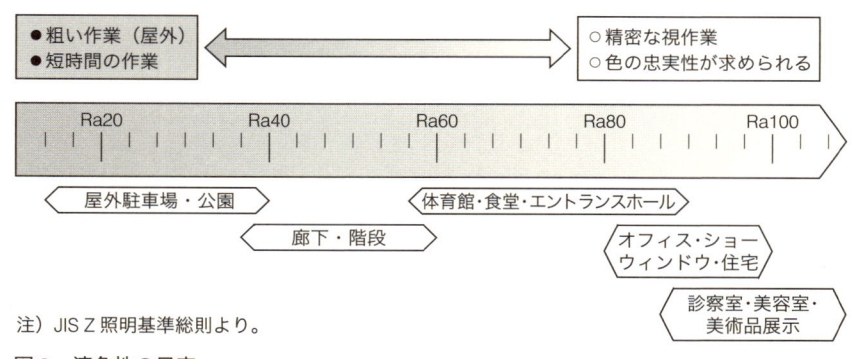

注）JIS Z 照明基準総則より。

図3　演色性の目安

　軽鉄下地に石膏ボードなどを張った間仕切り壁が多く採用されている。その軽鉄下地壁に照明のスイッチやコンセントなどを設けるとき、軽鉄下地壁の中に電気配線としてビニル絶縁ビニルシースケーブル（VA線）をそのまま配管なしで配線している例を見かけることがあるが、これは配線を傷つける恐れがある。

　また、スイッチボックスの固定があまく、ゆがんだり、動いたりするのを見かけるが、接触不良や漏電の原因になりかねない。

1．軽鉄下地壁内の配線は保護を

　軽鉄下地内の電気配線は軽鉄の支柱（スタッド）を貫通する。軽鉄の支柱の貫通部分は手が切れるほど鋭い小口となっており、そこにビニル絶縁ビニルシースケーブルを配線すると、配線作業中にビニル被覆に傷をつけてしまう。また、経年変化による被覆の劣化なども考えられる。支柱貫通部分だけでも保護管を用いて、配線を保護すべきである。フレキシブル樹脂管（CD管やPF管）、または、ブッシング（傷つけ防止）処置を行う。

　間仕切壁内のVAケーブルにくぎを打ち込み漏電した事例がある。間仕切り壁内ではないが、よく似た事例として、集合住宅の水まわりの床下に配管された給水配管HIVPにくぎを打ち込み漏水した事例もある。

2．スイッチやコンセントのアウトレットボックスは軽鉄に固定

　軽鉄下地壁に設けるスイッチやコンセントのアウトレットボックスを、石膏ボードに接着固定した木製下地に固定しているのを見かけることがある。電気のスイッチやコンセントのアウトレットボックスは、軽鉄下地に同種の軽鉄下地材を用いてしっかり固定しなければならない。特に日常的に抜き差しするコンセント用裏ボックスは、上下または左右の2点固定が望ましい。

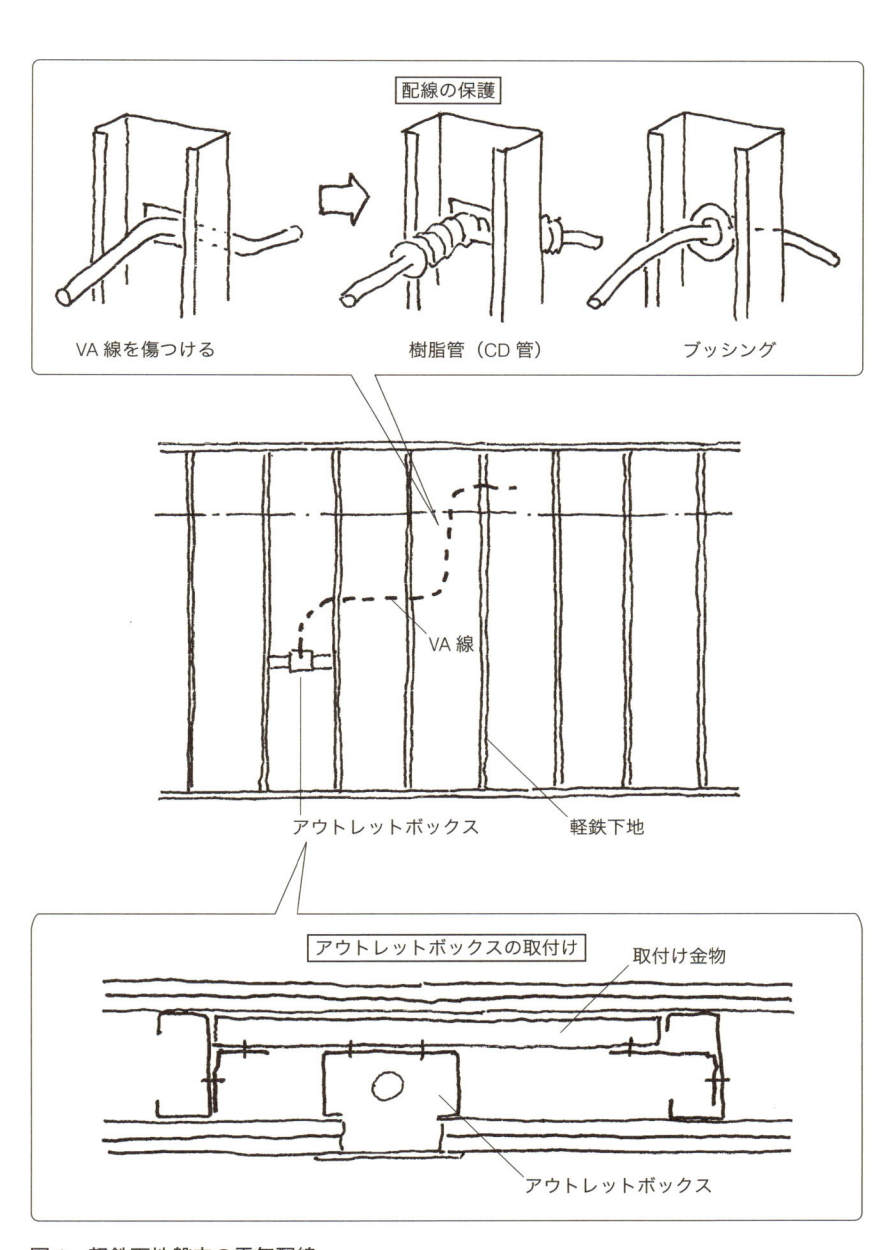

設備全般

電気設備

空調設備

給排水設備

ガス設備

防災設備

昇降機設備

図1　軽鉄下地盤内の電気配線

高周波による障害

　携帯電話や無線 LAN、エレベーターや製造工作機器等から高周波が放出され、医療機器や周辺の電子機器の性能を狂わせることがある。医療機器へ影響を与えた場合は、診断を誤り人命に関わることとなる。

1．高周波とは

　高周波（略記・HF）とは、周波数が 10MHz から 300GHz の電磁界を指し、電波とも呼ばれる。周波数とは電波や音波、または、交流電流などの 1 秒間に振動する回数のことで、単位はヘルツ（Hz）で表記する。一回振動する間に進む距離を波長といい、高周波は 1mm から 30m 進む。高周波は、TV や FM ラジオ放送、携帯電話などの無線通信や電子レンジにも用いられている。通信機器や OA 機器などの電気機器の動作を不安定にするなど障害を及ぼす可能性があるために対策が必要である。

2．エレベーターも高周波を放出する

　エレベーターは、電源高周波、高周波漏洩電流、高周波ノイズと呼ばれる高周波を放出する。電源高周波は電圧や電流にひずみを与え、高周波漏洩電流は漏電遮断器、漏電検出器の不要動作や電源トランスの中性線への漏洩電流流入による対地間電圧ノイズ（コモンモードノイズ）を発生させる。高周波ノイズは電話回線やデータ通信線への誘導による雑音や画像の乱れを発生させる。

【エレベーターの高周波対策】（図 1）

　①エレベーター動力用電源と医療機器等の電源・信号線は 1m 以上分離する。

　②エレベーターを含む動力の電源トランスと医療機器等の電源トランスは分離する。

　③エレベーターを含む機器アース線と医療機器等のアース線の配線と接地極は分離する。

　④漏電遮断器はインバーター回線対応のものを使用する。

3. 高周波が人体に及ぼす影響

電波は、エックス線などの電離放射線と違い、物質の原子をはぎとる電離作用を引き起こさないが、刺激作用や熱作用等の短期的な影響は受ける。

①刺激作用とは、低周波（100kHz 以下）の極めて強い電波を浴びると体内に電流が流れ、ビリビリ、チクチクと感じる。

②熱作用とは、高周波（100kHz 以上）の極めて強い電波を浴びると体温が上がることである。

なお、国（総務省）は、電波防護指針を策定し、電波法による規制をしている。電波防護指針の基準が守られて、管理されている場所では、電波による健康への悪影響が生じることはない。

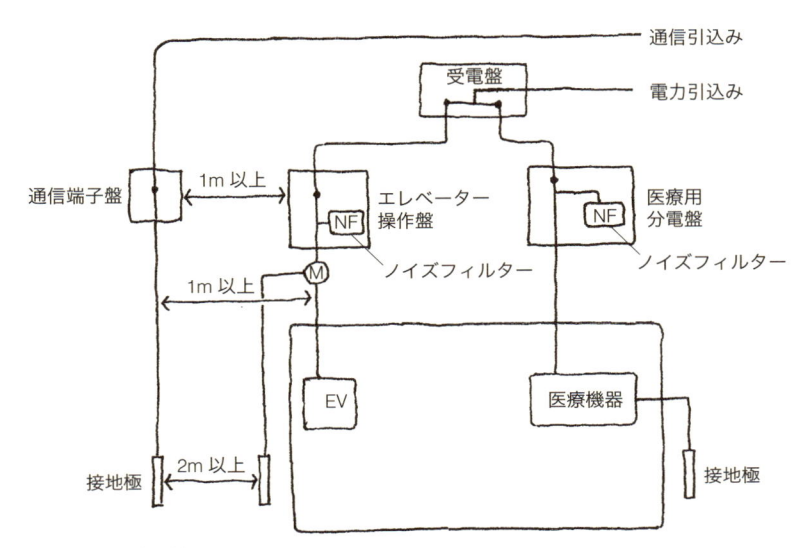

図1　高周波対策

　建物の地下外壁（または、基礎底版）を貫通した避雷針接地極導線（鬼撚導線・銅）から地下水が浸入することがある。地下外壁貫通部の納まりに実管スリーブを打ち込み、その中を接地極導線を通し、内外を二重シール材で止水しても撚線の隙間から毛細管現象で地下水が浸入してくる。

1. 地下外壁や基礎底版を貫通する接地極導線には水切り端子を使用する

　接地極導線に鬼撚導線を使用すると、撚線に沿って毛細管現象で地下水が浸入してくる。必ず接地極の水切り端子を用いて止水処理をする。地下外壁部を貫通する場合、地下水が浸入してきてもよいように、二重壁部分で貫通する（図1）。

2. 接地極導体の材質

　雷撃を受け止め、雷電流を安全に大地に流す導体の材質には、銅、アルミ、鉄、ステンレスがあり、それぞれに線状導体、棒状導体、帯状導体、管状導体の4種類がある。アルミニウムの導体は、直接土壌に接触すると腐食の進行が著しいので接地導体としては使用しない。銅の鬼撚導線が使われることが多い。JIS A 4201、2003 に適用するものを使用する。

3. 避雷針の接地極（JIS A 4201）接地に関する留意点

　避雷針の接地極は、電気設備工事監理指針に基づき、土質が均一で他の金属埋設物がない場所で地下 0.75m 以上の深さに埋設する（図1）。

　①各引下導線に1個以上接続する

　②材料は、厚さ 1.4mm 以上、面積 0.35m² 以上の銅板、またはこれと同等以上のもの。

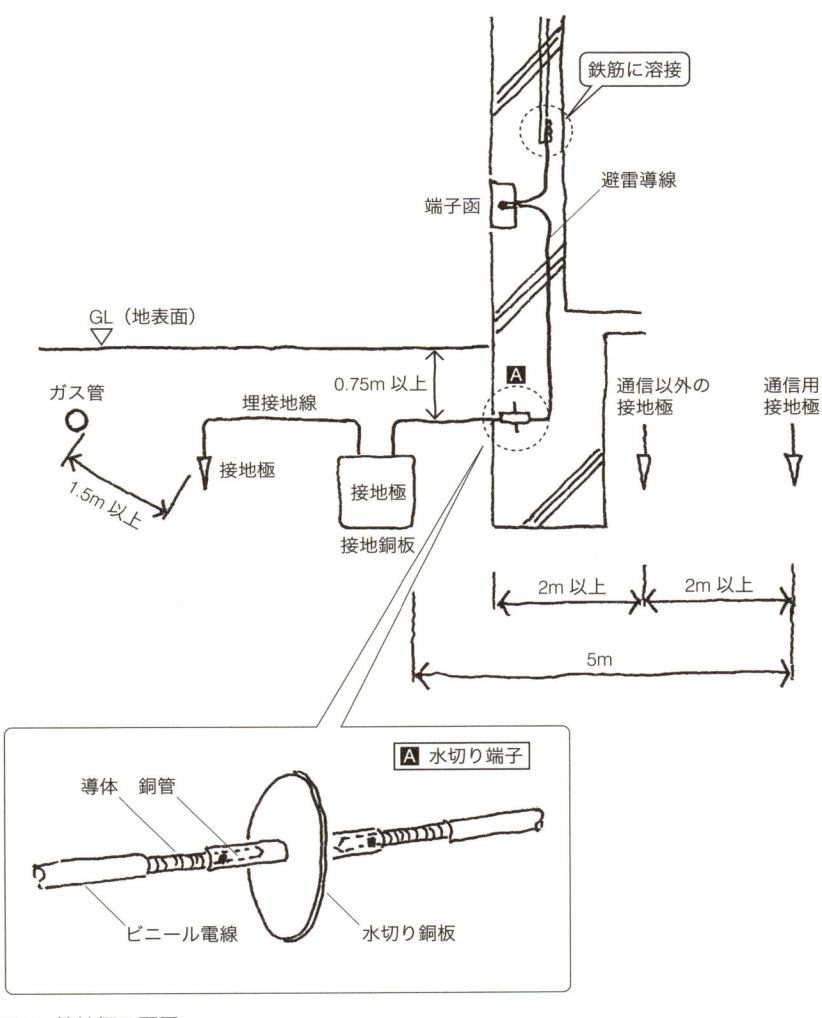

図1 接地極の配置

　屋上に設置された外装清掃用ゴンドラが、電波受信障害を起こし、BS 及び CS 放送等が受信できなくなることがある。また、ゴンドラの移動走行時には、振動が躯体伝搬し、下階への振動・騒音源となる。

1．通信障害はゴンドラの走行軌跡にも注意

　清掃用ゴンドラが外装の清掃時に通信用アンテナの前に停止すると、ゴンドラが障害物となり電波受信障害を引き起こす。屋上に設置する通信アンテナの位置は清掃用ゴンドラの収納場所や走行ルートを考慮して、電波受信障害を引き起こさない位置に設置する（図 1）。

2．ゴンドラは振動障害を起こす

　ゴンドラの走行時の振動や騒音は、走行レールや基礎を介して躯体を伝播し、下階に振動障害を発生させる。直下階に居室がある場合は、振動・防音対策としてゴンドラ走行レールを防振支持し、ゴンドラの走行スピードを遅くするとよい（図 1）。

3．ゴンドラ設備は避雷設備に接続する

　ゴンドラの走行ルート内に数ヶ所、避雷導体から分岐した接続端子を設ける。ゴンドラで清掃作業中にも雷撃を受けることがある。ゴンドラが停止して清掃作業を行っている時は、ゴンドラ本体に備えた避雷導線巻から停止の都度、接続端子へ接続して、ボンドアースする。

4．ゴンドラは見えないように収納する

　清掃用ゴンドラは、清掃時以外の時間は収納されて駆動していない。駆動していない時に、道路から見えたり、近隣のビルから見えると、美観上よくない。収納時には、ゴンドラが見えないような位置に収納庫（収納位置）を設けるようにする。

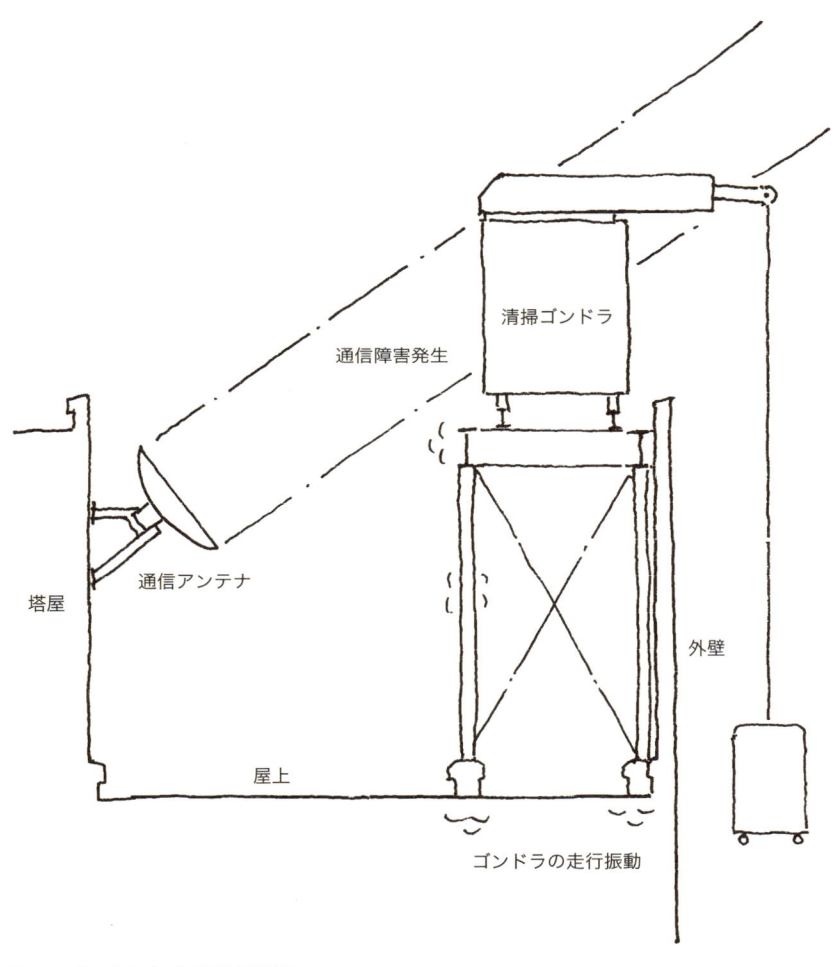

清掃ゴンドラ

通信障害発生

通信アンテナ

塔屋

屋上

ゴンドラの走行振動

外壁

図1　ゴンドラによる通信障害

設備全般

電気設備

空調設備

給排水設備

ガス設備

防災設備

昇降機設備

太陽光発電パネルは再生可能エネルギーとして注目され、新築建物の他、既存建物の屋根や屋上に設置されるようになった。強風による飛散や設置時に防水層を破ることによる雨漏りがあってはならない。

1. 太陽光発電パネルは強風で飛散させてはならない

太陽光発電パネルの架台は、構造耐力上主要な部分（機械基礎）にアンカーボルトで緊結しなければならない。太陽光発電パネルにかかる風圧力は、建築の屋根として建築基準法告示によって算定し、機械基礎や架台の設計は構造担当者の確認が必要である（国交省告示第 1447 号第二）。

2. 既存建物屋上に太陽光発電パネルを設置する場合

防水は 10 年保証されているが、防水の劣化で部分改修や全面改修がいつ必要になるかは予測できない。既存建物の屋上に設置する場合は、太陽光発電パネルを取り外さなくてもメンテナンスできるように、機械基礎を躯体から立ち上げ、防水を巻き上げるとよい。構造耐力上主要な部分に緊結することは新築時と同じである（図 1）。防水層の保護コンクリートにアンカーで直接、架台を取り付けるのは、誤って防水層を貫通し漏水の原因となるだけでなく、保護コンクリートの強度やアンカーボルトの引抜き強度に不安が残るので採用しない。やむを得ず保護コンクリートの上に設置する場合は、風圧力に対して十分な強度と耐久性を満足する置き基礎とする。構造耐力上主要な部分と同等以上とみなすだけの荷重及びアンカーボルトの耐力が必要で、かつ、既存躯体の積載荷重条件を満足するものでなければならない（図 2）。

太陽光発電パネル設置に対応した、メーカー既製の金属ベース（乾式工法）の基礎もある（図 3）。

3. 太陽光発電パネルは建築基準関係規定の適用を受ける

既存建物の屋上に設置した太陽光発電パネルは、下部に屋内的用途があると、建築物の一部としての取扱いを受け、太陽光発電パネルの屋上に占める面積割合によっては、建築物の高さに算入され、斜線制限や日影規制を受け

る。建築基準関係規定の適用を受けて確認申請が必要となる（国交省技術的助言・平成23年国住指4936号、平成24年国住指1152号）。

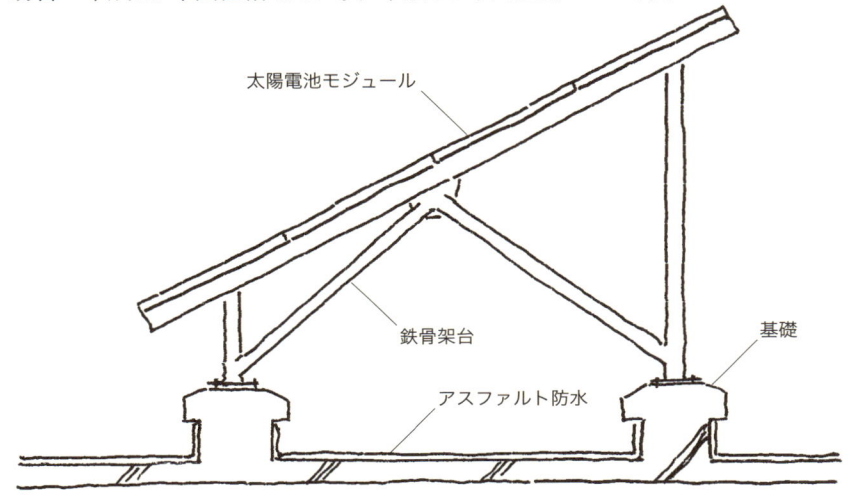

図1　防水立上りを設けたRC基礎

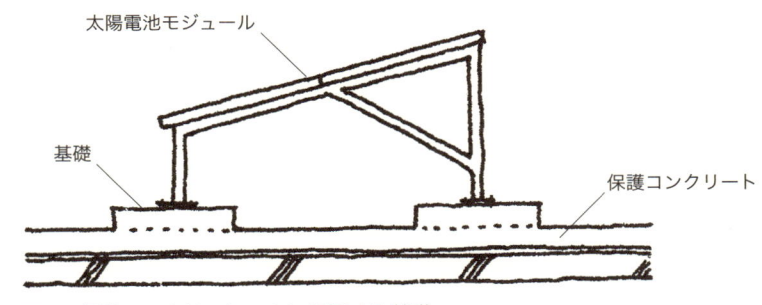

図2　保護コンクリートの上に設置する基礎

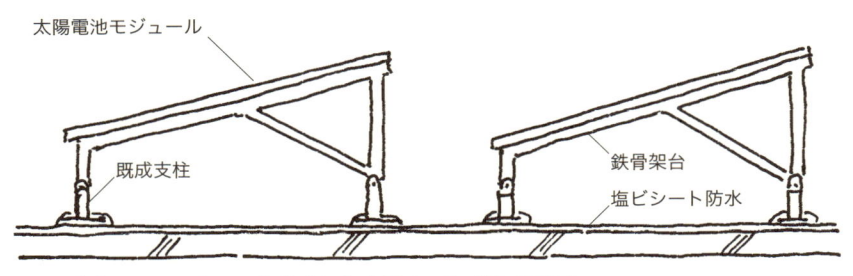

図3　防水のメンテナンスを考慮した金属ベース（乾式工法）

戸建住宅の屋根に太陽光発電パネルを設置した場合、「太陽光パネル（太陽電池モジュール）からの反射光がまぶしい」、あるいは、その「反射光が室内に入り熱い」という苦情が近隣から出ることがある。太陽光発電パネルは、発電効率を少しでもよくするために、反射防止コーティングや低反射ガラス等の工夫がされている。吸収できなかった光がパネル面で反射される。

1. 季節で変わる太陽の動き

太陽は、季節や時刻によって位置が大きく変わる。太陽光発電パネルからの反射光の方向を検討する場合の参考として、夏至ならびに冬至の太陽高度の変化と日の出、日の入りの方位を示す（図1）。

2. 南面に設置する場合、太陽光は空へ向かって反射する

日本家屋の屋根勾配は通常3〜6寸勾配（16〜31°）。日当たりのよい屋根の南面に設置する場合、太陽高度は図1に示すとおり、東京近郊では30〜78°の範囲で変化するので、太陽光の反射光は空へ向かって反射され、地上方向への反射光は発生しにくい（図2）。

3. 東西面や北面に設置する場合、太陽光は地上方向に向かう場合がある

東西面や北面に設置された太陽光発電パネルに太陽が当たると、太陽の位置や高度により、太陽光の反射光は地上方向に向かう場合があり、近隣の住宅等の窓に差し込むと反射光障害を起こす（図3）。

4. 反射障害の防止

①太陽光発電パネルを東西面や北面の屋根に設置する場合は、想定される反射光の方向にトラブルにつながりそうな窓がないことを確認する。

②トラブルになりそうな窓等がある場合は、太陽光発電パネル設置位置に鏡を置いて、太陽光の来る方向に自分の目を合わせ、鏡に映る景色を確認すれば、おおよその予測はできる。しかし、太陽の位置は刻々と変わるため、正確な判断をするにはパソコンの3Dソフトで365日分のシミュレーションをして検証をすることを推奨する。

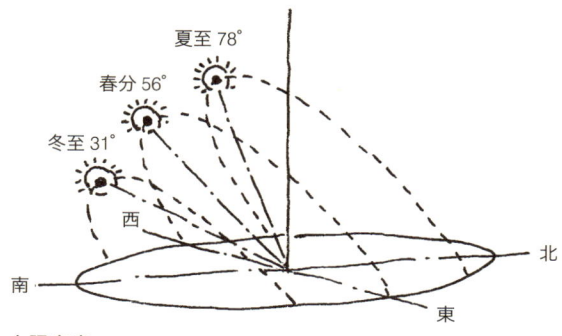

図1　太陽高度

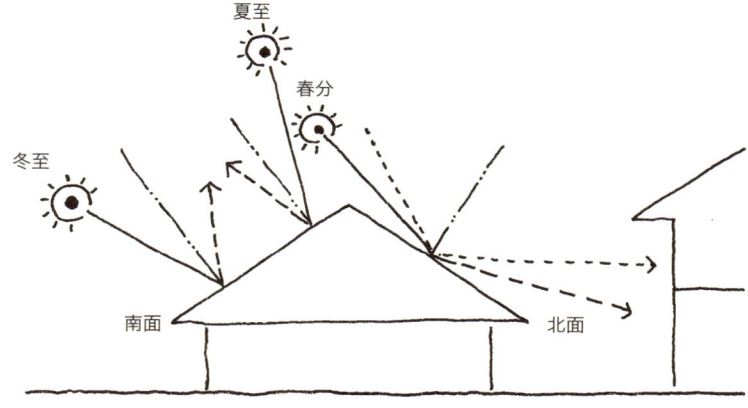

図2　反射光

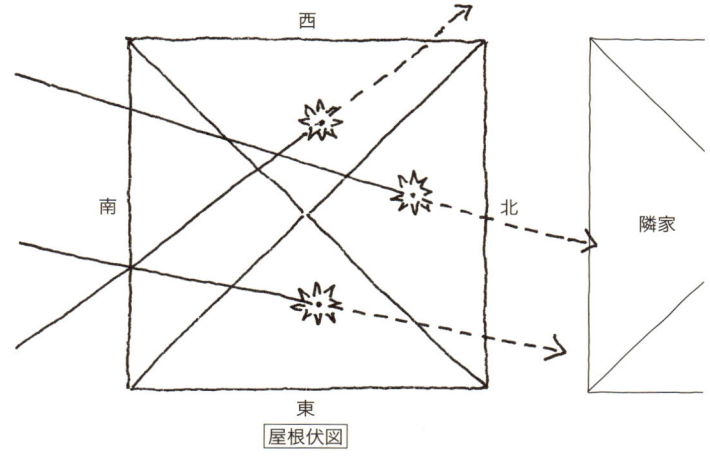

図3　隣家への反射

設備全般

電気設備

空調設備

給排水設備

ガス設備

防災設備

昇降機設備

　敷地境界際に空調屋外機を設置する場合は、騒音規制基準を遵守しなければならない。近隣への振動・騒音源は、空調屋外機以外にもクーリングタワー、受水槽の水補給時の落水音、変電用屋外キュービクル等がある。特に住宅街では深夜に近隣に対して与える影響が大きい。また、逆に近隣から影響を受けることもある。

1.　敷地境界際に空調屋外機を設置する場合は騒音規制基準を遵守する

　建物からの騒音振動は敷地境界線上で厳しく規制されている。敷地境界際に空調屋外機を設置する場合は、設計時に事前検討を行い、必ず試運転時に騒音レベルを測定し騒音規制基準を満足していることを確認する。

2.　自治体ごとに騒音振動規制条例で基準値が定められている

　外部騒音規制基準は自治体ごとに騒音振動規制条例で基準が決められている。指定地域内（住民の生活環境を保全する必要があると認める地域）に特定工場を設置している者は、当該特定工場等の敷地境界線において定められた規制基準を守らなければならない。規制基準値は全国の自治体により異なるが、表1〜3は代表事例として大阪附の場合を掲載している。

3.　特定工場とは

　特定工場とは工場または事業場に設置される施設のうち、著しい騒音を発生させる施設をいい、詳細は昭和43年11月27日、政令第324号で指定している。ここで注意しなければならないのは、定格出力が7.5kW以上の圧縮機及び送風機である。これは空調用室外機等が該当し、特定工場等の工場または事業場に集合住宅や戸建て住宅も該当することである。都市計画区域のほぼ全域において規制を受ける。

表1　騒音規制規準（大阪府の場合）　　　　　　　　　　　　　　　　（単位：dBA）

区域＼時間	朝 （6 〜 8）	昼 （8 〜 18）	夕 （18 〜 21）	夜 （21 〜 6）
第1種区域	45	50	45	40
第2種区域	50	55	50	45
第3種区域	60	65	60	55
第4種区域	65	70	65	60

注）規準は自治体ごとに規制しているが、ほぼ同じなので大阪府の場合で解説をする。

表2　指定区域

区域	都市計画法による用途地域
第1種区域	第1種低層住居専用地域、第2種低層住居専用地域
第2種区域	第1種中高層住居専用地域、第2種中高層住居専用地域、 第1種住居地域、第2種住居地域、準住居地域、市街化調整区域
第3種区域	近隣商業地域、商業地域、準工業地域
第4種区域	工業地域

表3　環境基本法による環境基準値　　　　　　　　　　　　　　　　（単位：dBA）

地域の区分	昼間	夜間
低層住居専用地域・中高層住居専用地域	50	40
住居地域・準住居地域・無指定	55	45
近隣商業地域・商業地域・準工業地域・工業地域	60	50

設備全般

電気設備

空調設備

給排水設備

ガス設備

防災設備

昇降機設備

　竣工後1年目の夏に、「冷凍機入口の冷却水温度が下がらない。冷凍機の能力が出ない」というクレームが発生した。冷却塔（クーリングタワー）は、標準型開放式冷却塔で、塔屋広告塔の目隠し壁で囲われていた。

1. 屋上に設置した冷却塔には風道（かぜみち）が必要

　冷却塔は風道がなければ冷凍機の能力を発揮させることはできない。屋上に設置した冷却塔を、意匠的に広告塔や目隠し壁で囲い、冷却塔の吸込み部分に適切なスペースを確保しなかった場合は、ショートサーキットを起こし、排出された空気が再び冷却塔に吸い込まれて、冷却塔の能力が低下する。空気吐出口の位置・高さを広告塔や目隠し壁の天端より高くし、ショートサーキットを防がなければならない（図1）。

2. 目隠し壁がある場合のショートサーキット防止策

①冷却塔をルーバーなしの目隠し壁で囲う場合は、目隠し壁と冷却塔の離隔距離 W は、メーカーの指示による離隔距離を確保し、目隠し壁の高さより、吹出し口の高さを高くする（図2）。

②冷却塔をルーバー付きの目隠し壁で囲う場合は、ルーバーの開口率を50%以上とする。また、ルーバーとの離隔距離 W は、点検整備に必要なスペースも考慮して、$W \geqq 600mm$ とする。目隠し壁の天端と冷却塔上部の間に塞ぎプレート設けるとよい（図3）。

③冷却塔の吸込み口ルーバーは、水滴飛散防止のためにルーバーの羽根は上に向いているため、上部からの空気を吸い込みやすい構造となっている。目隠し壁やルーバーとの離隔距離 W は、できるだけ広くするようにする。

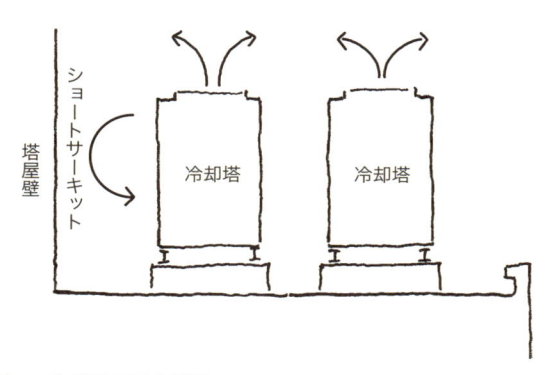

図1　冷却塔の屋上設置

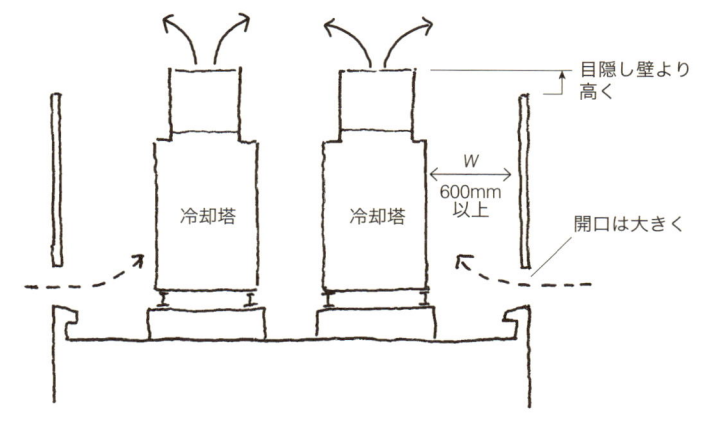

図2　冷却塔を目隠し壁で囲う場合

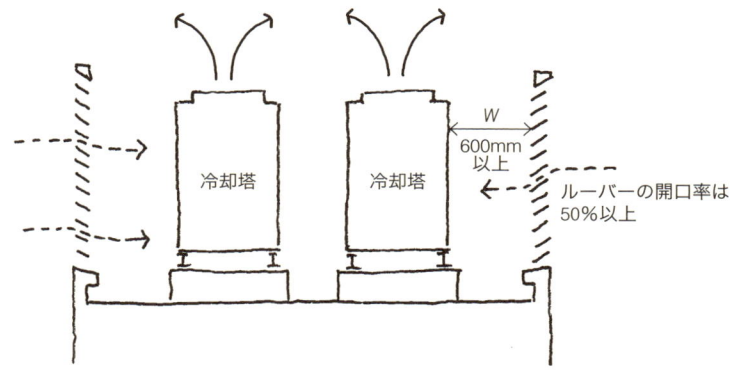

図3　冷却塔をルーバーで囲う場合

　昨今の異常気象による、想定した積雪量を上回る降雪のために、屋上に設置した空調屋外機が雪に埋もれ、給排気口が塞がれて機能不全を起こした。また塔屋外壁の機械室扉も積雪のために開閉が不能となった。

　地上に設置した空調屋外機では、屋根に積もった雪が落下し、屋外機の給排気口が塞がれて機能不全を起こし、屋外機が破損されることがある。

1．空調屋外機は、落雪が予想される場所を避ける

　空調屋外機は冷媒配管の長さをできるだけ短くする位置に設置するのが良いが、屋根からの落雪が予想される場所には、原則設置しない。やむを得ず設置する場合は、屋根の高さ等を考慮して、屋外機上部に落雪防止用の小屋根や庇を設置する（図1）。

2．適切な降雪量の予測

　設計時の降雪量は、建築基準法第20条・構造耐力に定める積雪荷重の基準に適合させるのが一般的である。施行令第36条の3ならびに令第86条の他、建設省告示（平12建告1455号）を参照すること。

3．除雪作業やメンテナンスのための点検動線を確保する

　一般地域でも、昨今の異常気象により、想定外の降雪量や、強風により雪が吹き付けられることがある。積雪により屋上が雪で覆われる地域では、除雪作業が容易に行えるように、屋外機の周辺部には雪掻きやメンテナンスのための点検動線を確保し、除雪作業の際に防水層を傷めないよう、点検動線部分は防水層の保護をする。塔屋から屋上へ出る外部扉が積雪のために開閉不能になることもあるので、外部扉は、庇と袖壁で防雪囲いを設ける。

4．豪雪地域は、地域に適した降雪対策が必要

　屋上に設置する空調屋外機の基礎は、その地域の降雪量に応じて基礎高さを決定するとともに、空調屋外機置場には屋根をかけることも検討する。空調屋外機には、日常点検が容易にできるメンテナンススペースを確保する。

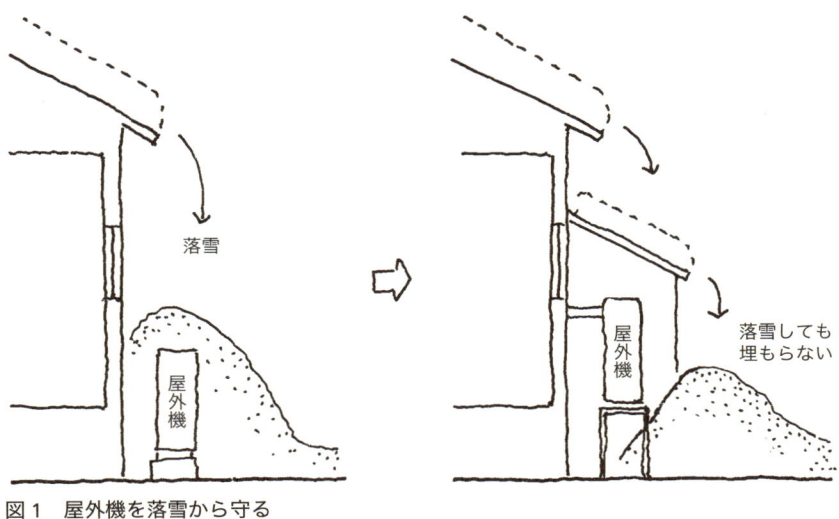

図1　屋外機を落雪から守る

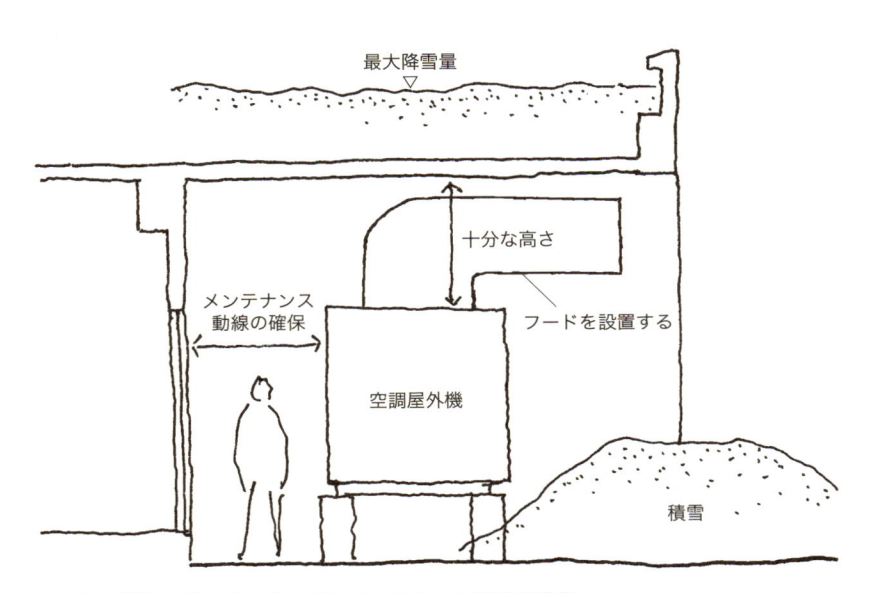

図2　屋上機械基礎の高さならびにメンテナンス通路の確保

設備全般

電気設備

空調設備

給排水設備

ガス設備

防災設備

昇降機設備

冷凍・冷蔵倉庫の扉や扉枠が結露し、扉周辺の床を濡らしたり、結露水が氷結するトラブルが多発している。また扉枠まわりの結露水が凍結して開閉が困難になることもある。

1. 冷凍・冷蔵倉庫は結露防止を確実に

冷凍・冷蔵倉庫とは、生鮮食料品や冷凍食品等を低温で貯蔵する倉庫で、保管温度帯は 10℃ 以下のものを指す。トラブルの多くは、倉庫内の床や扉周辺の天井、壁が結露し、それが氷結する。　扉は断熱建具にしても、壁と建具枠の取合い部分が完全に絶縁されていないと、ヒートブリッジにより結露する。結露防止策は、防熱と防湿をコントロールすることである。

2. 防熱・防湿のコントロール

防熱工法には、外部断熱方式と内部断熱方式がある。冷却された倉庫壁の外部に結露が生じないように防熱処理が必要である。また、防湿層が悪ければ外部の湿気が無限に冷凍・冷蔵倉庫内に浸透し、防熱材料を劣化させるだけではなく、建築構造体の腐食等を誘引して、冷凍・冷蔵倉庫としての機能を果たせなくなる。防湿層の材料はアスファルトルーフィング、アルミ箔、ポリエチレンフィルム等がある（図1）。

【防湿層構成の原則】

①防湿層は下地に完全に密着させて、全面連続させる。

②防湿層は必ず、高温側に設け、低温側に設けてはならない。

③床面の断熱層施工後に押さえコンクリートを打設するときは、防熱層表面に簡易な防水層を設ける。

3. 冷凍・冷蔵倉庫には前室を設ける

物品の出し入れのたびに、荷捌きヤード側の温かく湿った空気が侵入して、庫内の床や扉周辺の壁・天井が結露する。荷捌きヤードには前室を設け、フォークリフトでの物品の出し入れを考慮して、前室ならびに冷凍・冷蔵倉庫には高速スライドシャッターを設ける（図1）。

4. 冷凍・冷蔵倉庫の扉は断熱建具に

　冷凍・冷蔵倉庫の扉を断熱建具にしても壁と建具枠の取合い部分が完全に絶縁されていないと、ヒートブリッジにより結露が発生し、建具まわりの床を濡らし、また氷結したりして不具合が生じる。

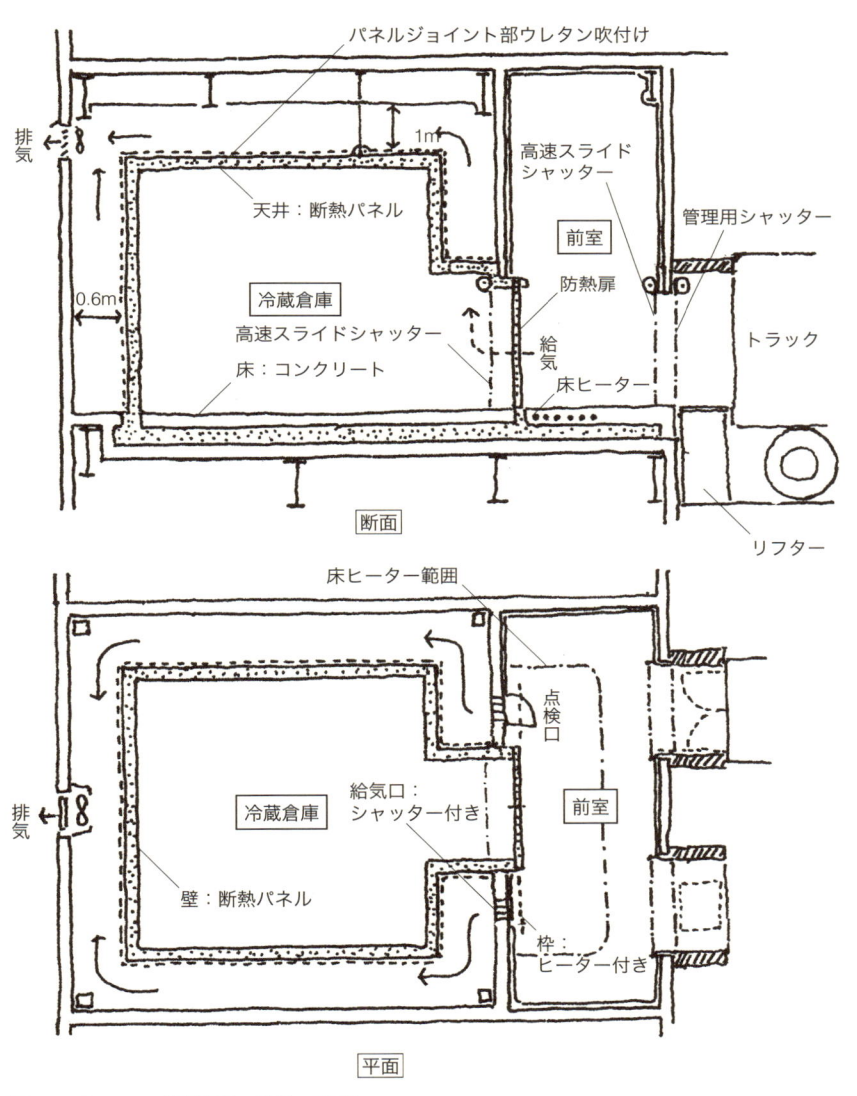

図1　プレファブ冷蔵庫の防熱・防湿

設備全般

電気設備

空調設備

給排水設備

ガス設備

防災設備

昇降機設備

　倉庫内が 10℃、湿度 50％の定温倉庫で、前室を設けていなかったので、夏期に外気に面した荷捌きヤードのシャッターを開けると、高温多湿の外気が倉庫内に一気に流入し床が表面結露した。

1．夏期には高温多湿の外気が流れ込み結露する

　定温倉庫とは、倉庫内温度 10℃ 以上の一定温度で保管する倉庫を指す。物品の出し入れのために、倉庫荷捌きヤードのシャッターを開けると、倉庫内に高温多湿の外気が一気に流入し、倉庫内の冷やされた床が一瞬で表面結露する。定温倉庫の搬出入口は外気と遮断する必要がある（図 1）。

2．定温倉庫は外気と区画する

　定温倉庫は原則、荷捌きヤードに前室を設ける。物品の出し入れ時に、倉庫の扉が開放された状態にならないように、倉庫入口前には必ず前室を設け、荷捌きヤードと前室、前室と倉庫の入口は、管理用のシャッターとは別に、高速スライドシャッターで二重に区画する。　物品出し入れの作業時は、高速スライドシャッターのみで運用することにより、作業も効率良くできる（図 1）。

3．高温多湿の夏期は、換気をすれば結露を誘引する

　定温倉庫の前室や荷捌きヤードの物品出入れ口は、夏期の高温多湿な外気の流入を防ぐ。流入しても、滞留しないように、ダクトレス循環ファンで強制対流をさせて結露を防ぐ。夏期は、換気をすれば逆に高温多湿の外気が定温倉庫内に入り込み、倉庫の床で冷やされて表面結露を誘引する。外気を遮断して倉庫内の空気を対流させるとよい（図 1）。

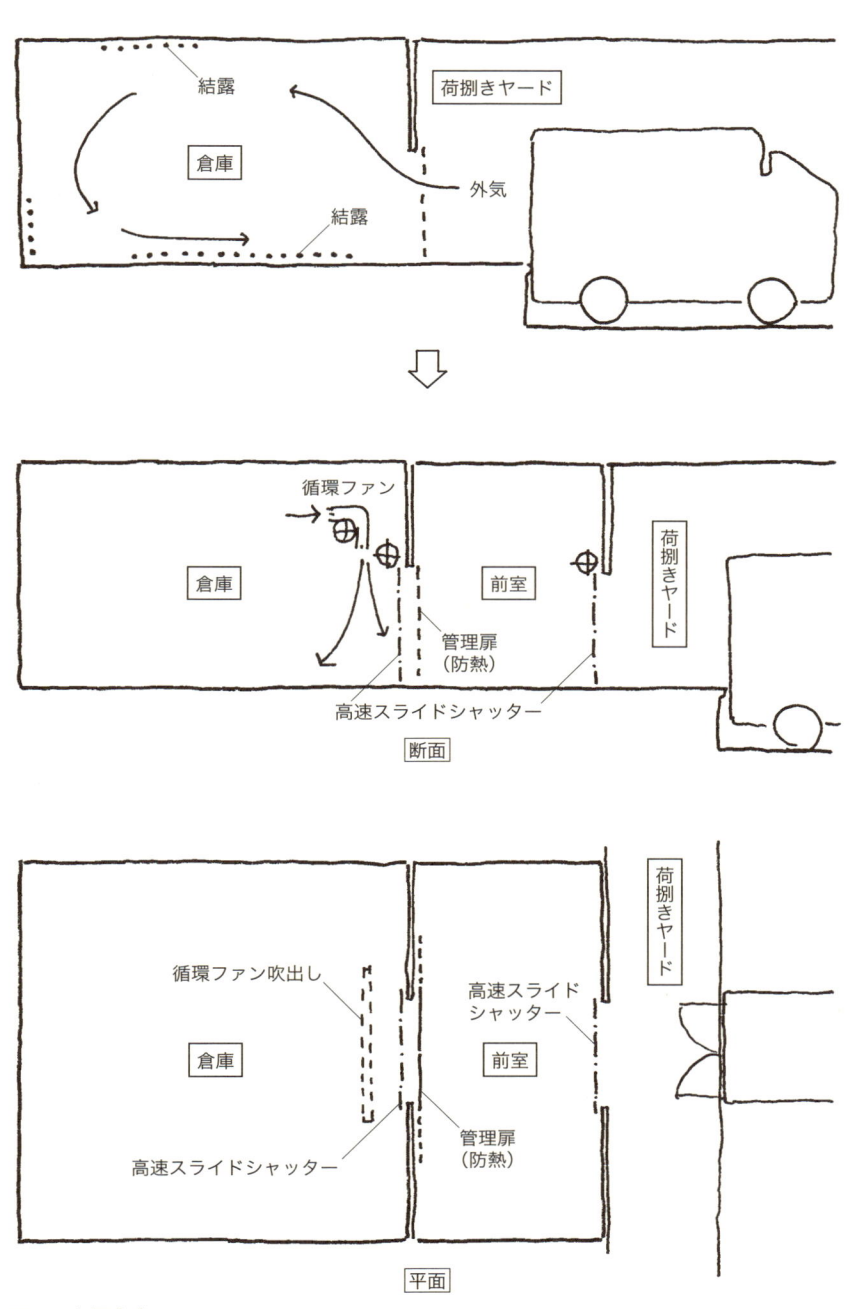

図1　定温倉庫

冬期に湿度が低いと、カーペット敷きの床を歩いた後で、金属製のドアノブを握ったとたん、「バチッ」といった音がして、針で刺されたような鋭い痛みが走ることがある。

1. 人体に静電気が帯電すると静電気放電ショックが起きる

カーペット敷きの床の上を歩行すると、カーペットと履物の摩擦によって静電気が発生し、人体に帯電する。その状態で金属製のドアノブやスチール家具に触れると、帯電していた静電気が一気に体から放電されてショックを受けることがある。カーペットが合成繊維の場合、帯電圧が大きく、より強い電撃を受ける。

2. 静電気発生と湿度の関係

静電気放電ショックは、室内温度にはあまり関係がなく、湿度の影響を大きく受ける。相対湿度が35％を切ると、静電気が発生しやすくなると言われている。冬期に静電ショックが起きやすいのは、空気が乾燥しているうえに、暖房によりさらに乾燥が進むためと考える。相対湿度が65％を超えると静電気は発生しにくくなり、発生しても自然放電する。室内湿度を50〜60％に加湿することが、静電気防止によいとされている。しかし湿度を上げすぎると不快になり、結露やカビの原因となる。ビル管理法に指定されている湿度40％以上を確保すれば大半は防げるものと考える。

3. 静電気の放電現象による障害

静電気による放電現象は、人間に嫌な痛みを感じさせる電撃や電子機器に損傷や誤動作を引き起こす障害の他、火災や爆発などの産業災害を引き起こすこともある。

設備全般

電気設備

空調設備

給排水設備

ガス設備

防災設備

昇降機設備

静電気の放電現象による障害

1 人体への電撃

　静電気放電ショックは瞬間的で、人命に関わることはないが、そのショックで転倒、墜落などの二次災害が発生する可能性がある。

2 電子機器の損傷・誤動作

　ICなどの半導体素子は、静電気放電によって損壊し、コンピュータの誤動作等を引き起こすことがある。医療機器の誤動作は人命にも関わり、生産ラインでは甚大な被害をもたらす恐れがある。

3 火災や爆発

　プロパンガスや水素、ガソリンの蒸気等が充満している可燃性雰囲気の中では、着火エネルギーを超える静電気放電が起きると、これが点火源となって爆発や火災が発生する。

4. 静電気障害の防止対策

①可燃性ガスや引火性液体（ガソリン等）の蒸気や紛体といった可燃物を取り扱う工場では、通風・換気・除塵を行う。

②静電防止処理をした床材を採用する。カーペットの表面に界面活性剤等の帯電防止剤を塗布する。帯電防止剤を練り込んだプラスチック製床タイルもある。

③金属製のドアノブは電気的に絶縁する。ドアノブにレザーを被せたり、樹脂製のドアノブに取り換える。

　「真夏の暑い日に最上階の居室の冷房が効かない」「真冬には暖房の効きが悪く、いつまでも寒い」というクレームが出る。同様に、「ピロティの上階にあたる居室でも冬期に足元が冷えて寒い」というクレームが出る。また、「冷暖房は効いているが異常に光熱費が掛かる」というクレームもある。

1. 屋上スラブや屋根は熱負荷が非常に大きい

　最上階は外壁面だけでなく、屋上スラブや屋根で熱負荷を非常に大きく受ける。最上階で冷暖房の効きが悪い場合は、冷暖房機器の能力不足の場合もあるが、外壁や屋上スラブの躯体の断熱不足により、熱負荷が大きくなることが大きく影響する。

2. 外部開放されたピロティ直上階も熱負荷が大きい

　外部に開放されたピロティの上階で足元が冷える一番の原因は床スラブの断熱不足である。床スラブを外断熱して、ピロティの天井を張り、空気層を設けるとよい。

3. 省エネルギー対応

　断熱不足で熱負荷が大きいために、消費エネルギーが大きくなるのが一番の問題である。地球環境への配慮を踏まえれば、外壁や屋根の断熱性能を大幅にアップして、空調機等の消費エネルギーを小さくすることが基本である。建築物省エネ法の施行により、一定の基準値を満たさなければならなくなった今日、確実な断熱の実施とそれに見合った能力の機器選定を実行したい。

　「建築物省エネ法」（平成29年4月施行）とは、「建築物のエネルギー消費性能の向上に関する法律」の略称で、建築主は特定建築物（2000m²以上の非住宅建築物）を新築する場合は、省エネ基準適合性判定を受けて「建築物省エネ法」に基づく建物の適合が義務付けられた。特定建築物を除く、300m²以上の建物は届け出の対象となる。また、増改築の場合でも特定建築物は300m²以上の工事は規制対象となり、増改築部分の面積の割合が1/2を超えると適合性判定並びに適合義務が義務付けられる。

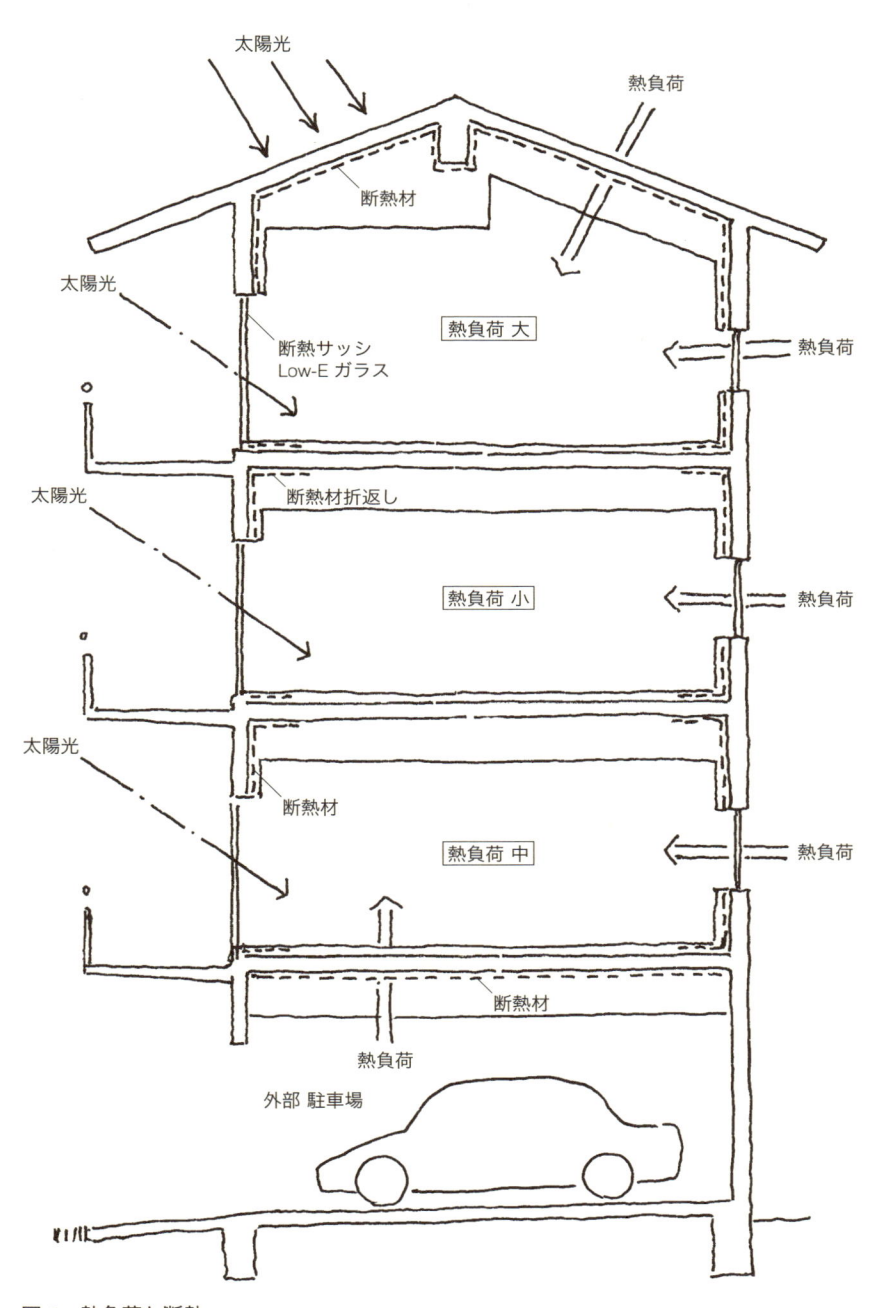

太陽光

熱負荷

断熱材

太陽光

断熱サッシ
Low-E ガラス

熱負荷 大

熱負荷

太陽光

断熱材折返し

熱負荷 小

熱負荷

太陽光

断熱材

熱負荷 中

熱負荷

太陽光

断熱材

熱負荷

外部 駐車場

図1　熱負荷と断熱

設備全般

電気設備

空調設備

給排水設備

ガス設備

防災設備

昇降機設備

　地下外壁に接して設けられた電気室の柱型や梁型の表し仕上げ部分が結露した。また、ひび割れや引込みケーブルの貫通孔まわりから地下水の浸入があった。

1. 電気室は地下外壁に接して設けない

　地中の温度は季節や深さにより異なるが、地中に接した電気室の柱型や梁型の表し仕上げ部分は、常に冷やされた状態となっている。受変電設備の電力損失が熱に変わり、室内温度が上昇すると、地中に接した柱型や梁型の表し仕上げ部分が冷やされて表面結露が発生する。外壁の柱型や梁型部分も二重壁で囲まなければならない。また、受変電設備の機器類は外壁面に沿って1m 程度のスペースを設けた方がよい。これは保守点検用の通路にもなる(図1)。

2. 地下外壁からの湧水処理

　地下外壁、柱型や梁型が二重壁で囲われていない場合は、ひび割れや引込みケーブルの貫通孔まわりの地下水が浸入する。電気室は必ず二重壁で囲う。

3. 電気室の床下には水槽を設けない

　電気室の床下に蓄熱槽(冷水槽)がある場合は、電気室の床スラブに断熱をしても床に表面結露を起こすことがある。また、床下に温水層がある場合は、電気室内が高温となる。原則として電気室の床下には蓄熱槽や排水槽等の水槽を設けない (図1)。

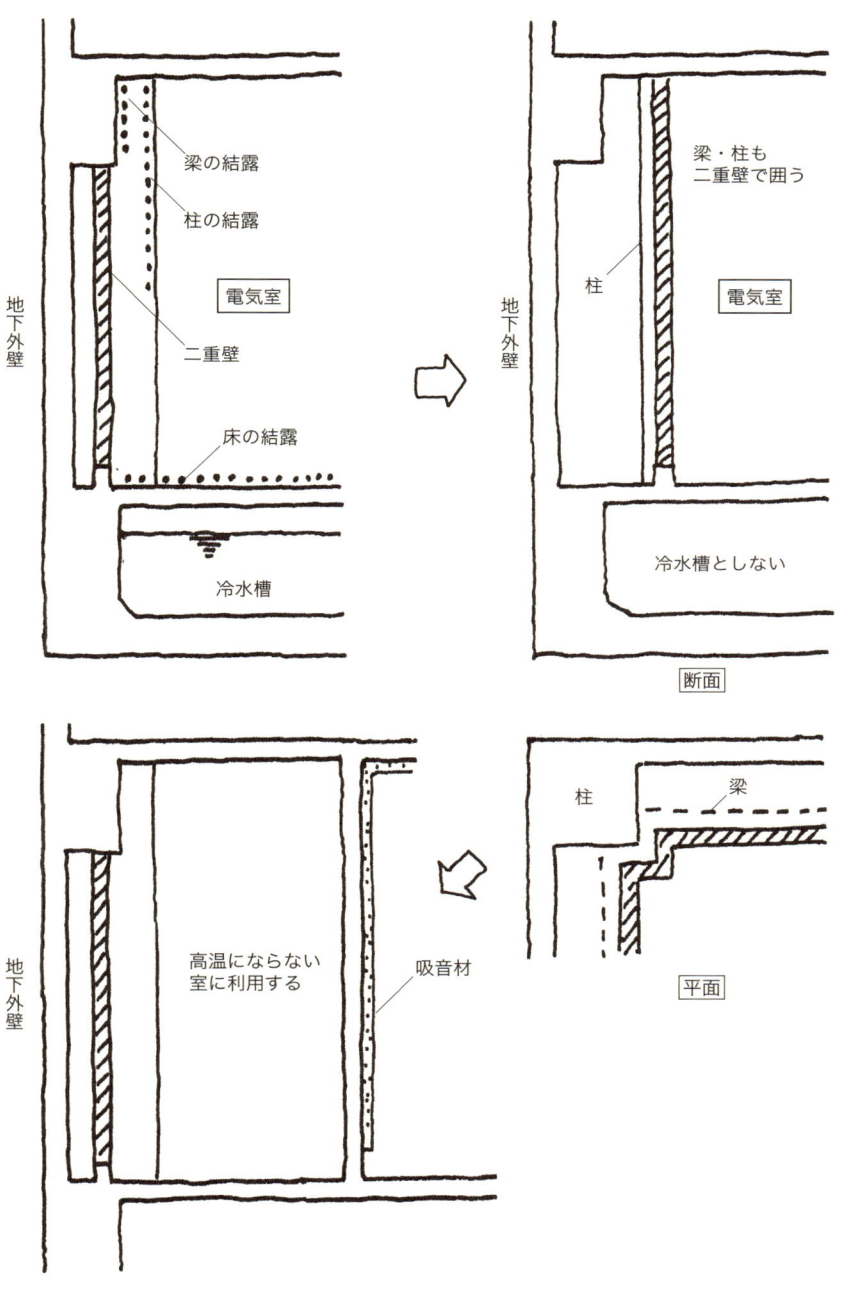

図1　地下外壁の結露を防ぐ方法

設備全般

電気設備

空調設備

給排水設備

ガス設備

防災設備

昇降機設備

　夏期にエントランスロビーに設けられた天井吹出し口の額縁が結露し、ロビーの床を濡らすことがある。類似例として百貨店の地下食品売場でも、VHS（壁付きのユニバーサル型吹出し口）に結露した水滴が売場に落下した。

1. 湿った外気が侵入すると結露する

　湿度の高い部屋での冷房の場合、吹出し口の湿度が露店温度以下となると吹出し口に結露が発生する。事務所ビルの場合、夏期に、来訪者がエントランスロビーへ出入りするたびに、湿った温かい外気が侵入する。その外気が冷やされた吹出し口の額縁部分で結露した。

　百貨店の地下食品売場の VHS の場合は、直接外気の侵入はないが、たくさんのお客さんによる発生潜熱のために吹出し口の額縁部分に結露が生じた。壁の高い位置からの吹出しの場合は、吹出し口の下枠に塩ビ等の結露水受けを設けて、モップ等で拭き取る方法もある（図1）。

2. 冷房の吹出し口の結露対策

　送風温度をあまり下げずに、風量を増加させ、かつ空調機などで減湿処理をして湿気を除去する。また室内に進入する湿った温かい空気や室内で発生する湿気を拡散させずに、適切な場所で回収して除去するような気流分布となるように空調計画をする。

　または、吹出し口の額縁の材質を金属以外の材質のものに変更したり、断熱防止塗料を塗装する方法もあるが、完全な防止は望めない。空調機器メーカーによっては、額縁を電気ヒーターで加熱して対応するものや、断熱吹出し口を販売している（図2）。

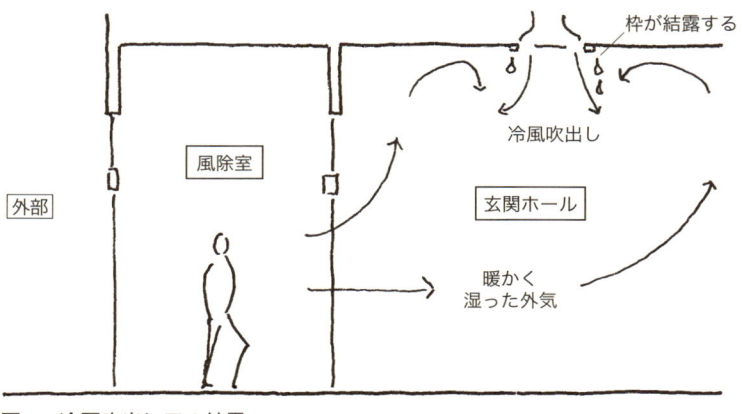

図1　冷房吹出し口の結露

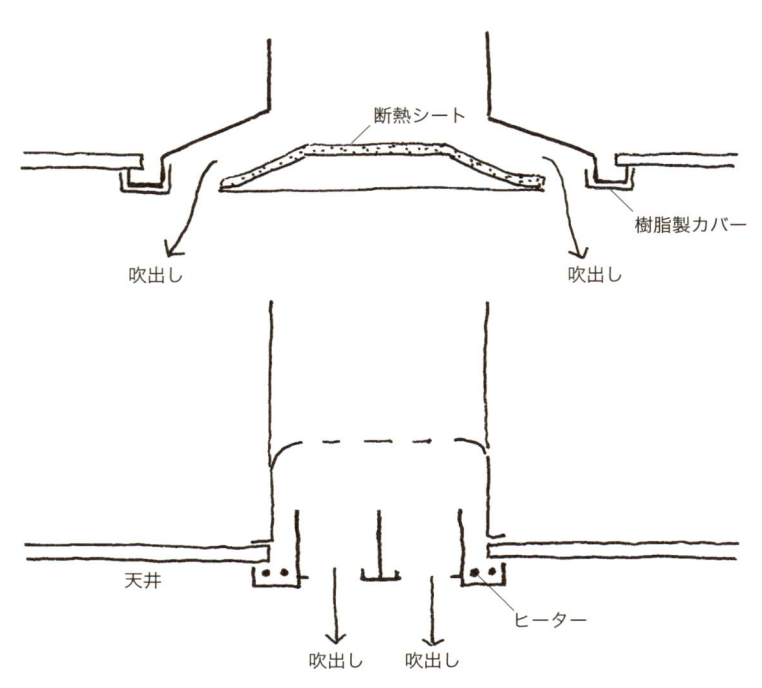

図2　吹出し口の結露防止

設備全般

電気設備

空調設備

給排水設備

ガス設備

防災設備

昇降機設備

事務室に設置した天吊型空調機（露出タイプ、隠蔽タイプ）のドレンパンから漏水すると、机上のパソコンや電子事務機器を濡らし障害が発生する。

1. 空調機は別室に設けるのがベスト

オフィスの有効率を考えて天吊型タイプを採用することが多いが、パソコンや電子機器を多く設置するオフィスは天井内に水配管は通さないことが原則である。危機管理の視点から、空調機は、オフィスに隣接して空調機室を設けるか、床置きタイプの空調器を採用するのがよい。その場合は下階への漏水を考慮して、空調器の周囲に止水堤を立ち上げて、塗膜防水をする、

2. 天吊型空調機で露出タイプは漏水に注意

天吊型空調機が天井内隠蔽タイプの場合は、ドレン配管や冷温水配管からの漏水があっても、天井内で空調機及びドレン配管や冷温水配管の下にドレンパンを設け、漏水を受けることができる。天井面から空調機が露出するタイプの場合は、ドレンアップメカを搭載している空調機であっても、ポンプが故障すれば漏水を防ぐことができない。採用する場合は建築主へ十分説明し、了解を得ておくことが重要である。

3. ドレンパンは定期的に点検する

天吊型空調機は、ドレンパンの排水口部分に埃が溜まると、排水管が詰まり漏水する。排水口が容易に点検できる位置に天井点検口を設け、定期点検時に必ず掃除をする。ドレンパンに漏水検知センサーを設置して、中央監視室へ通報する自動監視システムを導入すれば安心である。

4. ドレンアップ機能内蔵の空調機でもドレンパンは詰まる

　ドレンアップ機能内蔵の空調機であっても、ドレンパンから自然勾配でド
レンを排水するのは、ドレンアップメカを搭載していない機種と同じである。
ドレンパンの排水目皿が詰まったり、ポンプが故障すると、ドレンがオーバー
フローして漏水する。

　ドレンアップメカは、階高や天井高さの関係で、ドレンを自然勾配で排水
できない場合に、自然勾配の高低差を約600mm程度、緩和できるだけである。

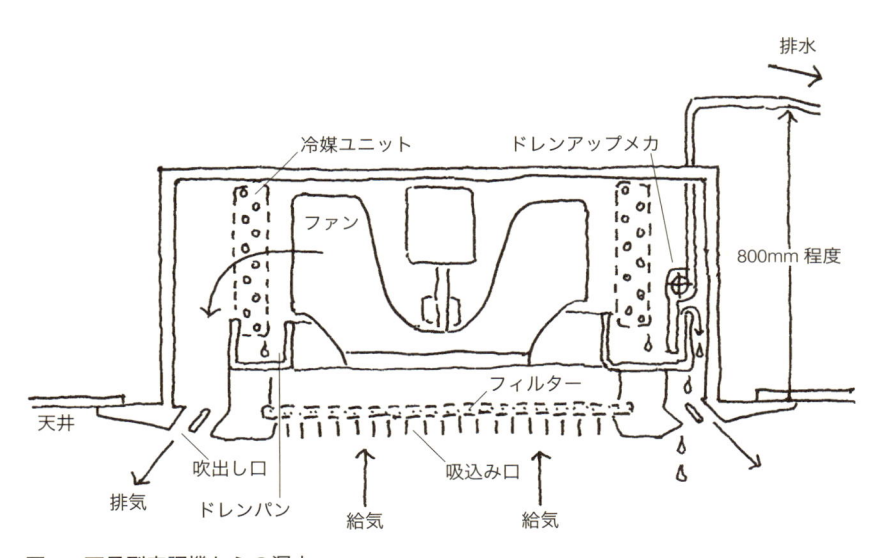

図1　天吊型空調機からの漏水

　竣工検査時の試運転で事務室の冷房の効きが悪いので調べたところ、送風量が設計値の半分しか供給されておらず、換気量も不足していた。

　階高は4200mm、事務室の天井高さが2800mmで、外周部の鉄骨梁下有効スペースが200mmと少なく、空調パッケージからペリメーターゾーンへのダクト断面が扁平し無理な納まりの施工となり、送風量が設計値の45％になっていた。

1.　空調ダクトのアスペクト比は4：1以上にする

　天井内スペースには、ダクトや配管類が通っており、梁下有効スペースはダクト断面や配管勾配に大きく影響する。基準階のペリメーターゾーンに面した建物外周部の鉄骨梁成は、中央部梁成より大きくなっていたため、梁下有効寸法が少なくなっていた。ペリメーターゾーンの空調吹出し口を2ヶ所に分散して施工をやり直した。ダクトの断面は同じ断面でもアスペクト比により、性能がダウンすることがある。天井内に設置する空調パッケージの形状や取付け寸法の把握と、ドレン配管の勾配も重要である。

2.　空調パッケージエアコン（PAC）の配置計画

　天井内スペースが少ない場合は、事務室コア際の部分を下がり天井にして、天井内スペースを確保する方法もある（図1）。

3.　建築コストと設備性能は密接に関係

　建築コストの削減手段として、階高を下げて建築コストを落とす方法を採用することが多い。建築コストは下がっても、設備コストが逆にアップすることがある。建築コストは設備性能・グレードと密接な関係にあり、建物をトータルに捉えて仕様の設定をすることが大事である（→001 設備の仕様・グレードの設定）。

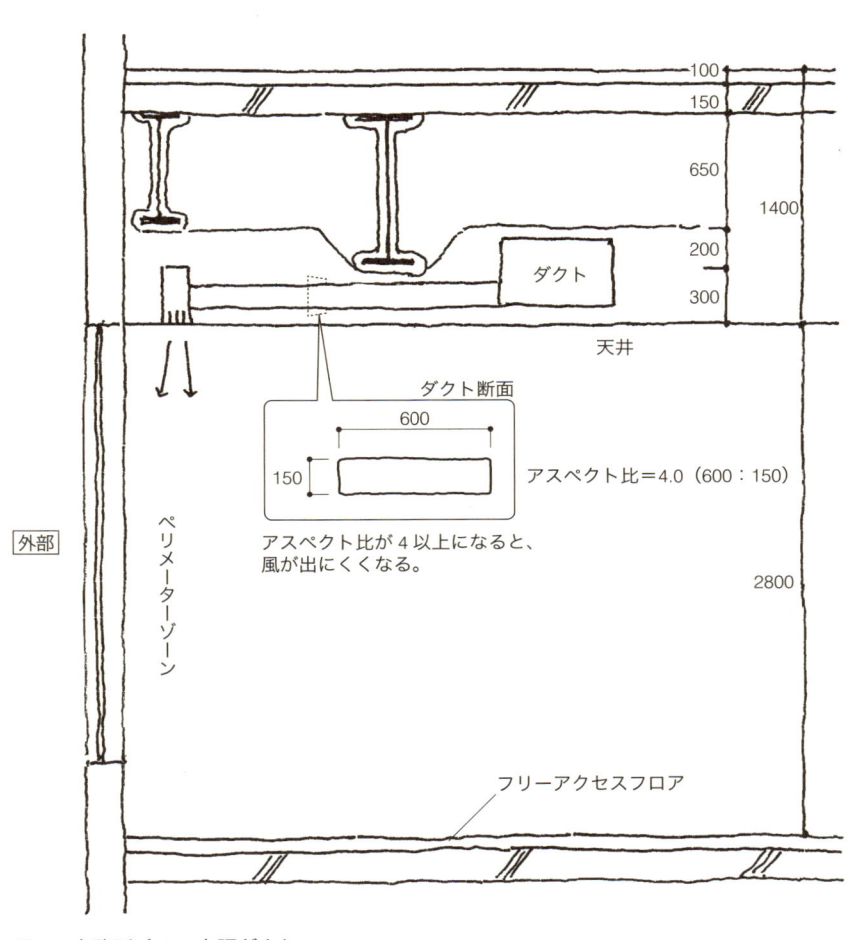

図1　事務所ビルの空調ダクト

設備全般

電気設備

空調設備

給排水設備

ガス設備

防災設備

昇降機設備

　吹抜け空間に面したオフィスの執務空間は、冬期には執務空間（居住域）の足元部は冷え込み、逆に夏期には執務空間が温められた状態となる。吹抜け空間での空調機の吹出し口や吸込み口（レターン）を設ける位置により、冷暖房の効き具合が変わってくる。

1. 高天井の執務空間の冷房は天井面から行う

　夏期には執務空間に設置されたパソコン等からの放熱や建物に蓄熱された熱が放射されて、天井面に暖気が滞留し冷房が効きにくくなる。高天井の執務空間の冷房は天井面など上部から吹き出し、吸込み口は床面付近に設けるのが原則である。

2. 高天井の執務空間の暖房は床面から行う

　冬期の吹抜け空間に面した執務空間では、暖かい空気は上昇し、足元は冷やされた状況となる。特に天井高が 5m を超えるような空間では、暖房空気は床面まで到達しにくいので、暖気をサーキュレーター等で下部に吹き降ろしたり、輻射空調を併用して吸込み口を床面近くに設置する。高天井の執務空間の暖房は床面付近から吹き出し、吸込み口は居住域以上の高さに設けるのが原則である（➜ **053** 総ガラスの開口部では冷気が降下する）。

3. ホールの舞台の事例

　コールド・ドラフトの事例として、「ホールの舞台の上が冬期は大変寒い」、また、「緞帳が揺れる」と苦情が出た。外壁に面した舞台裏の大きな壁面は、断熱材を施してもコールド・ドラフトが生じる。対処法としては、二重壁を設けて空気層を設けるか、舞台の背面壁の足元にコールド・ドラフト防止用のヒーターを置く。天井高さが高い場合は、ラジエーターを壁面の中間に設置して、下から上に向けた暖気流を吹き出してコールド・ドラフトを防止する。

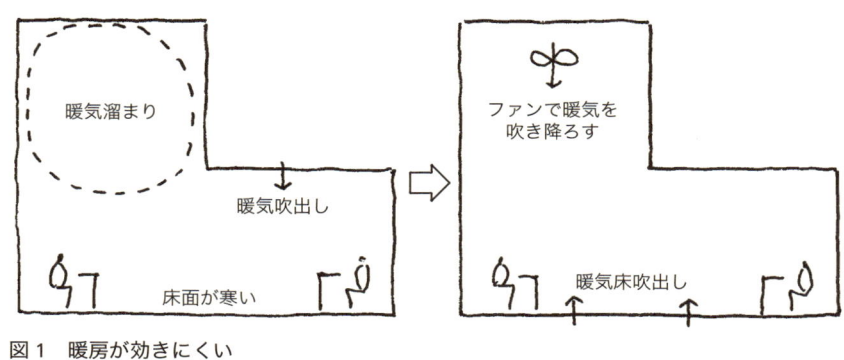

図 1 暖房が効きにくい

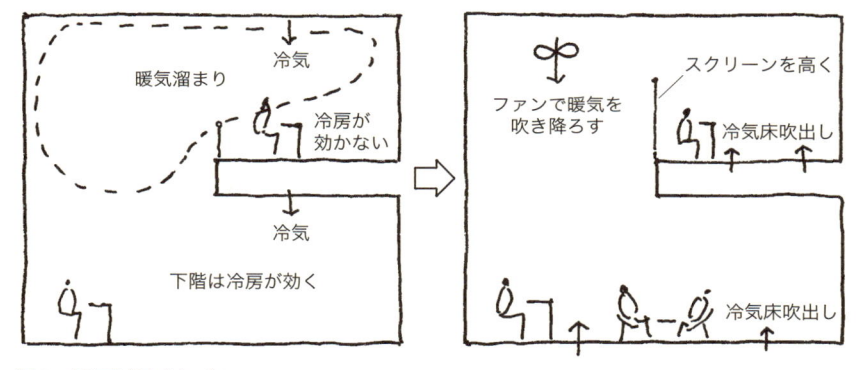

図 2 冷房が効きにくい

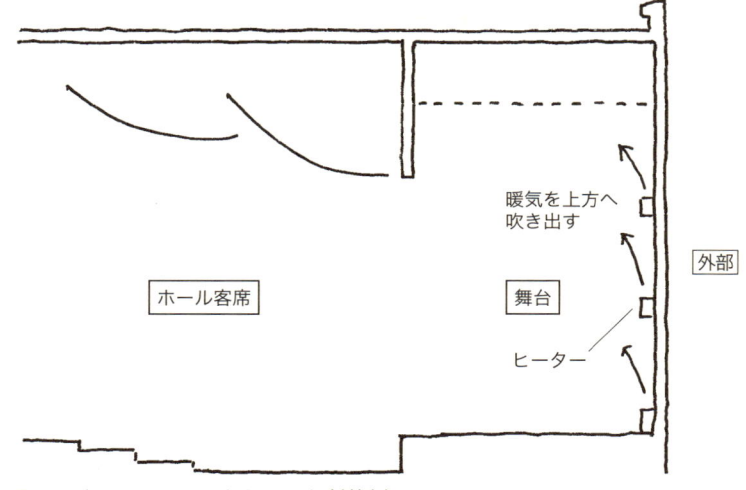

図 3 ホールのコールドドラフト対策例

設備全般

電気設備

空調設備

給排水設備

ガス設備

防災設備

昇降機設備

　高い天井（約5m）のホテルロビーは、総ガラスのスクリーンで庭園に面して北向きに設けられていた。「冬期には天井面からガラススクリーンに沿って冷気が降下して寒い」との苦情が出た。

1．高天井の総ガラススクリーンはコールド・ドラフトに注意

　天井が高いホテルロビーで外気に面した総ガラスのスクリーンなどは、冬期にはガラス面が外気に冷やされて温度が下がり冷却効果が生じる。室内の空気が冷却されると空気の比重が大きくなり、ガラススクリーンに沿って降下する。このコールド・ドラフトといわれる現象が寒さの原因である。

　コールド・ドラフト現象は、壁面の熱貫流率が大きいほど、また外気と室内の温度差が大きいほど、室内空気が激しく冷却され、かつ壁面が大きく高いほど、より顕著に現れる。

2．コールド・ドラフトの対処法

　対処法としては、ガラススクリーン面の熱貫流率を小さくすることが第一である。次に、ガラススクリーン足元の床面に、コールド・ドラフト防止用のヒーターやファンコイルユニットを埋め込み、温風を吹き上げる。大きい壁面のガラススクリーンは、Low-eガラスやペアガラスを採用して熱貫流率を小さくすることを検討する。

3．ペリメーターゾーンはダブルスキンで構成

　ペリメーターゾーンを大きな総ガラスのスクリーンで構成する場合は、ダブルスキンとして空気層を設けるとよい。冬期は床面から暖房した暖気は上昇して天井面に滞留する。その暖気をダブルスキン上部から取り込んで吹き降ろす。夏期は逆に天井面から冷気を吹き降ろし、床面に下降した冷気をダブルスキン下部から取り込み、吹き上げる。このように空気を循環させることで、高天井の総ガラスの空間を省エネで快適な空間にすることが可能となる。

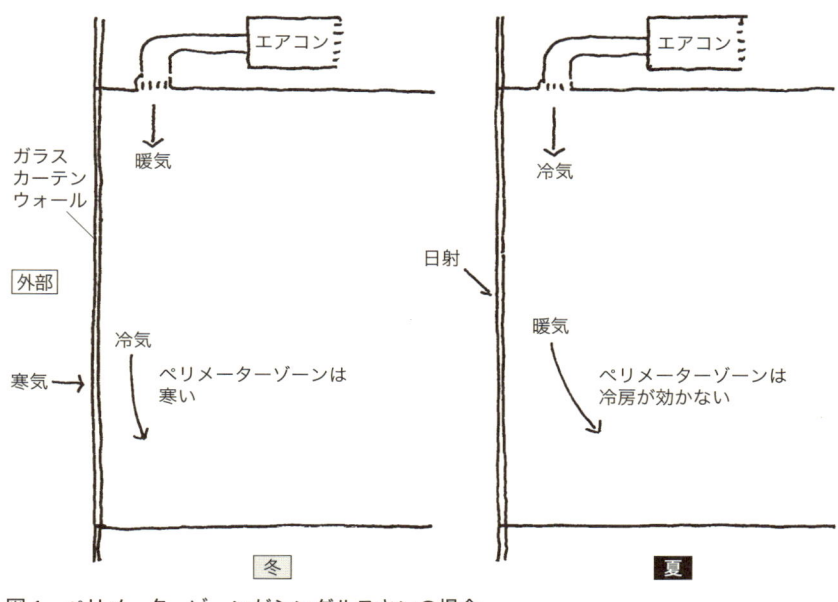

図1　ペリメーターゾーンがシングルスキンの場合

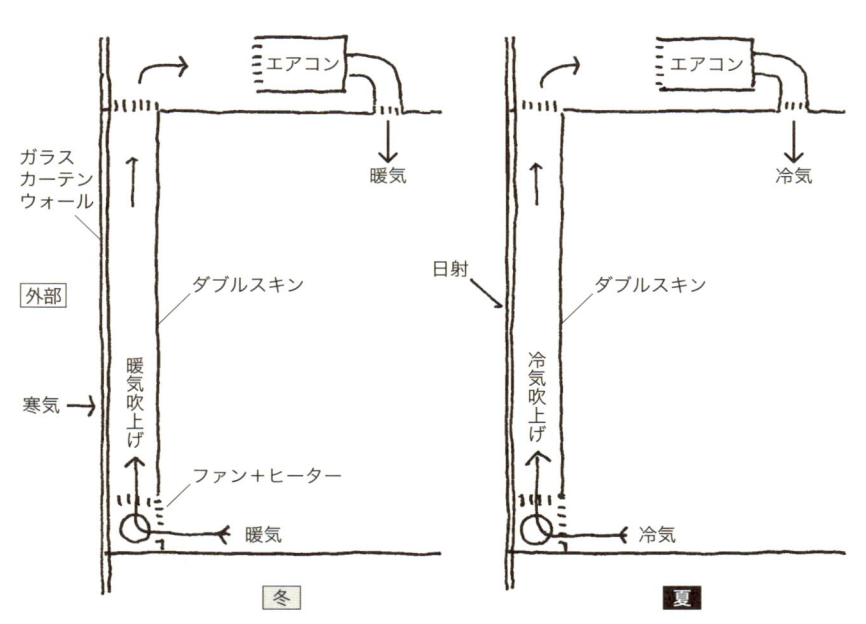

図2　ペリメーターゾーンがダブルスキンの場合

設備全般

電気設備

空調設備

給排水設備

ガス設備

防災設備

昇降機設備

　システム天井を採用したオフィス空間を天井チャンバー排煙で計画したが、システム天井下地と梁下の有効寸法が 100mm 程度しかなく、天井面より均等に排煙を行うことができなかった。

1．天井チャンバー排煙は梁下で排煙有効面積を確保する

　システム天井のオフィスを、広さを 500m² ごとの排煙区画で区画し、天井スリットを介して天井チャンバー排煙を行う場合は、排煙区画内の梁下を必要排煙風量が有効に流れるように、排煙有効面積（梁下有効寸法）を適切に確保しなければならない。排煙有効面積（梁下有効寸法）が少ない場合は、必要排煙風量が排出されず、天井チャンバーが有効に機能しない。

2．天井チャンバー排煙は梁下有効寸法を確保する

　建築基準法に規定された天井チャンバーの排煙とは、システム天井スリットを介して天井内に煙を誘引して、排煙区画ごとに天井内に設けた排煙口から煙を排出する方式である。天井チャンバー排煙とする場合は、煙を排煙口まで有効に誘引するための風速は、排煙有効面積（梁下有効寸法）が最も小さくなる部分で、1m/秒から最大 2m/秒程度の風速に抑えるように排煙有効面積（梁下有効寸法）を確保することが望ましい。風速 2m/秒とは、排煙機が運転されて天井内が負圧になっても、システム天井の天井材・岩綿吸音板（$t = 15$）がバタつかない程度の風速に相当する。天井チャンバー内の梁で区画された区画間の圧力差が少なく、梁下を流れる風速が小さいほど、天井チャンバーが一体空間として有効に機能する。梁貫通部分の排煙有効面積と梁下の排煙有効面積を合算して、排煙有効面積を確保してもよい。

3．天井チャンバー排煙の梁下有効寸法の算定事例

　1 スパン 7.2m × 13.8m で 5 スパンの空間を天井チャンバー排煙方式で行う場合、風速 2m/秒として計算すると、4 スパン分の排煙風量を梁下空間で通過させるためには、260mm 以上の梁下有効寸法が必要となる（右頁計算事例参照）。

梁下有効寸法の検証は、『新・排煙設備技術指針（1987年版）』（日本建築センター、建設省住宅局建築指導課監修）に準拠して計算すればよい。

計算事例

排煙風量（4スパン分）＝ 7.2 × 13.8 × 4 ＝ 397.44m³/分

風速 2m/秒で 13.8m の梁下を通過させるためには

397.44m³/分 ÷ 60秒 ＝ 6.624m³/秒

梁下有効寸法 ＝ 6.624m³/秒 ÷ 2m/秒 ÷ （13.8m － 1.0m）

　　　　　　　＝ 0.259m ＝ 259mm　⇒　260mm

（※ 1.0m はスパン内の柱寸法）

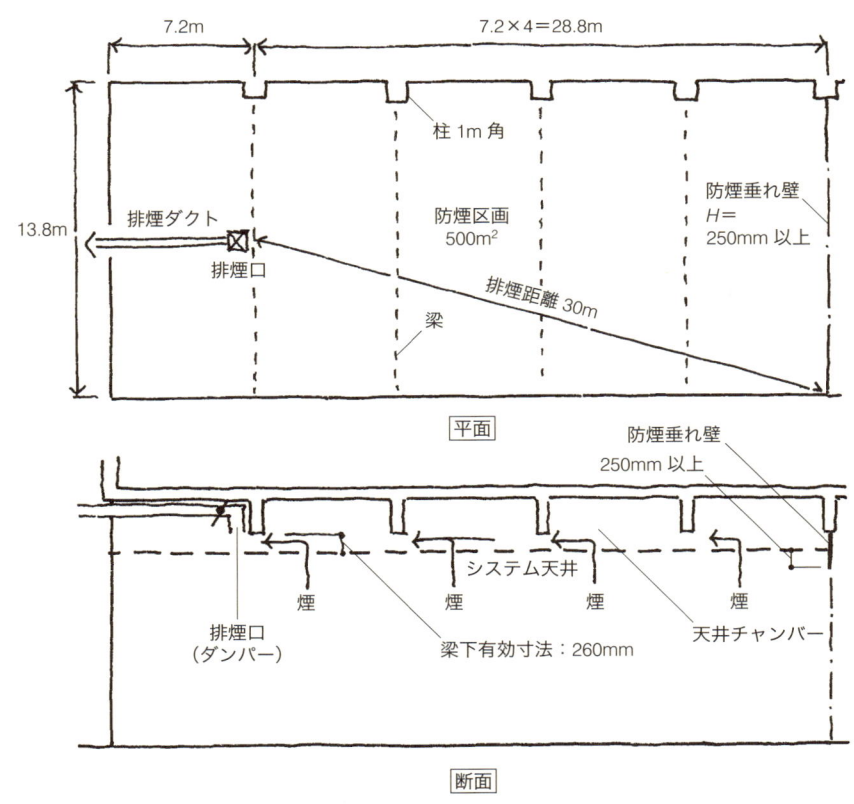

図1　天井チャンバー排煙の梁下有効寸法（例）

設備全般

電気設備

空調設備

給排水設備

ガス設備

防災設備

昇降機設備

　電算室の下階のスラブ面は表面結露を起こし、下階の天井にシミができたり、場合によっては漏水したりすることがある。電算室の上階でも床が結露することがある。

　電算室は24時間、365日冷房され、冷蔵庫と同じ状態である。電算室の壁や床スラブは露点温度以下に冷やされ、表面結露する。電算室がすべてフリーアクセスフロアの床吹出し空調であれば、下階のスラブ裏面は、なおさら冷房温度近くまで冷やされて表面結露しやすくなる。

　結露対策は、床スラブ裏面の表面温度を露点温度以上に保つために、電算室と隣室との区画の壁や上下階のスラブをしっかり断熱することである。

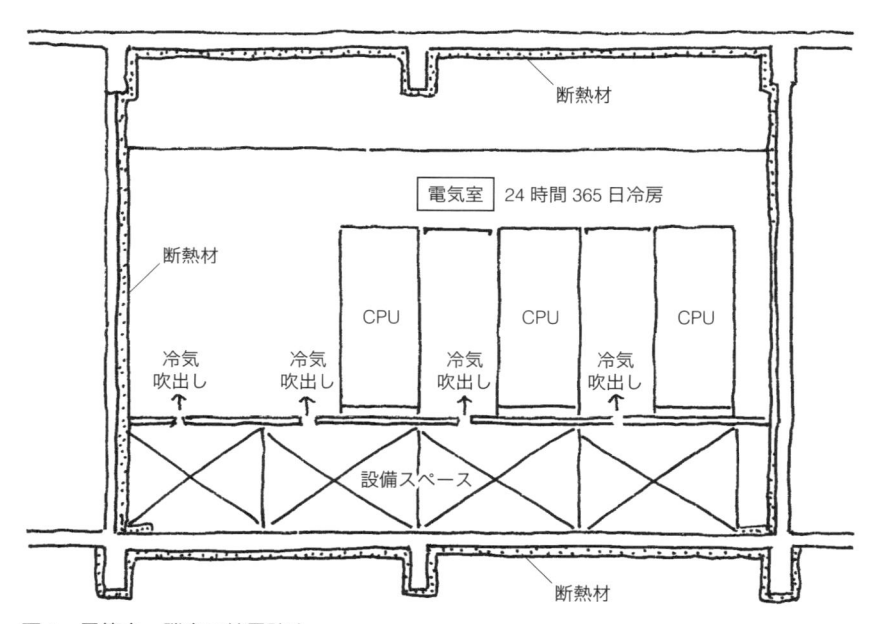

図1　電算室・隣室の結露防止

056 風除室は広くゆったりと　　　3　空調設備との接点

設備全般

電気設備

空調設備

給排水設備

ガス設備

防災設備

昇降機設備

　病院正面入口で、自動扉の開いている時間が長く、冬期には冷たい外気が受付や待合ホールに流れ込み、患者から寒いと苦情が出た。

　正面入口は引分けの自動扉で、扉が開いた時の開口面積が大きく、外気の侵入量が多くなった。特に冬期には、建物内外の温度差や外気との圧力差でドラフトが発生し、冷たい外気が流れ込む。風除室の面積も狭く、入口とロビー側の自動扉が同時に開いている時間も長く、外気が流入しやすい状況であった。対策は風除室をできるだけ広くし、外気が通りにくい出入口配置とする。また、出入口にエアカーテンの吹出しを設けたり、防風スクリーンを設けることも検討したい。

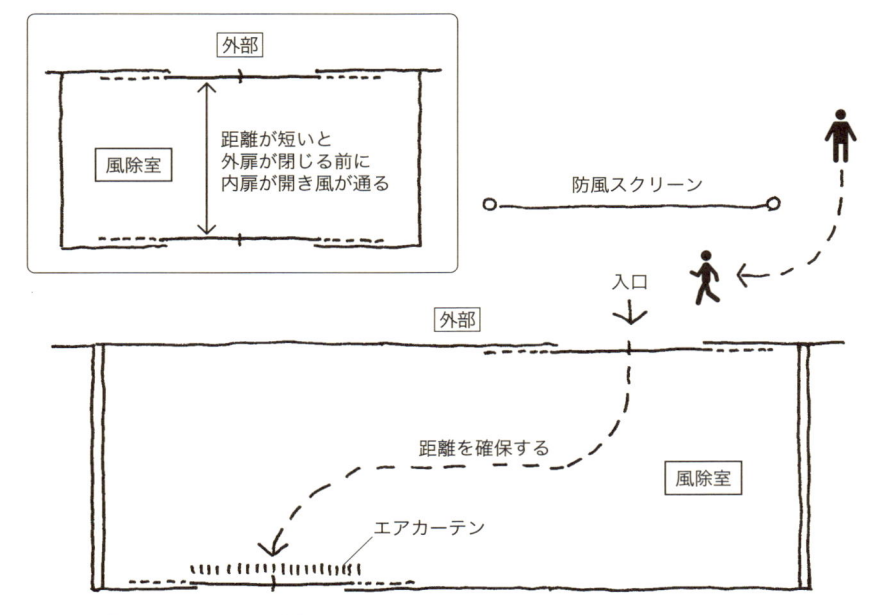

図1　外気が通りにくい風除室

　事務所ビルの応接室の扉が重たくて開閉しにくい。ドアクローザーが設けてあったが扉が閉まりにくい。同じような事例として、タワー型マンション（集合住宅）の屋内型共用部廊下に面した住戸玄関扉が重たくて開けにくい。また、急激に締まり危険であるとの苦情が多い。いずれも、ドアクローザーの調整をしたが、直らなかった。

1. 空調設備のエアバランスの調整不備は扉開閉に支障が出る

　これらの現象は、すべて空調設備のエアバランスが調整されていない場合に起きる。扉に必要な開口面積のドアガラリやアンダーカットを設けることで解消できる。

2. 防火性能や遮音性能を求められる扉に注意

　防火性能や遮音性能を求められる扉の場合は、建築基準法に適合させた防火ダンパー付きガラリや天井パスダクト等を設けなければならない。遮音性能を求められる扉の場合は、吸音ダクトや消音チャンバーを検討する。

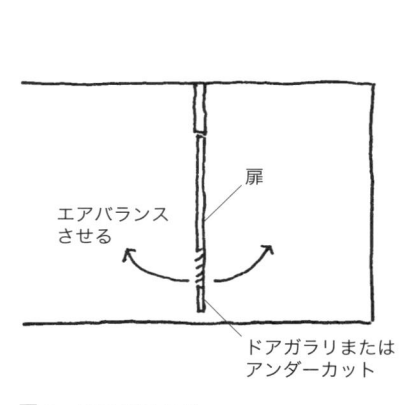

図1　エアバランス

　厨房やトイレの排気口があるのに、思ったほど排気しない場合がある。住宅は遮音性や断熱性が考慮され、気密性が上がっていることもあるが、多くの場合給気口がなかったり、給気口はあっても寒いので塞いだままになっていたりする。

　排気口を設ける場合は、必ず給気口を設けなければならない。給気口は防虫フィルターを取り付け、内外の気圧で自動開閉するものが望ましい。防虫フィルターは清掃しやすいものにしたい。長時間給排気するもの、給排気量が多いものは省エネルギー装置を組み込んだ空調換気扇にしたい。

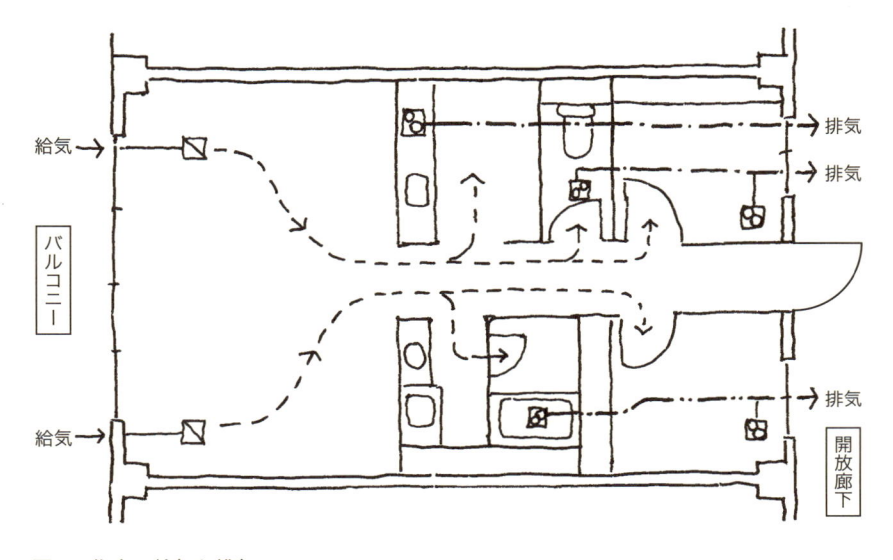

図1　住宅の給気と排気

近隣から「屋上機械室からの騒音がうるさい」と苦情が出た。よく似た騒音苦情として、住宅街で隣地境界際に設置した空調用屋外機の音がうるさいとの苦情がある。

1. 給排気ガラリは風切り音が騒音源

受変電設備、冷凍機、ポンプ、送風機が主要な設備機器の騒音源であるが、その中でも大きくなるのが送風機である。送風機からダクトで接続された給排気ガラリの風切り音は、機器の試運転をすれば予想を超える騒音となることがある。ガラリを設ける位置については、近隣の状況を事前に入念に調査し、騒音トラブルを起こさない位置に設ける。

ガラリの風切り音の原因

①送風機とガラリの距離が短く、ファン本体の音がそのまま外部へ出る。

②ガラリチャンバーの鉄板が振動して、騒音となる。

③ガラリの有効面積不足により給排気の風速が速くなる。

④ガラリの羽根が薄く振動する。

---

2. ガラリから出る騒音対策

①ガラリに接続されたダクト内に吸音材を張り付ける。

②ガラリチャンバーの振動防止と、遮音材として鉛板を張り付ける。

③給排気量に見合ったガラリ面積を確保する。

④ガラリ羽根の厚みを厚くしガラリに剛性を持たせる。

3. 騒音規制は都市計画区域のほぼ全域で規制を受ける

外部騒音規制規準は自治体ごとに騒音振動規制条例で基準値が定められて

おり、都市計画区域のほぼ全域において規制を受ける。指定地域内に定格出力が 7.5kW 以上の圧縮機及び送風機を設置している者は、敷地境界線において定められた規制基準を守らなければならない。定格出力が 7.5kW 以上の圧縮機及び送風機とは、空調用室外機も該当し、集合住宅や戸建て住宅も規制を受ける（→ **041** 空調屋外機は騒音対策を）。

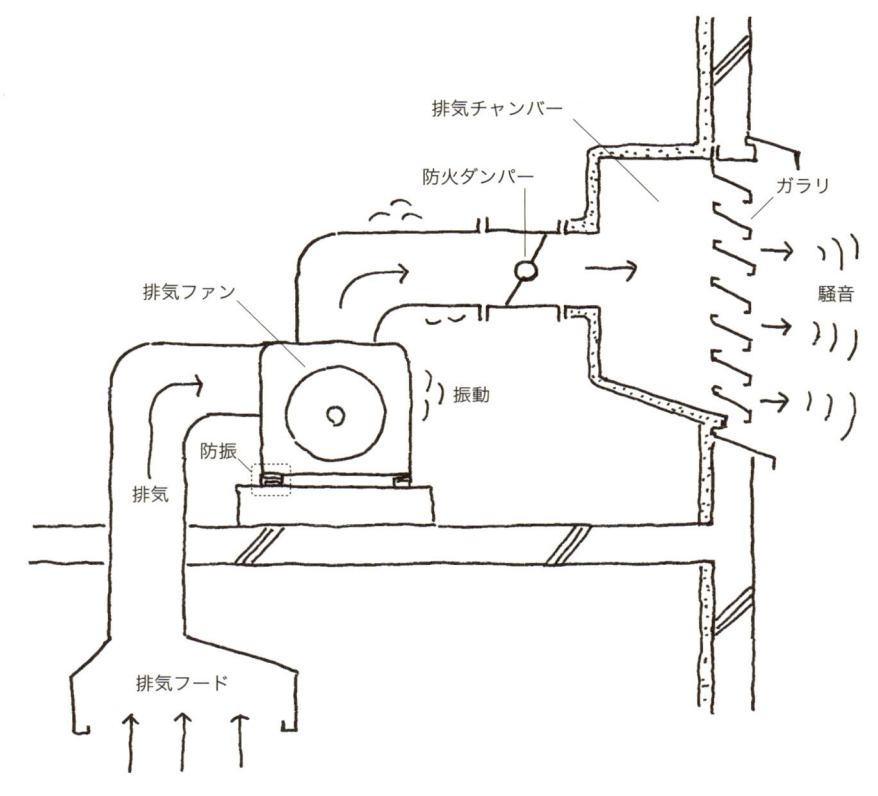

図1　排気ファンとガラリ

設備全般

電気設備

空調設備

給排水設備

ガス設備

防災設備

昇降機設備

冬期の風が強くなる時期になると、厨房排気フードの空気の引きが悪くなり、換気が十分できなくなることがある。厨房排気の排気ガラリの取付け位置と風向きの関係で、排気能力は低下する。

1. 送風機の仕様は外部圧力がない時の性能で表示されている

送風機の仕様は、外部圧力のない時の能力で表示されるのが一般的である。強風時の外部圧力によってファンの風速が小さくなったり、強風が吹いた場合には、ファンが空転してしまったり、逆流現象を起こす場合がある。

2. 外壁に向かって吹く風は風圧帯を発生させる

外壁に向かって吹く風は、建物に当たって速度を失い、その速度のエネルギーは圧力に転換されて風圧帯が生じる。厨房などの排気は風圧帯を避けるために、3面ガラリや2面ガラリの設置が有効である。

3. ガラリの取付け位置は風向に注意

建物が建っている地域の風向きを考慮して、ガラリ取付け位置やファンの能力を設定する。例えば、西側からの風が強く吹くところでは外壁面の西面を避けてガラリを設けるのが望ましい。計画上やむを得ず風向き面の外壁に設ける場合は、直接強風が当たらないように排気ガラリに遮風板を取り付け、排気ファンの吐出圧力をアップさせる。遮風板は、排気ファンの能力（静圧）アップをしなくてもよく、コストがかからない。

4. ガラリが機能を発揮しなければトラブルが発生する

ガラリによるトラブル

①ガラリの羽根が振動し騒音が出る。
②羽根の振動によって共振が起こる。
③強風時に雨水が浸入する。

（➜ **063** 外壁ガラリからの雨水浸入防止策）

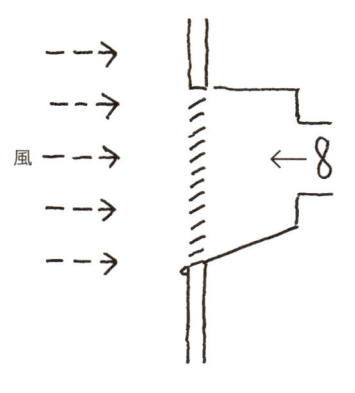

図1　強風時は排気抵抗が大きくなる　　図2　遮風板の設置

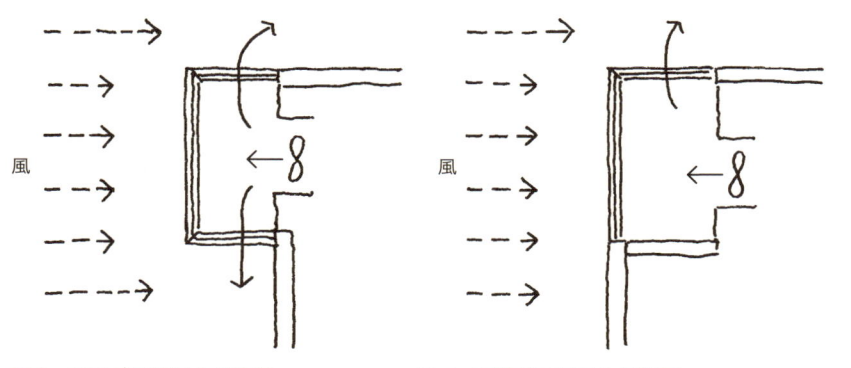

図3　3面ガラリによる排気　　　　　　図4　2面ガラリによる排気

　設備に関連する外壁の汚れには、給排気ガラリ、特に厨房の排気フード直下の外壁面が黒色に変色する。またクーリングタワーの近傍の壁面及びガラス面でも汚れが発生する。

　外壁は汚れても清掃やメンテナンスを頻繁に行うことは困難で、設計段階で建物形状や外装材の選定に配慮すれば、汚れにくく、いつまでも美しい建物の状態を保つことが可能である。

1.　オイルミストが外壁面に付着して塵埃を誘引する

　排気に含まれるオイルミストが壁面に付着して、それが塵埃を誘引して黒色に変色する。また、排気フードが水切りとなって、雨水による洗浄がなされないので、汚れを助長する。

2.　外装仕上げ材の選択で汚れを防止できる

　外壁の仕上げ材は油系の汚れが付きにくい親水撥油性の仕上げ材とし、油分を付着しにくくする。排気フードまわりの止水には、シリコン系シーリング材を使用しない。シリコン系シーリングは汚れを助長する。

　給排気ガラリやベンドキャップの下部には水切りをしっかりつけたものを採用する。バルコニーを設けて、ガラリを取り付けることで、外壁の汚れを防止することができる（図1）。

3.　クーリングタワー近傍の外壁面やガラス面が汚れる

　クーリングタワーから発生する霧状の水からスケール除去剤に含まれるカルシウム分が析出し、外壁に固着すると外壁面が黒色に変色する。

　クーリングタワーの内部にはカビの発生が多く、水蒸気が吹き付けられる外壁面は常時湿潤状態のために、カビが発生しやすい。近傍のガラス面でもカルシウムが析出し、固着して広い汚れが発生する。ガラス面へのカルシウム析出は、固着する前にこまめに洗浄する。外壁面のカビの発生は、防カビ剤などを使用すれば抑制することができる（図2）。

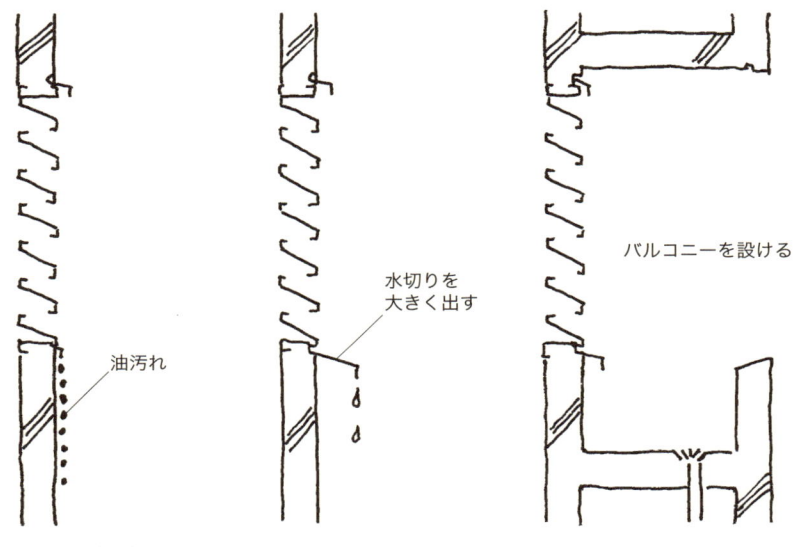

図1 排気ガラリは外壁を汚す

油汚れ

水切りを
大きく出す

バルコニーを設ける

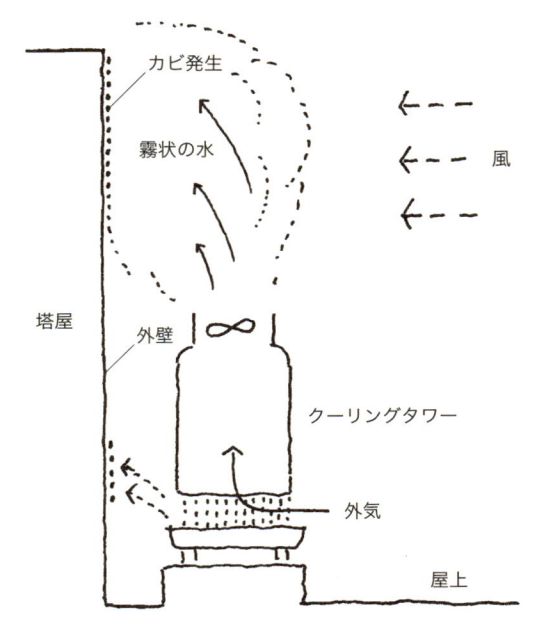

カビ発生

霧状の水

風

塔屋

外壁

クーリングタワー

外気

屋上

図2 クーリングタワーによる外壁の汚れ

設備全般

電気設備

空調設備

給排水設備

ガス設備

防災設備

昇降機設備

　浴室の換気が悪いと、湯気（蒸気）が浴室内にこもり、カビも発生する。また、換気量が多すぎると、冬期には寒いというクレームが出る。

1.　浴室の換気は給気と排気のバランスが大事

　浴室に換気は必要であるが、そのバランスが難しい。給気量と排気量のバランスがとれていないとクレームにつながる。排気は排気ファンでしっかりとれるが、給気がなかったり、給気口があっても給気量が不足すると、十分な換気ができない。

2.　自然換気の場合

　自然換気の場合は換気口の操作が容易にできなければ換気できない。浴室の換気は排気と給気のバランスをとることが大事で、ドアガラリからの自然給気で排気と給気がバランスよく調整できるのが望ましい。内部と外部の風圧力による換気や内部と外部の温度差（浮力）による換気のための開口を設ける。給気口と排気口の位置関係は、低い位置に給気口を、高い位置に排気口を設け、さらに平面的に対向する配置とする。開閉できる窓があっても、必ずしも開放されているとは限らないので要注意である。

3.　機械換気の場合

　浴室で確実な換気効果を求めるのであれば、排気量に伴った給気に有効な開口と第3種機械換気設備、または、第1種機械換気設備を設ける必要がある。

　入浴中の緩い換気と、入浴後の浴室を乾かす強制換気に切り替えるようにしておく必要がある。

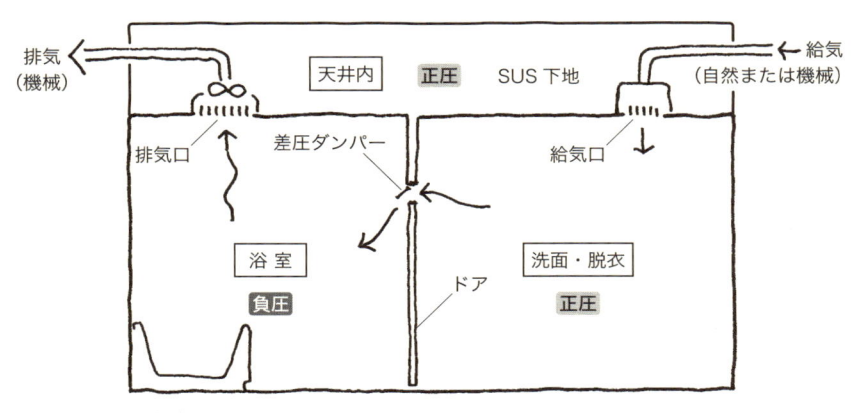

図1 浴室の給排気

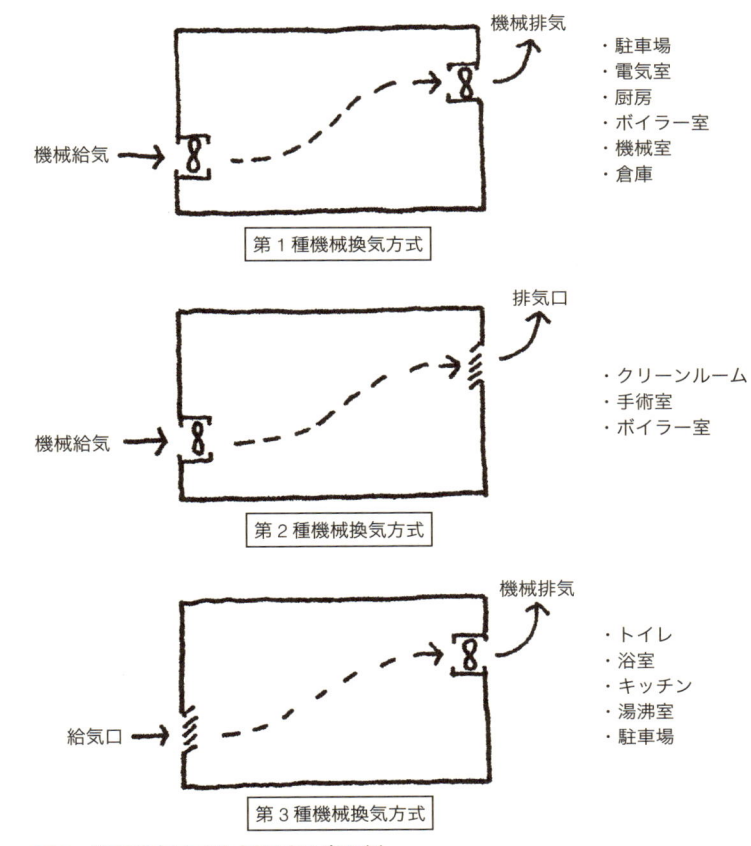

第1種機械換気方式

・駐車場
・電気室
・厨房
・ボイラー室
・機械室
・倉庫

第2種機械換気方式

・クリーンルーム
・手術室
・ボイラー室

第3種機械換気方式

・トイレ
・浴室
・キッチン
・湯沸室
・駐車場

図2 機械換気方式と採用する室の例

設備全般

電気設備

空調設備

給排水設備

ガス設備

防災設備

昇降機設備

　ガラリは空気の出入口であるが、空気と一緒に雨水も吹き込んでくる。ガラリにダクトが接続されている場合は、ダクトの中まで雨水のしぶきが入ることもあり、それらが漏水の原因になることがある。ガラリは空気だけでなく虫も入る。場合により小鳥が入り込み、巣をつくることもある。

1. ガラリの内側に水受けを設けて排水する

　ガラリから入った雨水を受けてスムーズに外部へ排出するために水受けを設ける。水受けはガラリの有効開口面積を確保し、ガラリ下端より勾配を付けて 100mm 程度立ち上げ、スムーズに排水されるようにする。水受けの材質はサッシと同材とし、水密溶接で組み立てる。水受けはサッシに後から取り付けるため、取合い部はシール納まりとなる。開放型のガラリでは水受けが結露しないと思われるが、場合によっては、防露または断熱材を検討する。

2. ガラリの羽根は外付けにする

　ガラリの水受けのシールは劣化したときは打ち替える必要がある。内部側からシールのメンテナンスができない場合がほとんどである。ガラリの羽根を外付けとし、シールの打替え時に羽根を取り外せるようにしておく。

3. ガラリには防虫網・防鳥網が必要

　ガラリからは虫も入ってくるし、小鳥も巣をつくる。防虫網・防鳥網が必要である。防虫網はメンテナンス頻度が高いので、取り外しを容易にできるようにする。防虫網は SUS316 線材、線径 0.25mm、ピッチ 2mm 以下にする。防鳥網は SUS304 線材、線径 1.5mm、ピッチ 15mm とする。

4. ガラリにダクトを接続する場合

　ガラリからの水受けはアルミ製、延焼の恐れのある部分は SUS 製とする。水密溶接で組み立てた水受けとダクトはパッキンを挟んで M8 ボルトで 100 ピッチに止める。水受け部はガラリ下端より勾配を付けて 100mm 立ち上げ、スムーズに排水されるようにする。水受けはダクトと同様に保温や断熱のための吹付けも考慮する。

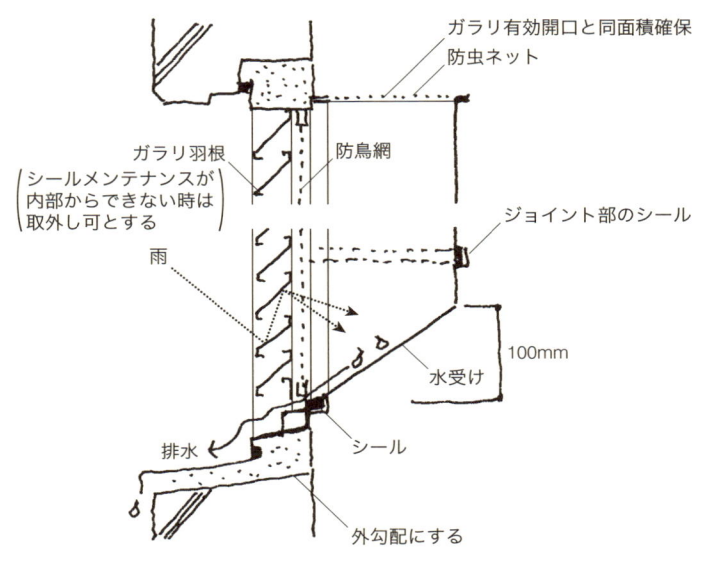

図1　ガラリの水受け

ガラリ有効開口と同面積確保
防虫ネット
ジョイント部のシール
ガラリ羽根
（シールメンテナンスが
内部からできない時は
取外し可とする）
防鳥網
雨
100mm
水受け
排水
シール
外勾配にする

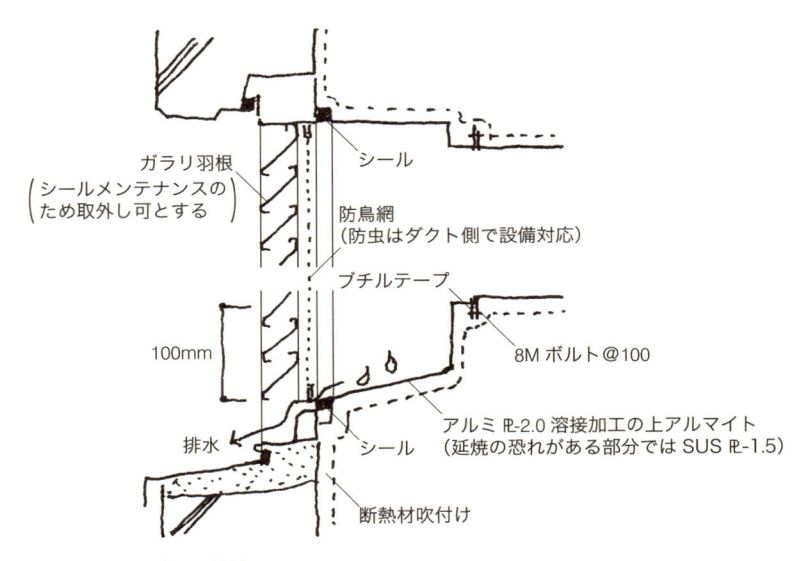

図2　ガラリのダクト接続

ガラリ羽根
（シールメンテナンスの
ため取外し可とする）
シール
防鳥網
（防虫はダクト側で設備対応）
ブチルテープ
100mm
8M ボルト@100
排水
シール
アルミ PL-2.0 溶接加工の上アルマイト
（延焼の恐れがある部分では SUS PL-1.5）
断熱材吹付け

設備全般

電気設備

空調設備

給排水設備

ガス設備

防災設備

昇降機設備

　キッチンに設けられたレンジフードで、すべての蒸気やガス、臭いをきちんと捕集、排気できるわけではない。レンジフードで取り切れなかった蒸気やガス、臭いは天井面に留まり、隣室へ漏れることもある。

　レンジフードの排気容量以上に蒸気やガスが発生すれば、レンジフードで取り切れずに天井面へと上昇する。レンジフードが十分排気容量を持っていても、排気量相当の給気量がなかった場合は、給気量分しか排気ができない。
　レンジフードには、給排気一体型のものもあり、常に排気容量分は排気できるが、それでも蒸気やガスは天井面に漏れていく。天井面に漏れた蒸気やガス、臭いは天井面に別に設けた排気口から排気すればよい。その場合も給気量を十分にとることが必要である。

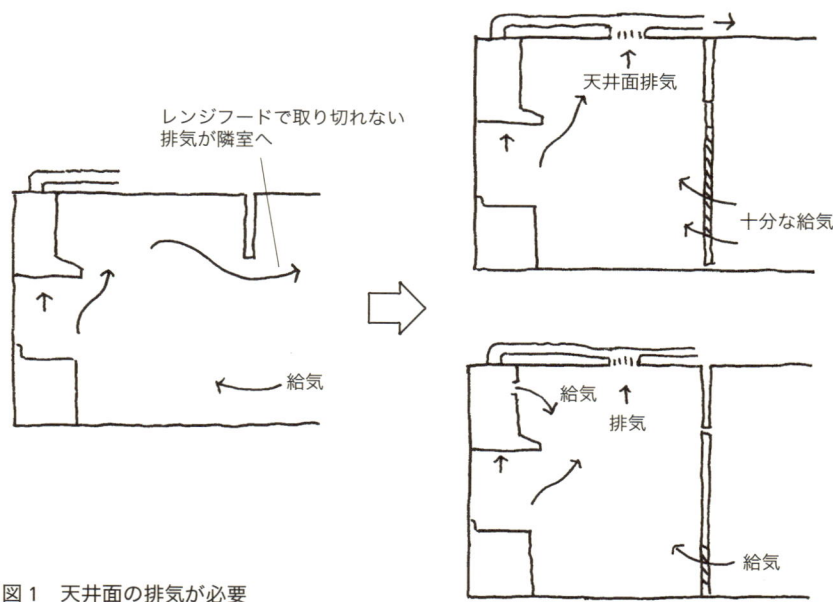

図1　天井面の排気が必要

厨房ダクト内の油に火がついた

設備全般

電気設備

空調設備

給排水設備

ガス設備

防災設備

昇降機設備

　厨房、特に業務用厨房では蒸気やガスに混じった油分がダクト内に付着しやすい。長い年月使用すると油が多量にこびり付き、それに火がつくと火災に発展する。

　厨房のレンジフードにも油が付着し、流れ落ちるので、油受けと油抜きを設けている。時々溜った油を抜き、フード面は清掃できるのでよいとしてもダクト内部に油が溜まるとどうしようもない。フード面に油取りのフィルターを設けている場合は大丈夫としても、フィルターは頻繁に交換するか清掃しなければならず、往々にしてフィルターを外したまま使用している場合があるが、このような使い方は絶対にしてはいけない。厨房排気ダクトには、ダクト消火設備を設けることを推奨する。万が一、ダクトに火がついても延焼しないよう、防火ダンパーを設けることを検討する。コンロから排気フード内グリスフィルタまでの距離は 80cm 以上離すこと（火災予防条例［東京都条例第 65 号］）。

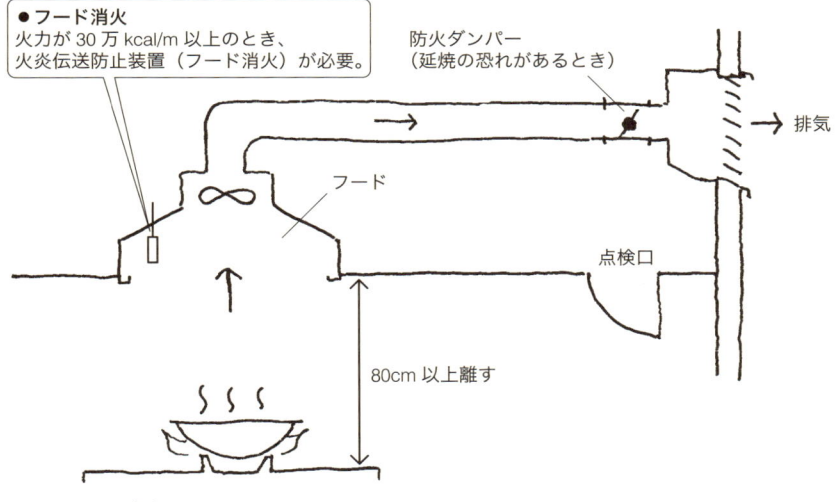

●フード消火
火力が 30 万 kcal/m 以上のとき、火炎伝送防止装置（フード消火）が必要。

防火ダンパー
（延焼の恐れがあるとき）

排気

フード

点検口

80cm 以上離す

図 1　フード消火

　集合住宅の住戸では通常バルコニー側から給気し、共用通路側から排気することが多い。バルコニーが道路側に面しているときは給気口から道路騒音が入る。道路騒音は上階のバルコニーのスラブに反射して、それを吸い込む形で室内に騒音が侵入する。

　外部騒音は外気と一緒に給気口から侵入する。給気口が24時間換気用の開放型の時は、外部の騒音がそのまま室内に侵入する。このような場合は外壁の給気口と内部の天井などの給気グリルの間に消音チャンバーを設置する。外壁貫通で直接室内の壁に給気グリルを設ける場合は、遮音型ベントキャップを設置することくらいしかできない。

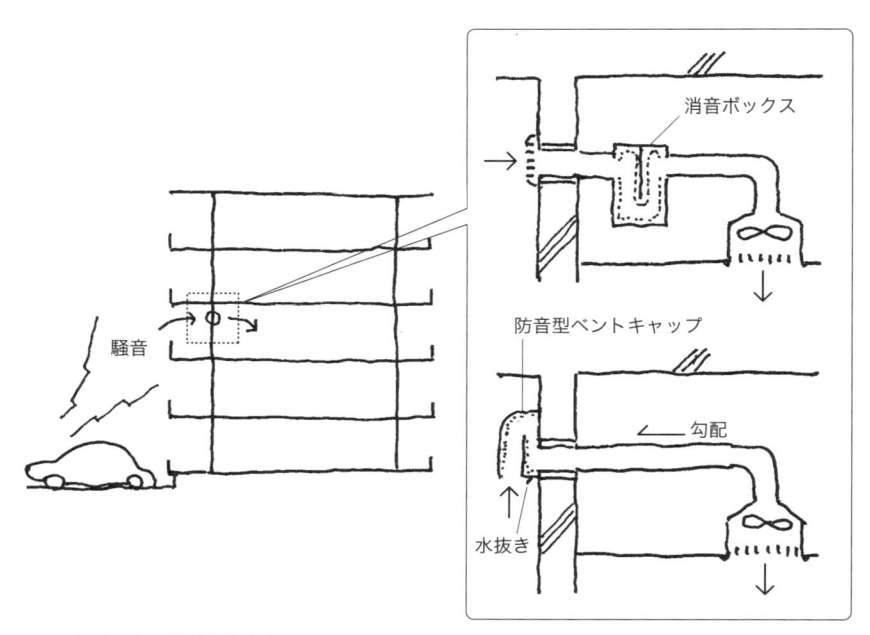

図1　給気口から騒音も入る

　厨房の外壁側の天井から漏水した。厨房の天井内部を調査してみてわかったのは、厨房の給気のために外壁ガラリに接続していたダクトが結露していて、その結露水が天井から漏水したためである。

　天井の内部は室温と同じかそれ以上の時もある。外気が低温なら、ダクトの外側に結露する。雨漏りと間違うほど結露することがある。給気ダクトは結露防止のために断熱材で巻く必要がある。ダクト接続したガラリの内部側の接続ボックスも断熱材の吹付けが必要である。

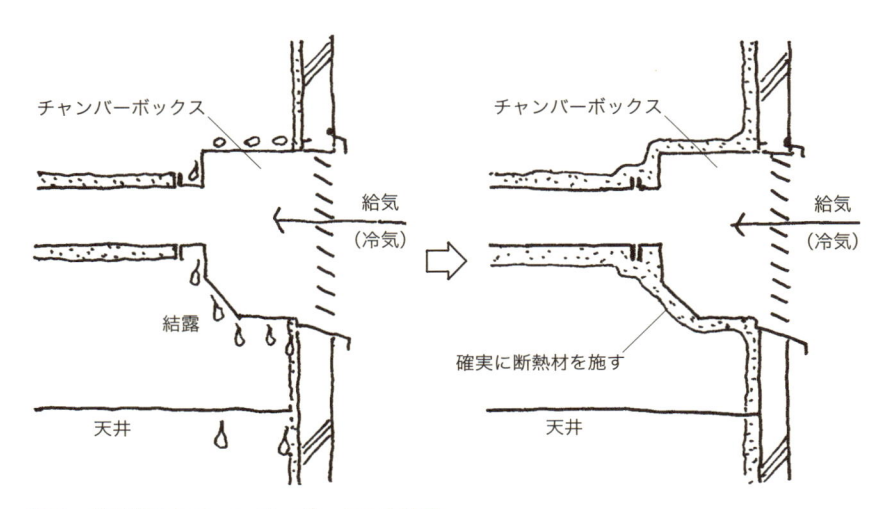

図1　外気取入れチャンバーボックスの結露

　屋内温水プールで多湿な空気が天井裏に侵入し、天井内が結露して天井の上に敷き込んだグラスウール断熱材を濡らして天井面にカビが発生した。

　天井面のカビは、温水プールの多湿空気が天井内にこもってしまうのが原因である。天井内の多湿空気を排気する（換気する）方法もあるが、この方法の場合、プールの多湿空気を天井内へ吸い込むことにもなりかねない。プールの天井内に給気を行い、24 時間加圧状態にし、プールの多湿空気を入れないことである。プールの給気を止めた時も天井内を加圧状態にしないと多湿空気は入り込む。外気を直接入れると結露することもあるので、注意を要する。

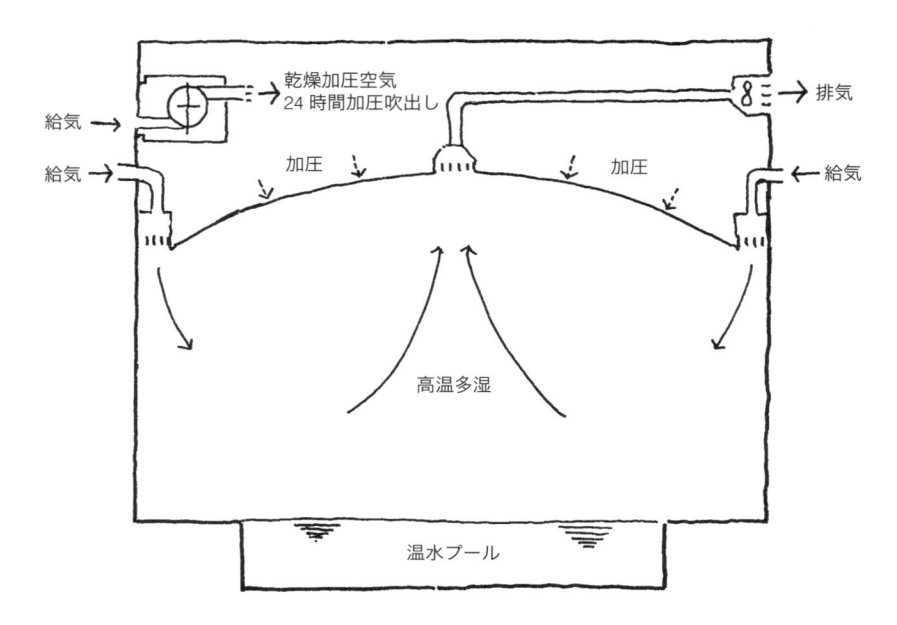

図 1　プールの天井内

トイレ使用後の臭いが気になり、トイレから出にくい思いをすることがある。トイレの換気扇は回っているのに、トイレの臭いが消えないという問題である。

トイレの給排気は一般にドアの下部のガラリから給気し、トイレの天井面から排気する。排気は十分のはずなのに臭いが残っている。臭いの主な成分はアンモニアである。アンモニアは空気より重いので、トイレの下方に溜ってしまい、天井面の排気ではすぐに臭いは取れない。そこで、天井面の排気だけでなく、床面に近いところで強力に排気する必要がある。洋便器で消臭剤を設けた換気装置を備えたものもあるが、消臭剤に頼ることになっている。上部排気より強力な下部排気を積極的に設けたい。

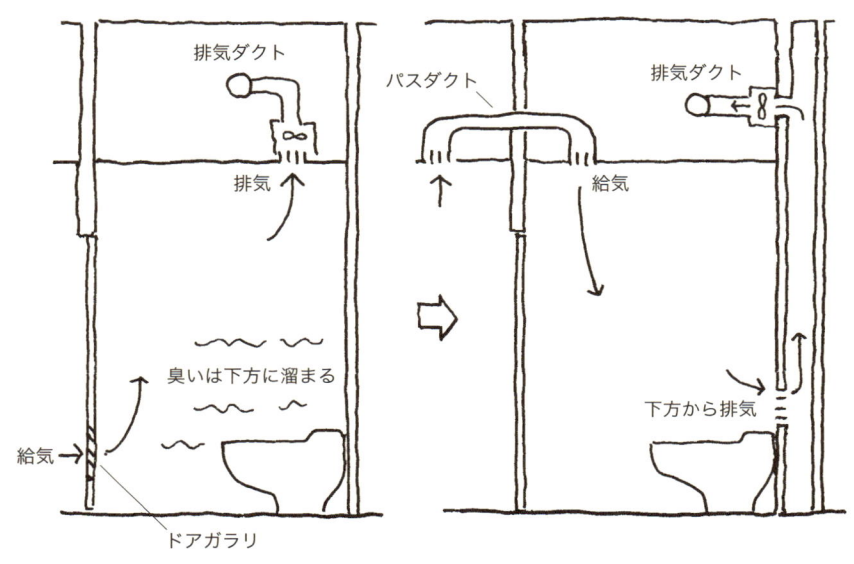

図1　トイレの臭いを残さないために下方から排気する

設備全般

電気設備

空調設備

給排水設備

ガス設備

防災設備

昇降機設備

　特高電気室は、電力損失が熱に変わり室内温度が上昇する。屋外からの熱負荷が加わるような特高電気室では、室内が 40℃ を超える高温状態になることもあり、受変電機器が過熱されて危険な状態に陥る。空調機や給排気用ファンの設置が必要である。

1. 特高受電室は空調・給排気が必要

　特高電気室の室内を高温にしないために、夏期には冷房、中間期は冷却換気、冬期でも日常点検作業時のために換気が必要である。空調機や給排気用ファンは受電部を避けて安全に日常点検ができる位置に設置する。空調機は万が一の漏水事故を考慮して、床置きタイプを推奨する。空調機の周囲に止水堤を設け、排水目皿を設置する。

2. 給排気ガラリは雨水浸入防止を

　外壁に取り付けるガラリは、強い風雨の時には必ず雨水が浸入する。給排気用ガラリに接続するダクトやエアチャンバー、ガラリには必ず排水機能を付加する。給排気ファンのように日常点検が必要なものは、受電部を避けて、安全にメンテナンスができる位置に設置する。設置位置が高さ 2m を超える高所になる場合は、日常点検が安全にできるように、安全防護柵付きのタラップや作業ステージを設置する（→ **063** 外壁ガラリからの雨水浸入防止策）。

3. 独立した換気扇は中央監視室で操作

　独立した換気扇で給排気を行う場合は、操作は自動制御とし、中央監視室で行えるようにし、サーモスタット付きの換気扇とする。

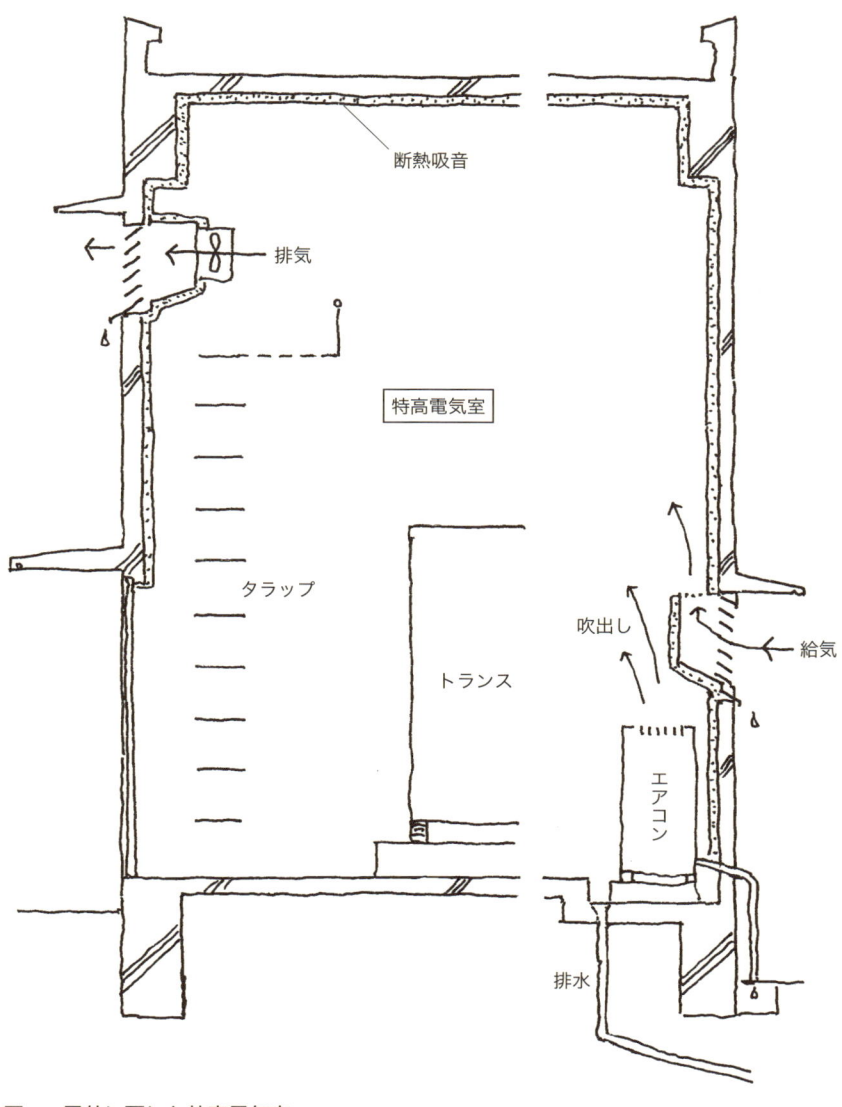

図1　屋外に面した特高電気室

右側ナビゲーション: 設備全般 / 電気設備 / 空調設備 / 給排水設備 / ガス設備 / 防災設備 / 昇降機設備

図中ラベル:
- 断熱吸音
- 排気
- 特高電気室
- タラップ
- トランス
- 吹出し
- 給気
- エアコン
- 排水

　厨房排気が、外気取入れ口にショートサーキットして、事務室に厨房の臭いが流れ込んだ。外気取入れ口と排気ガラリとの位置によるトラブルである。

1．屋上に給排気ガラリを設ける場合は風の渦流に注意

　事務所系統の外気取入れ口と厨房系統の排気ガラリは距離をとって屋上に設けられていた。屋上には設備機器の目隠し壁を設けていたため、風が渦流となって屋上に広がり、厨房排気が事務所系統の外気取入れ口より吸い込まれた。外気取入れ口及び排気ガラリの位置を決定する場合は、建物まわりに発生する気流、臭気の拡散などの要素を考慮して決定する。建物に対する気流は、風上側の壁で正圧になり、屋根面（屋上）や他の外壁面では負圧が生じる。風上側の平均風速の持つ風圧と負圧の割合は正確には風洞実験によらなければならない。屋根面（屋上）の渦流は目安として1、2階建ての低層建物では建物の高さの1.3から2倍の範囲に及ぶと言われている（図1）。

2．排気を確実にするためには、渦流の外に押し出す

　建物に対する気流は、風上側では正圧で、屋根や外壁側では負圧となって渦流が発生する。屋根の高さで放出された汚染された空気は、渦流のある屋根面いっぱいに広がる。風下に運ばれた臭気は地表にまで達し、さらに渦巻いて屋根まで戻ることもある。建物からの排気を確実なものにするためには、渦流の外にその空気を押し出すか、屋根面よりできるだけ速い速度で垂直に排出するように計画する（図2）。

3．汚染された排気が再び建物内へ侵入する

　建物内へ再び侵入するのは臭気だけではない。汚染された排気空気も再び侵入する。都市部のビルが隣立する場所では、設備機能を十分に理解して、再侵入が発生しないように、ビル風の方向等十分に調査してガラリの位置を決定する。

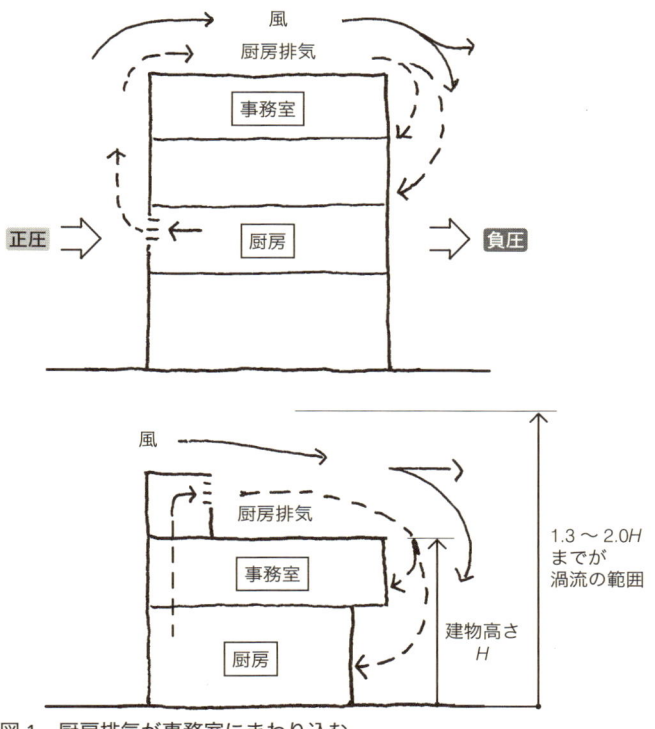

図1　厨房排気が事務室にまわり込む

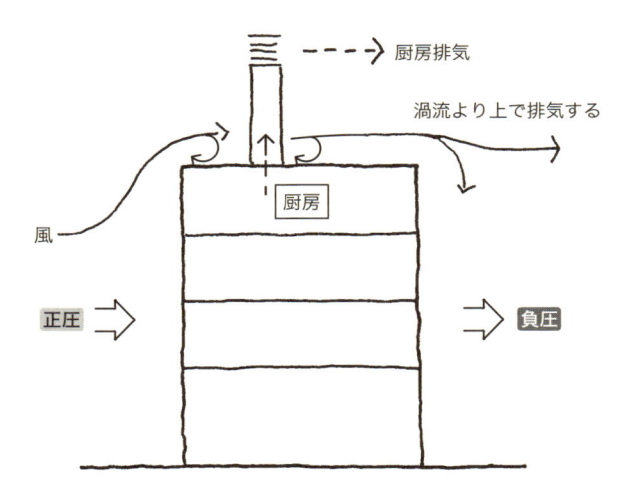

図2　厨房排気は影響の少ないところから

設備全般
電気設備
空調設備
給排水設備
ガス設備
防災設備
昇降機設備

業務用厨房では 100℃ 以上の熱湯を大量に流すことが頻繁に行われる。樹脂系塗材の床仕上げ材は、耐熱温度 40 〜 60℃ 程度であり、厨房床材として適さない。

1. 厨房床仕様にはウェット仕様とドライ仕様がある

●ウェット仕様とは

従来から一般に行われてきた床を洗浄する方法で、常に床が濡れている状態になる。調理の作業過程で使用する湯水を直接床に流し、床の勾配によって排水溝に集め排水する。雑菌が繁殖しやすく、床の水濡れにより滑りやすい。耐熱性のない床材を採用した場合は、床がすぐに損傷し補修工事を頻繁に行わなければならない。

●ドライ仕様とは

床に湯水を直接流さずに、厨房機器から排水管へ直接排水する方法で、床が濡れにくく、濡れた場合でも、すぐに拭き取り、常に床を乾燥させた状態にするため、雑菌の繁殖が少ない。現在、業務用厨房はドライ仕様が主流となってきている。業務用厨房の場合、油やゴミによる汚れが必ず発生するため、厨房内の全区域をドライに保って作業することは困難で、作業終了後は水洗いを行うのが一般的で、ドライ仕様といっても、ウェット仕様にも耐えうる床仕上げ材にしておく必要がある。

2. 厨房の床仕上げ材の選定は大事

大量の熱湯を頻繁に流す業務用厨房等の床材は、耐熱性、耐摩耗性が高い磁器タイルや花崗岩、硬質ウレタンの塗床仕上げを推奨する。

●磁器タイル

磁器タイル張りの床は、タイル目地に水、油、ゴミなどによる汚れが付着しやすく、衝撃に対しても弱いので、割れ、欠け、剥がれが起きやすい。

●塗り床仕上げ

硬質ウレタン系床材の耐熱温度は 80 〜 120℃ 程度で、塗り床材の中でも塗

り厚が厚く、耐久性・耐熱性に優れて剥がれの発生は少ない。伸縮目地（ひび割れ誘発目地）を設けることで床のひび割れを防ぐことができる。

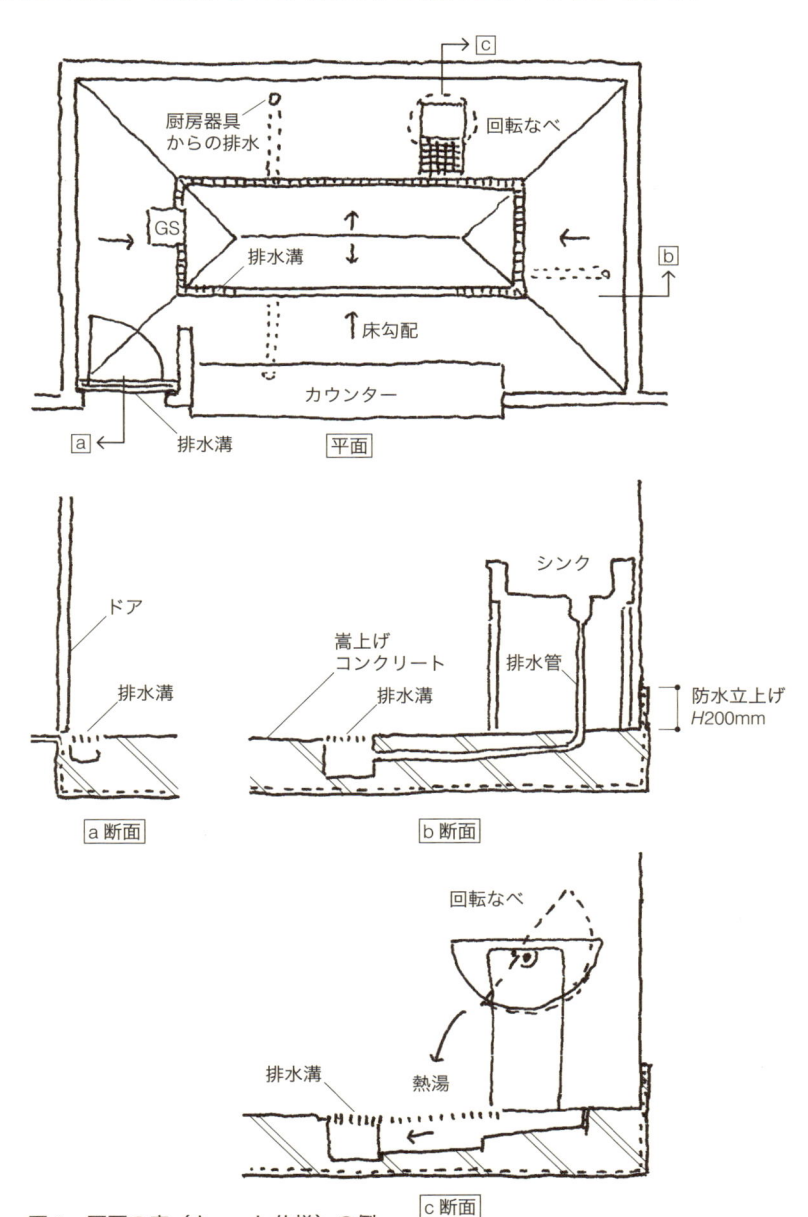

図1　厨房の床（ウェット仕様）の例

設備全般

電気設備

空調設備

給排水設備

ガス設備

防災設備

昇降機設備

　集合住宅では、受水槽の加圧ポンプの運転時の音や振動が騒音源となる。床面積を有効に使うという観点から屋外の敷地境界際に設置する例が多い。その場合は、深夜に受水槽の「落水音がうるさい」と住民や近隣から苦情が出ることがある。

1．受水槽ポンプ室は別棟に

　集合住宅の低層部に受水槽ポンプ室を設けると、水を加圧圧送するためのポンプの駆動音や振動が配管を通じて躯体伝播する。集合住宅では受水槽ポンプ室は別棟にすることが原則である。やむを得ず建物内に設ける場合は、受水槽ポンプ室は EXP. J で絶縁し、室内に吸音材を貼る。加圧ポンプの基礎は浮床式とし、配管は防振吊り等、防振支持とする。

2．屋外に設置する場合は落水音対策を

　受水槽を屋外に設置した場合、深夜に「受水槽への給水時の落水音がうるさい」とクレームになることがある。受水槽は電極棒やボールタップで貯水量を管理する。落水対策としては、受水槽の貯水面の下限値より下へ給水管を伸ばし、水面の上部で給水配管に通気口を開けておく。

3．敷地境界際の近隣対策

　7.5kW 以上の加圧ポンプは、騒音振動規制条例の規制対象となる。加圧ポンプが発する運転時の振動騒音は敷地境界線上で騒音規制基準値を遵守しなければならない。必要に応じて受水槽ポンプ室を防音壁等で囲わなければならない（→ **041** 空調屋外機は騒音対策を）。

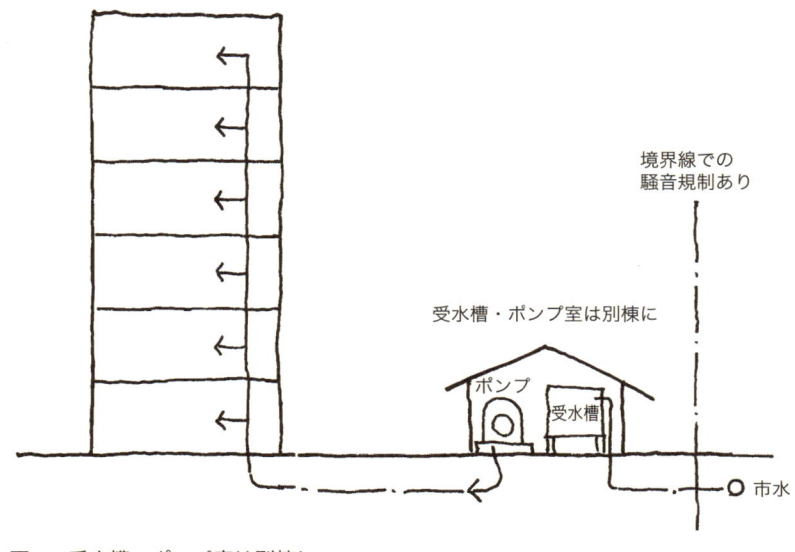

境界線での
騒音規制あり

受水槽・ポンプ室は別棟に

ポンプ　受水槽

市水

図1　受水槽・ポンプ室は別棟に

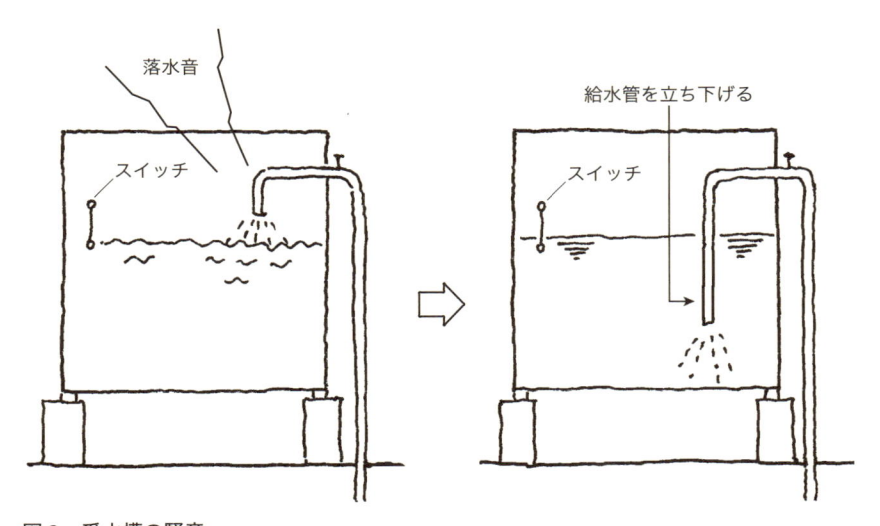

落水音

スイッチ

給水管を立ち下げる

スイッチ

図2　受水槽の騒音

集合住宅の上階からの汚水配管を低層階のエントランスロビーや共用部ラウンジの天井内で集合させて横引きする場合は、汚水配管の振動が躯体と共振して騒音が大きくなり、クレームとなることがある。また、基準階では、パイプスペース内に配管されたユニットバス（UB）や洗面・トイレの汚水配管や雑排水配管を流れる流水音が隣接する住戸や下階住戸への騒音・振動となってクレームとなることもある。

1. 汚水配管や雑排水管は防音仕様に

汚水配管や雑排水配管は、ビニールライニング配管等の防音仕様（配管に質量を持たせる）とする。硬質塩ビ配管を採用する場合は、鉛繊維板巻等で防音処理する。竪配管から横引きに変わる部分は、大曲がりベンド（$R = 500mm$ 程度）とし、配管の振動が躯体に伝わらないように、配管の支持は、『建築設備耐震設計・施工指針』（日本建築センター）に準拠して防振仕様で施工する。

2. 汚水配管や雑排水配管は通気を確実に

汚水配管や雑排水管は最上階住戸の溢れ面より上部で伸頂通気を取る。伸頂通気は屋上で開放することが原則である。やむを得ず、最上階住戸のバルコニー部に開放する場合は、臭気がバルコニーに滞留しないように、ドルゴ通気弁を設ける。また、竪配管から横引き配管に変わる部分には、必ず掃除口を設ける。

ドルゴ通気弁は常時閉鎖しており、通気配管内が負圧になると弁が開き、外部空気を吸い込む構造で、弁が固着する不具合を起こすため、日々のメンテナンスが重要である。

3. セットバックしたルーフバルコニーの通気管

建築基準法の斜線制限を受けて、最上階の端部住戸にルーフバルコニーを設けることがある。その場合は下階住戸の通気管の位置は、ルーフバルコニーに接した住戸の開口部位置を考慮して決定する。風向きによっては、臭気

が住戸にまわってくる。その場合には通気管の開放位置を開口部から 5m 以上離すことを推奨する。

設備全般

電気設備

空調設備

給排水設備

ガス設備

防災設備

昇降機設備

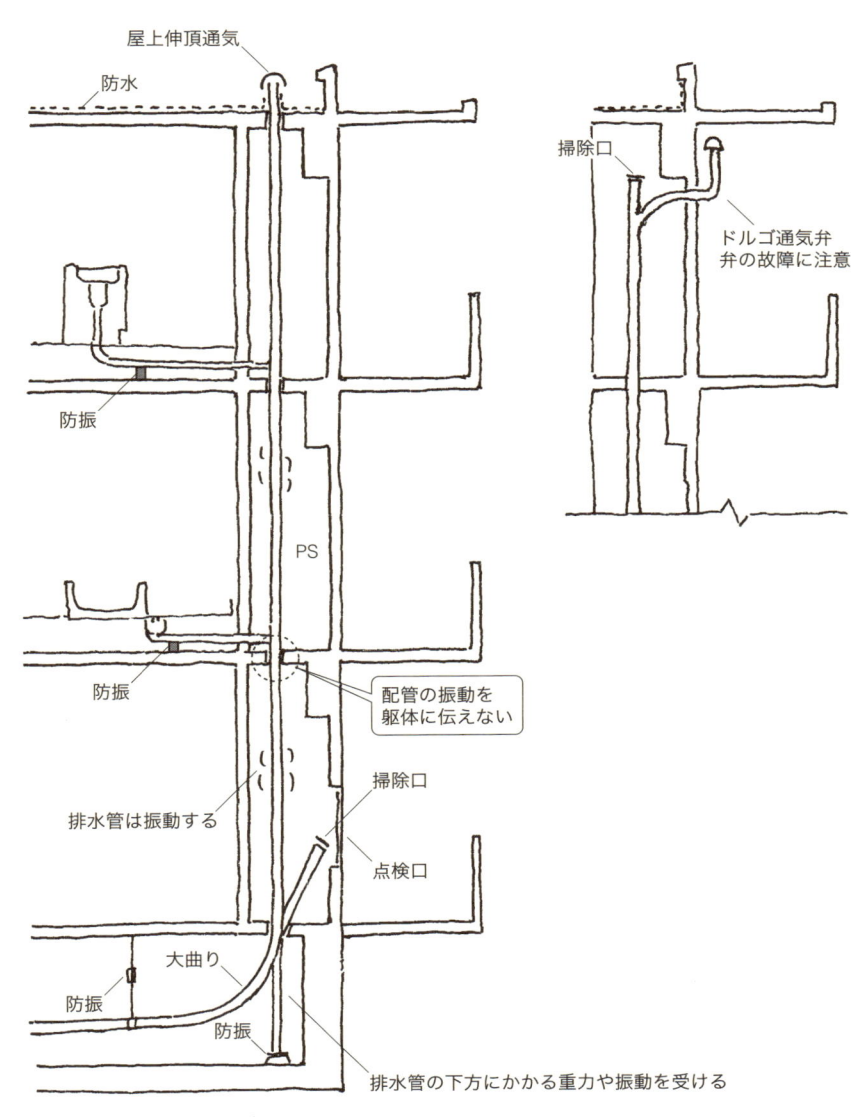

屋上伸頂通気
防水
掃除口
ドルゴ通気弁
弁の故障に注意
防振
PS
防振
配管の振動を
躯体に伝えない
排水管は振動する
掃除口
点検口
大曲り
防振
防振
排水管の下方にかかる重力や振動を受ける

図1　排水管の騒音・臭気対策

　集合住宅は洗面室に設置した洗面器や洗濯機の水栓の故障やユニットバスの配管接続部からの水漏れで下階に漏水することがある。

1.　水まわりは漏水することがある

　水まわりの給水給湯配管や排水管は接続部分から漏水することがある。ユニットバスは床防水パンや壁パネルの外側の配管接続部からの水漏れがあると、床スラブ面に水が溜まって下階に漏水する。洗面室では洗面器の給水給湯配管や排水管からの漏水だけでなく、洗濯機の給水管や洗濯防水パンの排水管からの漏水もある。床下などの見えないところでの漏水は、階下からのクレームで気付くことも多い。

2.　水まわりの漏水対策は

　洗面室やユニットバスの床下スラブ面を塗膜防水し、排水を設けておくと万が一の時でも安心である。排水を設けない場合は洗面室の床に床点検口を設け、漏水検知センサーを設置すると良い。床点検口から拭取りできるようにするだけでも安心である。施工においては給排水配管の固定を確実に行い、施工完了後、水圧試験や排水確認を実施するのは言うまでもない。

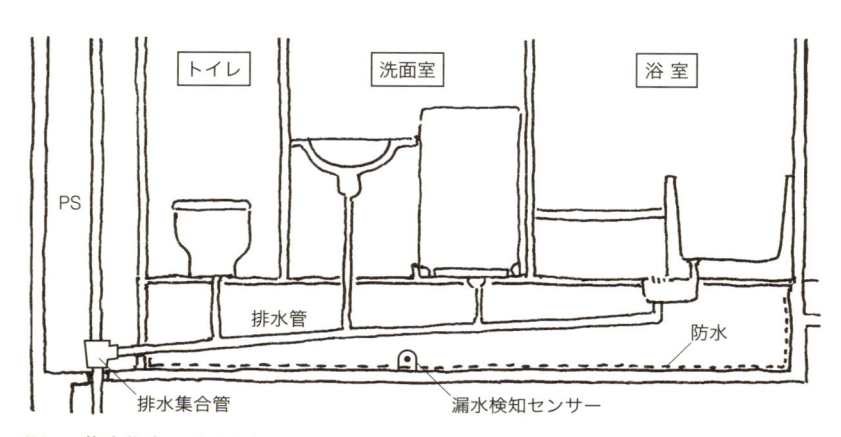

図1　集合住宅の水まわり

給水配管内が水栓や止水栓等による開閉動作で急激な流速変化が起きると、水の慣性力で給水管内に衝撃と高水圧が発生し、ドドドといった音やカーンといったような振動を伴った衝撃音が発生する。この現象がノッキングという水撃作用（ウォーターハンマー）である。

ウォーターハンマー現象が起きると、給水管の振動が支持されている躯体と共振して衝撃音が発生する。これは特に集合住宅の場合は騒音・振動トラブルの原因となる。水の流れが速い場合には、圧力が10MPa程度になることがあり、ガス給湯器の弁を壊したり、継手を破壊したりすることがある。原因不明の漏水やシャワーの温度の急激な変化、給湯器のセンサー破損等は、多くの場合が、この水撃作用によるものである。給水配管の支持・固定方法が不十分な場合は、振動音のほかに配管途中の逆止弁が閉まる音が発生する場合がある。

電磁弁を使用しているガス給湯器や食洗機は、安定して流れていた水が瞬時に止められるために、ウォーターハンマー現象が発生しやすい。現在は、急激に弁を閉じないような機構を設けている商品が主流となっている。ウォーターハンマー対策としては、給水管を流れる水のスピードを落とし、ウォーターハンマーの衝撃を吸収すればよい。

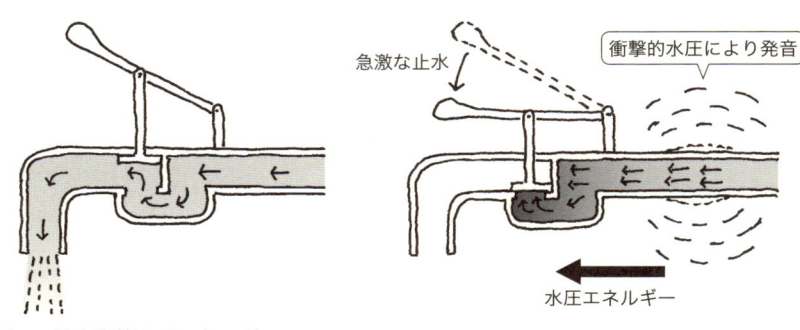

急激な止水

衝撃的水圧により発音

水圧エネルギー

図1　給水配管のノッキング

設備全般

電気設備

空調設備

給排水設備

ガス設備

防災設備

昇降機設備

　集合住宅やホテル客室の浴室に設置されたジャグジーバスの振動音が下階に騒音として伝わり、クレームとなることがある。住宅やホテルは夜間に限らず静寂が求められるため、確実な防振、防音対策が求められる。

　集合住宅やホテルの浴室のジャグジーバスは気泡噴出装置の機械の振動音と浴槽内に気泡が噴出する際の振動音が発生する。機械と浴槽は床上に設置されているため、床に振動が伝わり、下階に騒音として響く。機械の設置部分と配管と浴槽のそれぞれに防振装置を設けるか、機械と浴槽全体を二重床の防振床にする必要がある。振動が配管を伝うこともあるので、配管自身の振動伝搬防止と配管支持材を防振タイプにするなど細かな配慮が求められる。

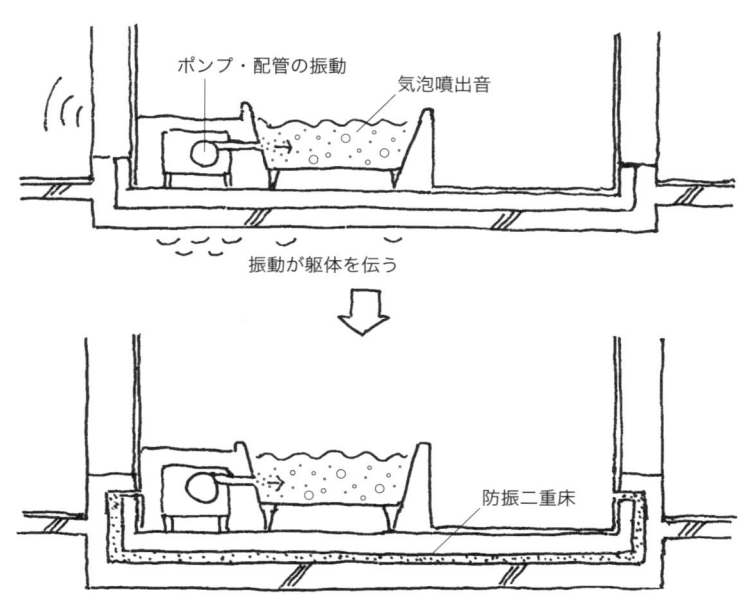

図1　ジャグジーバスの振動対策

　ビルの地下ピットに設けた汚水槽は腐食防止のための処置をしないと、汚水槽上部の床版は、鉄筋が腐食しコンクリートが剥落して危険な状態になる。

　汚水槽の内部は、亜硫酸ガス・硫化水素などが充満し、その充満したガスがコンクリート躯体を中性化してコンクリート内部の鉄筋まで腐食させる。汚水槽内部は、床や壁面だけでなく天井面も防水し、躯体に汚水や亜硫酸ガス・硫化水素が直接触れないようにしなければならない。汚水槽は6面とも防水が必要であり、エポキシ系塗膜防水で表面保護をしなければならない。床点検用マンホールは防臭型を採用し、内外両面をタールエポキシ系塗装とする。設置場所によっては保安上錠付きにしなければならないこともある。

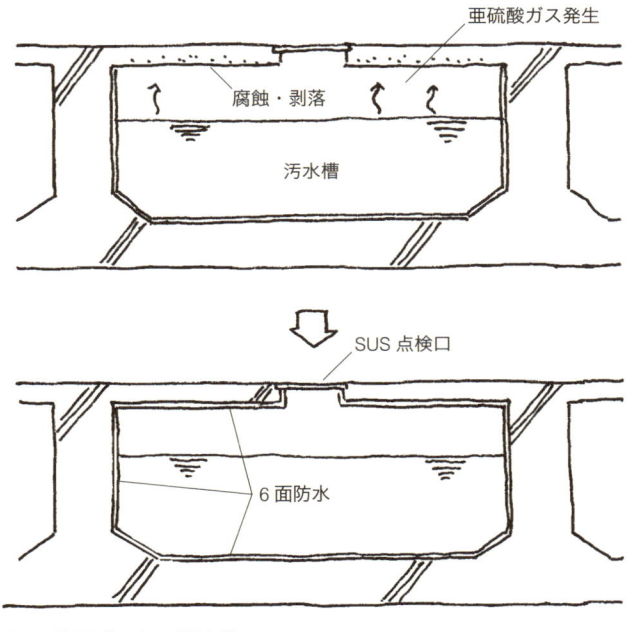

図1　地下ピットの汚水槽

　防火または準防火地域内にある敷地内に、FRP製受水槽を屋外に設置する場合は、受水槽は建築物ではないために「延焼のおそれのある部分」に設置しても防火措置はしなくてよい。ポンプ室を給水タンク（受水槽）と一体に併設する場合は、ポンプ室の部分が建築物扱いになる場合があるので注意を要する。ポンプ室が建築物に該当する場合は、防火措置が必要となり、ポンプ室は不燃材料で覆わなければならない。

1.　受水槽は給水タンクで建築物ではない

　ポンプを給水タンクから独立して設置する受水槽は、建築物ではなく床面積に算入されない。ポンプ室併設一体型の屋外受水槽も、原則として建築物ではない。ただし、ポンプ室の部分が建築物扱いとなる場合があるので注意を要する。建築物扱いになると、防火・準防火地域内に設置すると防火措置が必要となる。

2.　ポンプ室が建築物扱いになると受水槽の防火措置が必要となる

　防火・準防火地域内に設置したポンプ室併設の一体型の屋外受水槽に防火措置が必要か否かの判断基準は、「外構に設置する付属建屋の防火措置の取り扱い」に準拠する。地区公園内に設置される防災倉庫と同じ扱いである。防災倉庫の場合は、倉庫内に人が入れるか否かで判断が分かれる。奥行きが1m以内のもの、または高さが1.4m以下で人が倉庫内に入ることができない場合は、建築物扱いとならず、床面積も発生しない。この場合は、防火地域・準防火地域内に設置しても防火措置は不要である。ポンプ室併設の一体型の屋外受水槽の場合も、同様にポンプ室に点検のために人が入ることができるか否かで判断が分かれる。ポンプ室の大きさには、具体的な数値規定はなく、ポンプ室の中に人が入り、メンテナンス等を行う場合は、建築物扱いとなり、防火措置が必要となる。

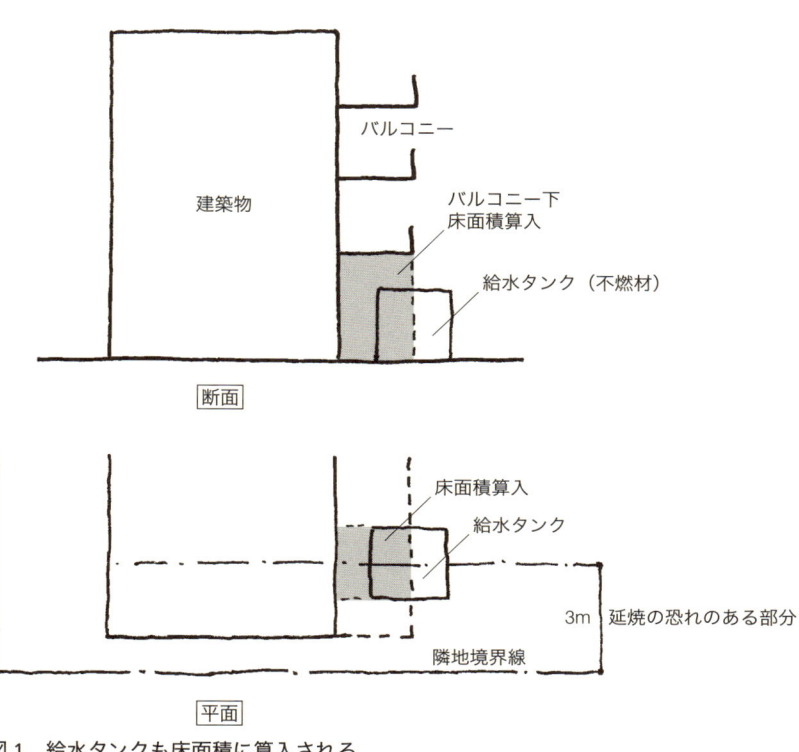

設備全般

電気設備

空調設備

給排水設備

ガス設備

防災設備

昇降機設備

断面

平面

図1 給水タンクも床面積に算入される

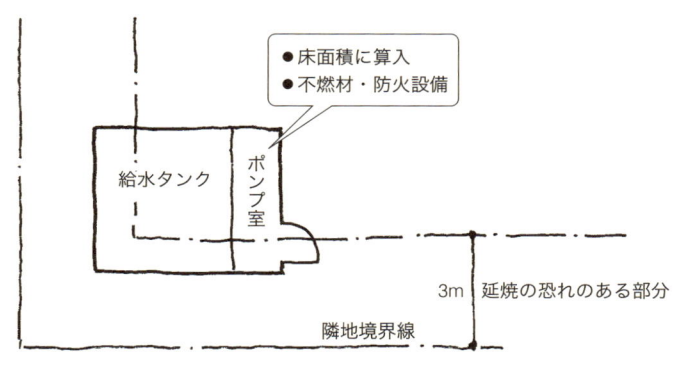

● 床面積に算入
● 不燃材・防火設備

給水タンク

ポンプ室

3m 延焼の恐れのある部分

隣地境界線

図2 給水タンクとポンプ室が一体の場合

　庭園に水の流れや池を水景施設として設置することが多いが、それをいつまでも美しく維持するためには、定期的な清掃や水循環設備のメンテナンスが必要である。水景施設の維持保全にはランニングコストや労力がかかり、大変な作業である。

1. 池の水面を鏡のようにつくるには

　水深300mm程度、池の底に黒色の石を敷き詰め、池の周囲に排水溝を設けて、オバーフローさせれば、水面が鏡のように映える。水深300mm程度の深さは、夏期に水温が上がり、藻が発生する環境となるため、殺藻剤を水に混合させて循環することが必要である（図1）。

2. メンテナンスのポイント

　水循環ろ過設備のメンテナンスで意外と軽んじられているのが、還り配管のごみ取り用フィルターのメンテナンスである。フィルターは目詰まりすることでその機能を成している。メンテナンスをしないまま目詰まりを放置すると、水の循環不良が発生し、池への水の供給に不具合が発生する。池底にごみが溜まり、コケや藻が発生し、悪臭を放ち、衛生上も好ましくない。フィルターを容易に清掃するためのスペースの確保が重要である。できれば自動洗浄設備を設けることが望ましい。循環水の取水口とは別に、年に2回程度の定期点検時に池の水を抜き、清掃をするための排水桝を別に設ける。敷き並べた石や底に沈殿したごみを洗い流すための給水栓やホース等の収納場所も確保しておく必要がある。

3. 池は防水施工を確実に

　池底からの漏水があれば、循環水への追い水の量が膨らみ、ランニングコストがかさむだけではなく、クレームにつながる。池の防水は高強度の厚手不織布を心材とした特殊ゴムアスファルトシート防水を推奨する。熱融着で完全一体化でき、地盤の不同沈下が予想される地盤であっても追従性が高く、破断耐久性や接合部の信頼性の高いメンブレン防水である。

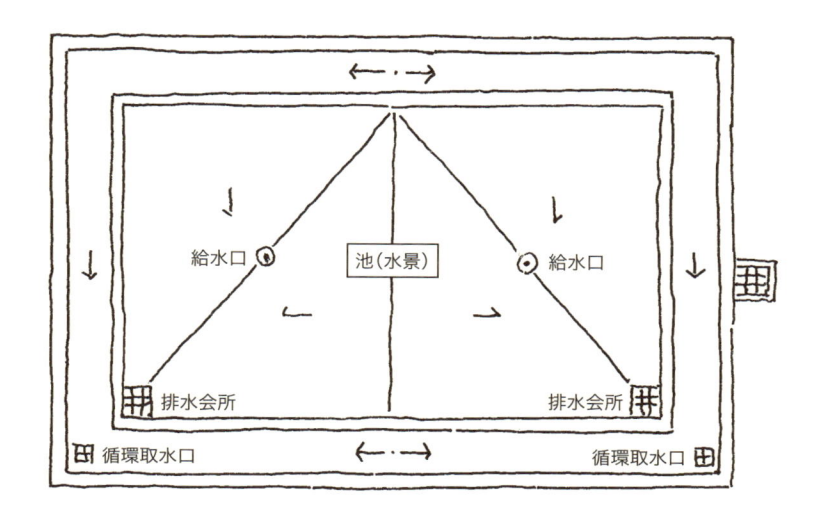

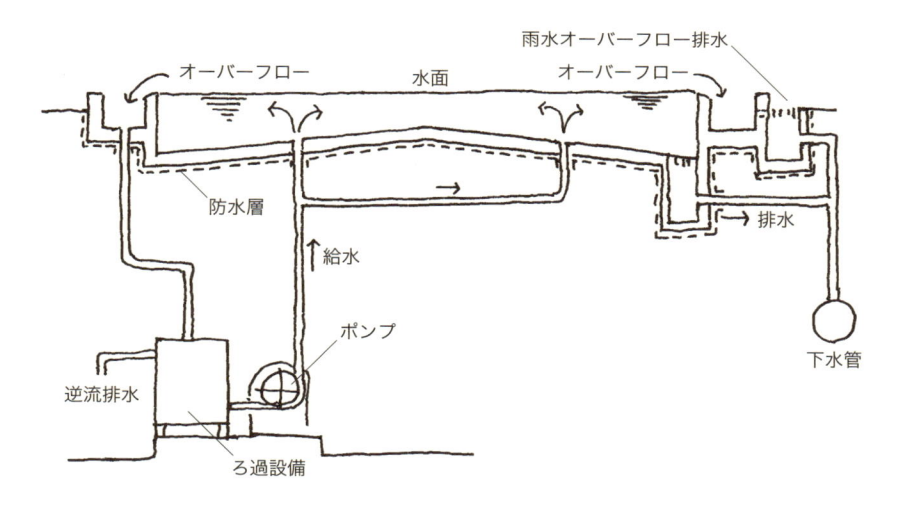

図1　水景施設（池）

設備全般

電気設備

空調設備

給排水設備

ガス設備

防災設備

昇降機設備

　給湯用や空調用熱源としてのボイラーや吸収式冷凍機、非常用発電機を設置すると煙道（排気筒）や煙突の設置が伴ってくる。煙道の横引きが長くなったり、建物の形状により煙突が高くなりすぎると、起動時の廃ガスが冷やされてドラフト力を失い、不完全燃焼の原因となる。

1．煙突の構造

　煙突は建物と同様に構造耐力の安全性の確認や防火と公害防止の観点から、建築基準法施行令第115条で構造や高さについて規定されている。

2．非常用発電機は専用煙突とする

　非常用発電機は専用煙突（排気筒）とする。ボイラーや吸収式冷凍機との共用煙突にした場合は、多量の水蒸気を含む廃ガスが他の機器内に逆流して凝結し、機器内部を錆びさせることがある。燃料が重油の場合は、燃焼に伴って、硫黄酸化物が発生し被害が著しい。

3．煙道（排気筒）と煙突の接続部

　煙道は熱による伸縮と振動を伴う。煙道を固定支持する場合は、防振材を介して支持し、支点間には伸縮継手を設ける。壁貫通部はスリーブを用いて伸縮を吸収する納まりとする。

　①煙道はかなりの高温となるため、全ルートにわたり可燃物とは離隔する。

　②発電機の煙道を建物内で煙突に接続する場合は、エルボを用いて立ち上げておかないと、耐火材を焼損する恐れがある。

　③煙道の横引き長さは極力短くする。低温廃ガスでは、ドラフト力が弱くなるので、機器設置位置と煙突位置に制限がかかることがある。

　④煙突の断面積は途中で縮小しない。

　⑤煙突は居室を通過させない。煙突の壁部分には設備機器を設置しない。

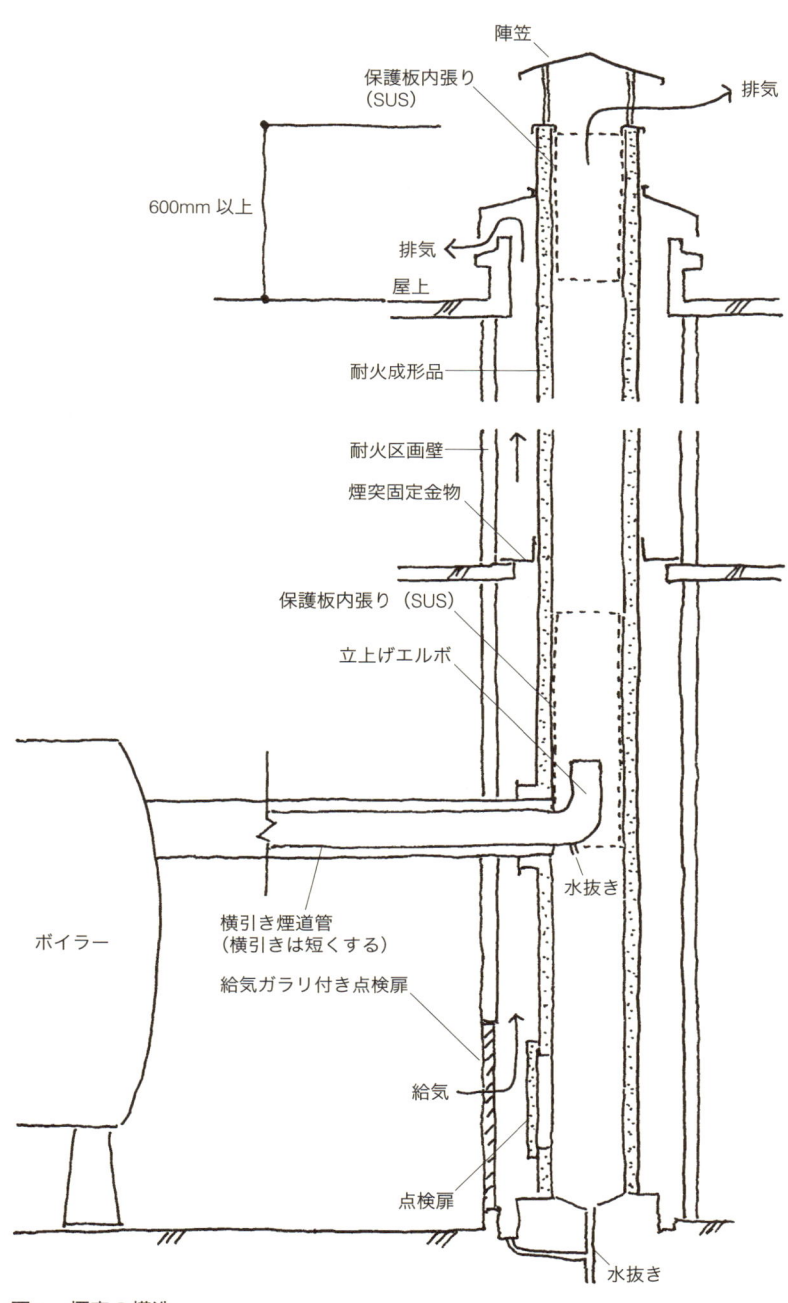

図1 煙突の構造

陣笠

保護板内張り
（SUS）

排気

600mm 以上

排気

屋上

耐火成形品

耐火区画壁

煙突固定金物

保護板内張り（SUS）

立上げエルボ

ボイラー

横引き煙道管
（横引きは短くする）

給気ガラリ付き点検扉

給気

点検扉

水抜き

水抜き

設備全般

電気設備

空調設備

給排水設備

ガス設備

防災設備

昇降機設備

　ガスを安全に燃焼させるには、新鮮空気（酸素）の供給と、燃焼によって出る燃焼廃ガスを排出するための給排気設備が必要となる。集合住宅でガス給湯器を外壁に設置したり、共用部開放廊下のパイプシャフト内に設置する場合は適切な設置をしないと、不完全燃焼を起こしたり、排気筒トップから排出された排ガスが室内に逆流したり、アルミ製の建具等を腐食させる。

1．ガス器具の給排気方式

　集合住宅では、住戸内で使用する自然換気式のガスファンヒーターやガスストーブ、機械換気式のガスレンジの開放燃焼式ガス機器や共用部開放廊下に設けられたパイプスペース内に設置するガス給湯器やバルコニーに据置きする屋外式ガス機器が主要なものである。ガス器具を安全に燃焼させるためには、吸気口と換気口の設置位置が重要である。

2．屋外式ガス機器の設置条件

①共用部開放廊下のパイプシャフト内にガス給湯器を設置する場合は、避難通路幅員を 1200mm 以上確保し、排気筒トップの下端は床面より 1800mm 以上を確保する。シャフトの前面扉の上部と下部に、各々 100cm² 程度以上の換気口を設ける。

②ガス給湯器の排気筒トップと共用部開放廊下に設けられた開閉可能な建具までの離隔距離は、600mm 程度離せば室内に排気が逆流しないと言われている。

③共用部開放廊下の手摺り位置に設けられた住戸玄関扉前の目隠し用アルミルーバー等は、排気筒トップからの離隔距離を 800mm 程度離せばよいとされている。風向によっては排気が目隠し用アルミルーバーに直接当たり、腐食させて白華現象を起こすこともある。

　以上の排気筒と可燃物等との離隔距離はあくまで目安であり、敷地の条件を十分理解したうえで決定すべきである。

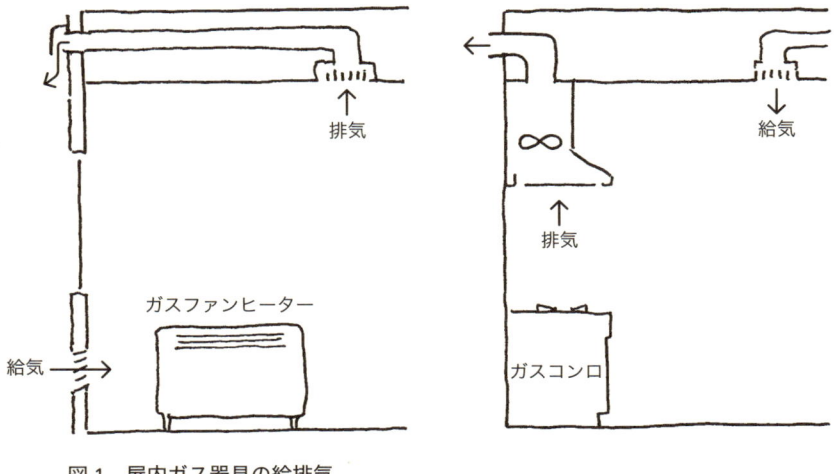

図1　屋内ガス器具の給排気

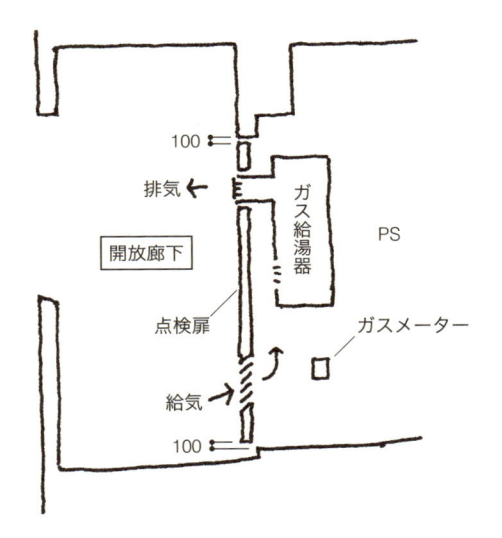

図2　パイプシャフト設置ガス器具の給排気

設備全般

電気設備

空調設備

給排水設備

ガス設備

防災設備

昇降機設備

中高層建築物で火災が発生した時には、消防隊が外壁開口部からの消火活動や救助活動を行う。消防活動用開口部には、建築基準法で規定された非常用進入口、代替進入口と消防法で規定した避難上、消火活動上有効な開口部がある。消火活動上有効な開口部は、消防法と建築基準法では異なっているので注意が必要である。

1. 建築基準法の規定による消防活動用開口部

建築基準法では消火活動を主とした目的で、倉庫など居室がない階でも、用途に関係なく建築物の高さが31m以下にある部分で、3階以上の階には、非常用進入口を設けなければならない。進入口の開口部は、幅75cm以上×高さ1.2m以上、その下端は床面からの高さが80cm以下、また、代替進入口の場合は、直径1m以上の円が内接する開口部、または、幅75cm、高さ1.2m以上の開口部と規定されている。

2. 消防法の規定による消防活動用開口部

消防法では、建築物の地上階に避難上または消火活動上の有効な開口部がない場合は、無窓階として自動火災報知設備等の消防設備の設置基準が厳しくなる。　消防活動用開口部として有効な開口部がある地上階を普通階、避難上または消火活動上有効な開口部がない階を無窓階という。建築基準法の無窓居室とは違い、採光のための窓の有無や大きさとは関係がない。

3. 消防法における普通階（有窓階）の判定

普通階・無窓階の判定は「階」が判定の単位となるため、1階が普通階、2階が無窓階、3階が普通階といった場合は、階ごとに消防設備の設置基準が変わってくる。地下階は無窓階ではなく「地階」として防災設備設置の判定をする。普通階は無窓階と比べて、消防設備の設置基準が大きく緩和されるために、消防設備の設置費用は大きく低減される。

4. 普通階（有窓階）とは

① 11階以上の階にあっては、直径50cm以上の円が内接できる開口部の面

積の合計が、当該階の床面積の 1/30 を超える階。

② 10 階以下の階にあっては、直径 1m 以上の円が内接できる開口部、または幅 75cm 以上、高さ 1.2m 以上の開口部（大型開口部）を 2 以上有し、開口部の面積の合計が、当該階の床面積の 1/30 を超える階。

③ 消防活動用開口部は、有効内法寸法を確保し、床面から開口部の下端までの高さは 1.2m 以内であること。

④ 開口部は道または道に通ずる幅員 1m 以上の通路、その他の空地に面したもの。道路境界際に塀等の障害物がある場合は、隣地境界と同様に 1m 以上の有効幅員を確保する必要がある。

⑤ 開口部に格子やその他、避難を妨げるものがなく、かつ、外部から開放し、または容易に破壊して進入ができるもの。

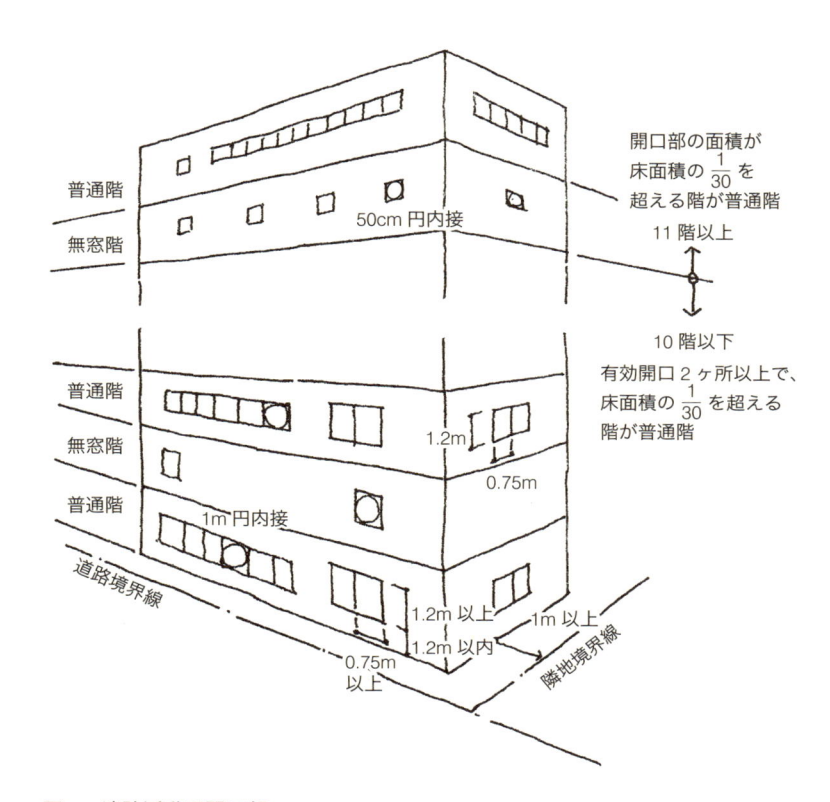

図 1　消防活動用開口部

設備全般

電気設備

空調設備

給排水設備

ガス設備

防災設備

昇降機設備

　大規模な建築物や高層建築物の消防用水として、複数の地下ピットを連通管で連結利用して消火水槽を構成する場合の貯水量の算定は、連通管による圧損計算を行い、消火水槽の容量を確保しなければならない。

1．消防用水とは

　消防法や都市計画法で規定された消防用水のうち、消防水利ならびに消防指定水利は消防隊が本格消火に使用する消防設備であり、消防用水は屋内消火栓、スプリンクラー、泡消火、屋外消火栓等で利用する初期消火用の消防設備である。

- ①**消防水利**とは、消防隊の消火活動に必要な多量の水を安定的に供給する市町村が設置し、維持管理している公設の消防水利。
- ②**消防指定水利**とは、公設消防水利だけでは不十分な地域などで、私有の池や井戸、水槽などを管理者の承諾を得て消防長または消防署長が消防水利として指定したもの。
- ③**消防用水**とは大規模な建築物や高層建築物については、消防用設備として防火水槽または貯水池などの用水の設置を義務づけたもの。

2．消火水槽（消防用水）の有効水量とは？

　消火水槽は建築物の規模に応じて、必要な有効水量が決められている。1個の消火水槽の有効水量は 20m³ 以上とし、地下ピットを連通管で複数接続して有効水量を確保してもよい。ただし、消火水槽を地盤面下に設ける場合は地盤面下 4.5m 以内の部分の水量が有効水量となる。

3．消火水槽の有効容量の算定

　消火水槽は必要有効水量を確定し、水槽寸法より水深を決定するが、複数の地下ピットを連通管で接続して消火水槽（地下ピット水槽）を構成する場合は、連通管による圧損計算を行った結果で有効水量、水位が決まる。有効水深はフート弁上部の吸込み開口から消火ポンプのサクション配管サイズの 1.65 倍の寸法分だけ無効となる。さらに連通管によりつながる2槽の水槽間

で水位差が生じ、その分だけ水上側水槽の有効水深が無効となるので、早期に有効水深の計算を行っておくことが重要である。

　消火水槽の有効水量算定のための圧損計算は、「消防用設備等の技術基準（全国消防長会中国支部編・第8次改訂版）」、「神戸市消防用設備等技術基準」（平成27年4月）、「京都市消防用設備等運用基準」（平成27年4月）等に準拠して計算すればよい。

●水位差の計算式　$H = \left(\dfrac{Q}{3.32\,A} \right)^2 = 0.09073\,\dfrac{Q^2}{A^2}$

A：連通管断面積（m²）

P：ポンプ水量（m³/min）

Q：連通管の流量（m²/s）$= \dfrac{P(\text{m}^3/\text{min})}{60} \times \dfrac{b(\text{m}^2)}{a + b(\text{m}^2)}$

g：重力加速度 9.8（m/s²）

H：水位差（m）

a：ポンプ側水槽面積（m²）

b：隣接水槽面積（m²）

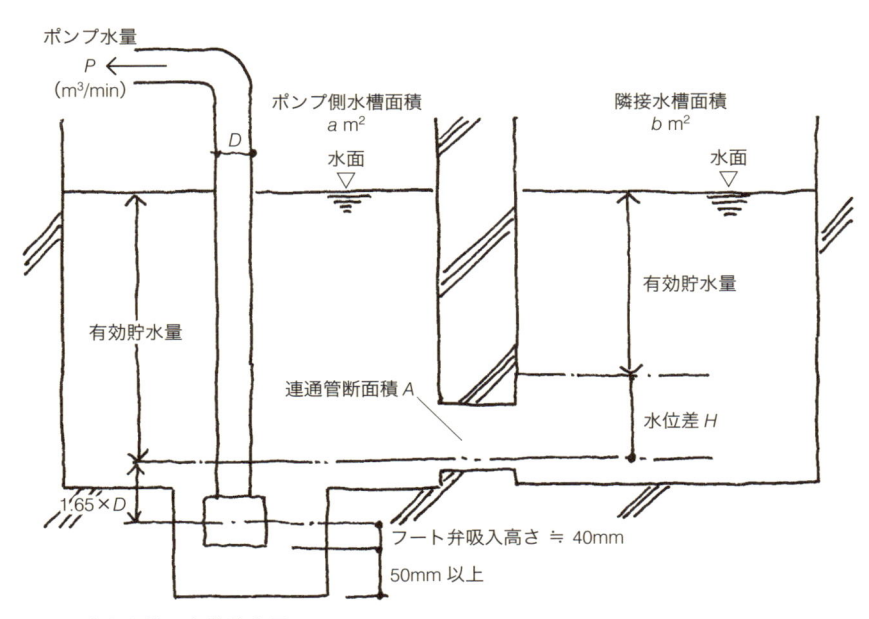

図1　消火水槽の有効貯水量

設備全般

電気設備

空調設備

給排水設備

ガス設備

防災設備

昇降機設備

　集合住宅の屋内消火栓は屋外避難階段の近くに設置されることが多い。避難通路に面して設置される場合は、避難の妨げにならないように、十分検討をする。

　屋内消火栓は、消防隊が到着するまでの間、建物内の居住者や就労者など、いわゆる自衛消防隊が初期消火で使用する消火設備である。屋内消火栓は、扉を開いてホースを伸ばして使用する。消火栓ボックスには非常電話などの通信機器が納められている場合もある。そのような消火活動の中、居住者は避難階段を使用して避難をする。屋内消火栓による消火活動が避難の妨げにならないように、十分検討して屋内消火栓の設置位置及び扉の開き勝手を決定する。

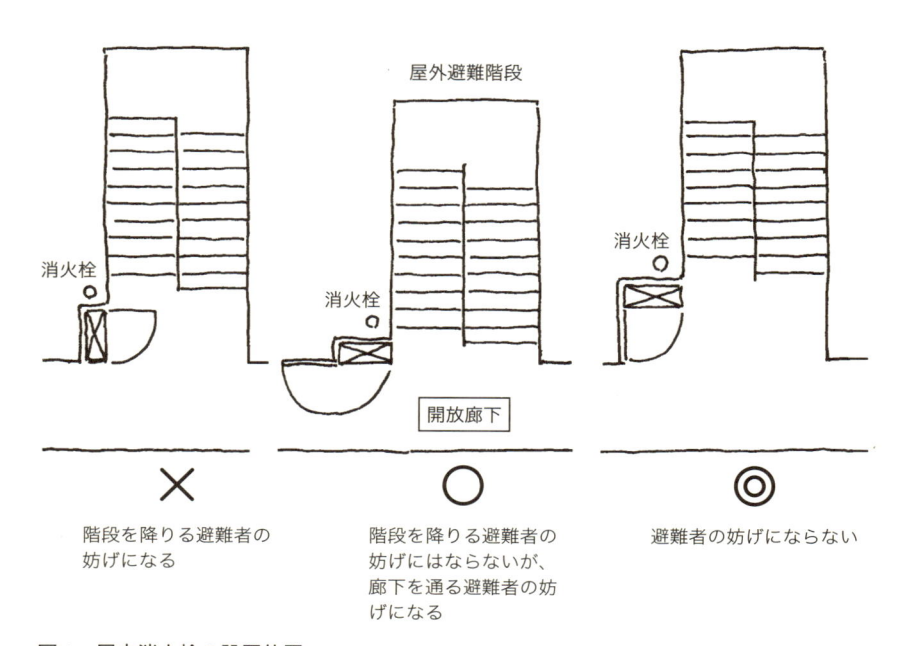

図1　屋内消火栓の設置位置

消火器は普段から目につく場所に置く　6　防災設備との接点

　消火器が目立たないところに置いてあり、いざという時に消火器がどこにあるかわかりにくいことがある。非常時でもすぐに消火活動に使えるように、わかりやすい位置に設置すること。

　消火器の目的は初期火災の抑圧、消火であり、ほとんどの火災は初期消火の段階で消火できるか否かで、被害の大小が決まる。
　消防法では防火対象物（用途や規模）によって消火器の設置台数が決められている。原則として、防火対象物の階ごとに、歩行距離20m以内ごとに設置する。意匠を考慮して目立たない場所に設置したため、いざという時に消火器がどこに置いてあるかがわかりにくいことがある。目立つところに設置するようにとは規定されていないが、人命に関わる重要なことなので、玄関やエレベーターホールの近く、廊下の突き当たり、部屋の入口近くなど、日常、目につくわかりやすい場所に設置することが大事である。歩行距離とは別に、防災センターや事務所、集会所などの重要な部屋には自主的に設置したい。

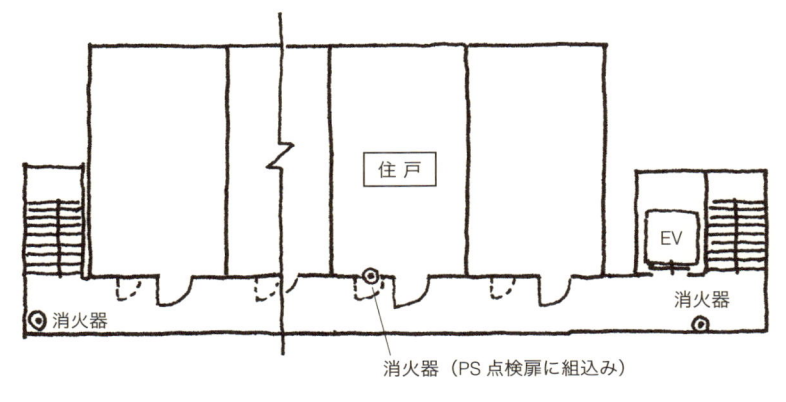

図1　消火器の設置場所

一定規模の建築物には、消防法や建築基準法で防災設備の設置が義務付けられており、非常時に商用電源が遮断されても運転ができるように、3ヶ月に1回、定期的に運転して非常時に正常に作動することを確認することが義務付けられている。非常時に法的に義務付けられている時間を非常用発電機が運転できるだけの燃料を確保しなければならない。

1. 非常用発電機への燃料搬入経路を確保する

非常用発電機が建物内に設置される場合は、エレベーターあるいは階段で発電機室までの経路が確保されているが、屋上に設置された場合で、屋上への経路が屋上点検ハッチ、またはタラップしかない場合は、燃料供給が困難となる。容易に燃料供給ができるように経路を確保する必要がある。非常用発電機の燃料の大半は重油で、燃料タンクへは一斗缶で補給するのが一般的である。

2. 非常用発電機の燃料

非常用発電機の燃料はA重油、軽油または灯油が使用され、燃料の備蓄容量は法で定められた運転に必要な容量に、維持メンテナンス時の運転に必要な容量を加算したものが必要である。防災設備の予備電源としての非常用発電機はコスト面で、専用の燃料供給ポンプを設けないのが一般的である。

燃料の備蓄量により少量危険物貯蔵所に該当する場合は、所轄消防署への届出が必要である。

3. 非常用電源の確保は消防法や建築基準法で規定

商用電源が遮断されても避難や消火活動に必要な防災設備を稼働させる非常用電源は、消防法（屋内消火栓、スプリンクラー、消防排煙設備）や建築基準法（非常用電源、排煙設備、非常用EV）で規定されている。火災が発生し防災設備に電源供給が行われなかった場合は、人命に関わる重篤な事態につながるため、日常点検が義務付けられている。事業者が業務継続のために、必要な業務用電源の予備電源としての保安用電源を設置する場合には、

電気設備基準の規定が適用される。

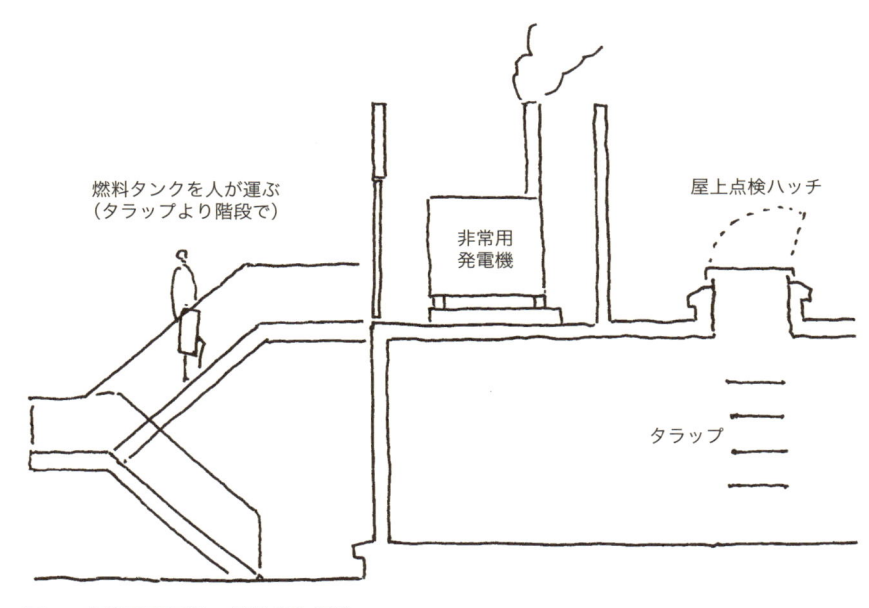

図1　非常用発電機の燃料搬入経路

　非常用発電機の燃料としてオイルタンクが設置されるが、非常用発電機は普段使用されないので、点検がおろそかになっている場合がある。経年変化により、タンクや配管の劣化で油漏れする場合がある。

　オイルタンクの油漏れは、いつ起きるかわからない。油が漏れると危険であることは言うまでもない。万が一漏れても周囲に広がらないようにタンク設置位置で漏れたオイルを受け止めたい。そのために防油堤の高さはオイルタンク1杯分を受け止めるだけの容量（高さ）とする。これは法令により定められているので、規定を遵守すること。油漏れ警報器を設置すると良いが、日常の点検が大事である。

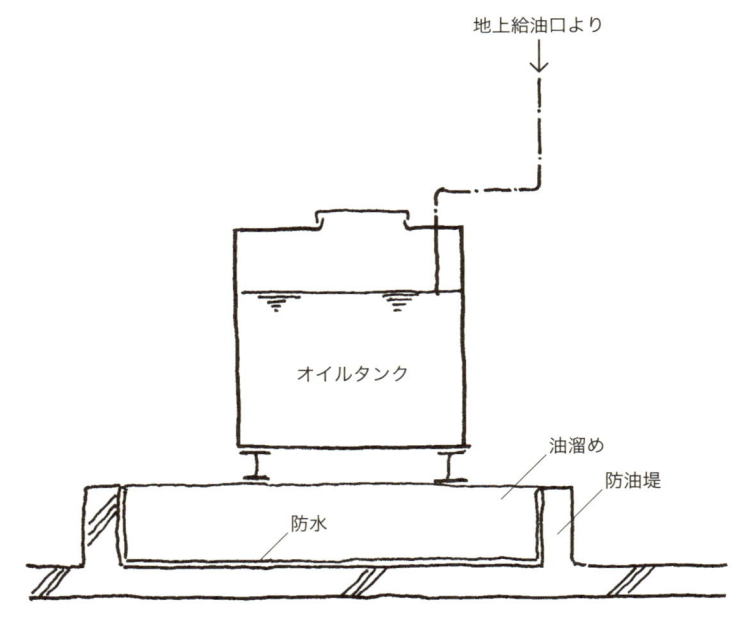

図1　オイルタンクの油漏れ対策

　消防指導により低い天井や階段下などにスプリンクラーヘッドを設ける場合がある。そのような低い位置に設置したスプリンクラーヘッドに誤って接触したり、物をぶつけてスプリンクラーを放水させることがある。

　階段下や物入れの天井等、手が届く低い位置で接触の恐れのある部分にスプリンクラーヘッドを設置する場合は、スプリンクラーヘッドに防護カバーを取り付け、接触放水のないようにしたい。

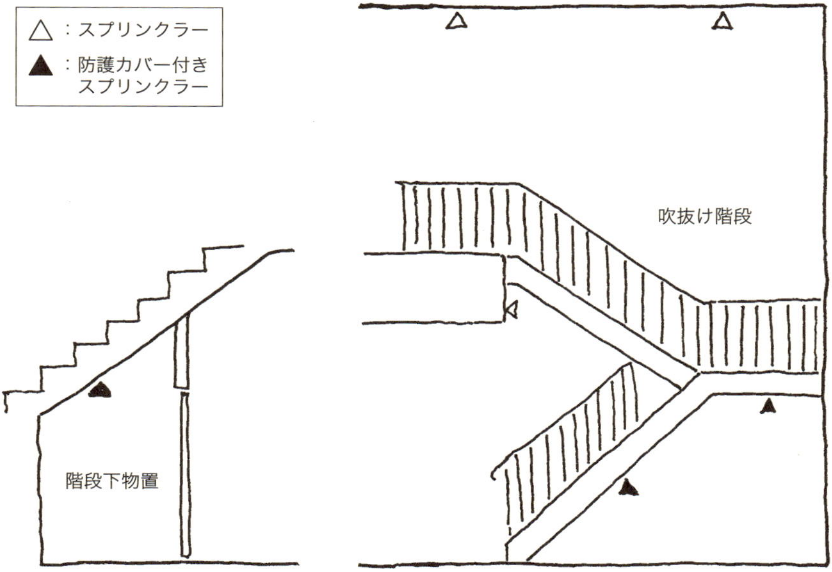

△：スプリンクラー

▲：防護カバー付き
　　スプリンクラー

吹抜け階段

階段下物置

図1　防護カバー付きスプリンクラー

　大気中で発生した雷は建物を直撃して外壁等を破壊する。また、建物内部に侵入した誘導雷は絶縁破壊を引き起こし、建築設備に障害をもたらす。

1.　側撃雷からの保護対策

　避雷設備は雷撃の損傷を最小限に抑えることができても、落雷は防げない。

　建物の高さが60mを超えると、建物のコーナー部や集合住宅の最上部バルコニー屋根庇の先端部は避雷設備の保護角内であっても側撃雷からの保護対策が必要である。棟上げ導体を設けることが望ましい（図1①）。

2.　避雷設備設置の留意点

①建物高さが60m以上になると旧JISの避雷針では側撃雷による落雷は防げないので、新JISの基準により避雷設備を設置する。

②屋上に塔屋等の屋上突出物がなければ、200m²以内のメッシュ形状で棟上げ導体を敷設する。棟上げ導体の保護範囲は導体から水平距離で10m以内である。

③パラペットコーナー端部は保護範囲から外れやすいので、棟上導体は端部から突き出すように設置する必要がある（図1②）。

④金属笠木や屋上外周部に設けられた金属手摺りは、相互に電気的に接続すれば棟上げ導体として使用できる。メンテナンス用のタラップや鉄骨階段が棟上げ導体より突出する場合は、棟上げ導体に電気的に接続し保護をするとよい（図2①）。

⑤近くに落ちた雷が配電線や通信線を通じて建物内に侵入し、電子機器の誤動作や建築設備の障害を引き起こす。電子機器の保護のためサージ保護デバイス（SPD）の設置が必要となる。

⑥屋上の設備機器と避雷導体との離隔距離は1.5m以上確保する。屋上が狭くて離隔距離を確保するのが困難な場合は接地極（ボンドアース）を設ける（図2②）。

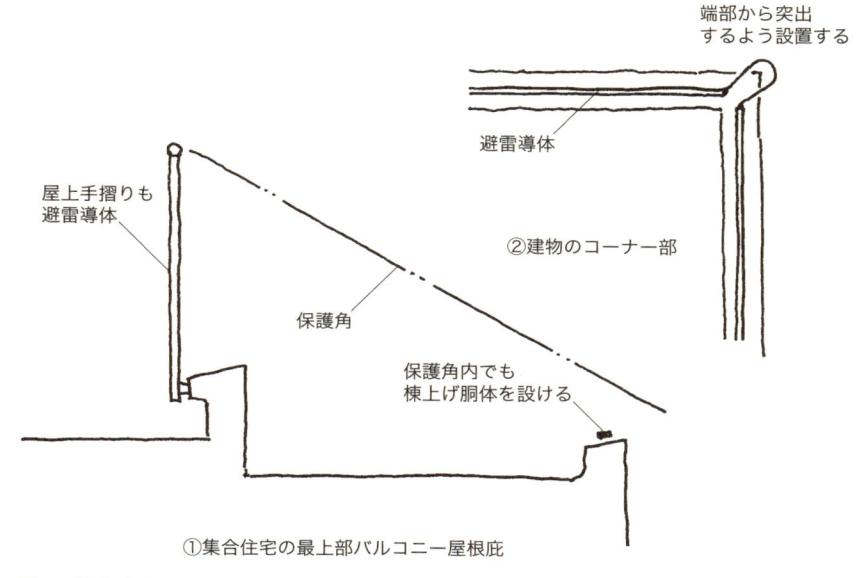

端部から突出
するよう設置する

避雷導体

②建物のコーナー部

屋上手摺りも
避雷導体

保護角

保護角内でも
棟上げ胴体を設ける

①集合住宅の最上部バルコニー屋根庇

図1　建物高さ60m以上の場合

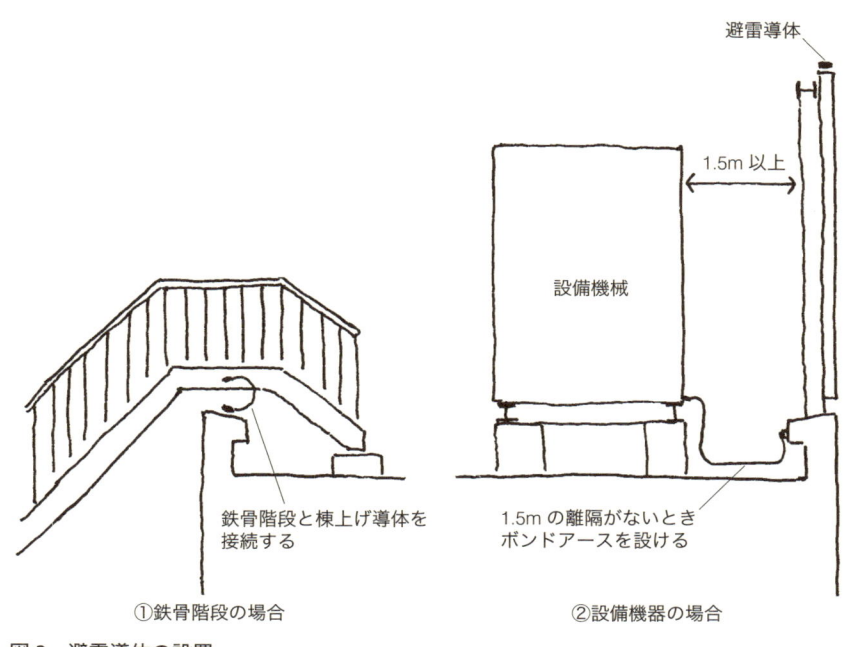

避雷導体

1.5m 以上

設備機械

鉄骨階段と棟上げ導体を
接続する

1.5m の離隔がないとき
ボンドアースを設ける

①鉄骨階段の場合

②設備機器の場合

図2　避雷導体の設置

設備全般

電気設備

空調設備

給排水設備

ガス設備

防災設備

昇降機設備

避雷設備の受雷部材に、銅製や鉄製を使用すると、その受雷部から緑青や錆が発生し外壁を汚す。

避雷設備を構成する受雷部に使用する材料は、JIS A 4201 に規定された「避雷設備」に準拠した銅またはアルミが主流で、鉄もある。緑青や錆の発生により外壁を汚す恐れのある銅製や鉄製の材料は避け、アルミ製の避雷導体を使用すること。

棟上げ導体の一部として受雷部に鉄製の笠木やパイプ手摺りを使用する場合も、風雨にさらされて、経年劣化により錆が発生する。それが外壁を伝い汚す。

〈留意点〉

①銅撚線は緑青が発生し外壁を汚すため、棟上げ導体に使用することは避ける。JIS A 4201 の規定により、アルミ撚線、または、アルミフラットバー（FB）を採用する。

②鋼製手摺り等を受雷部として使用する場合は、JIS A 4201 に規定された構造体利用「受雷部鋼製部材」を使用し、錆止め処置を行うこと。亜鉛メッキしたものも、受雷部として使用できる。

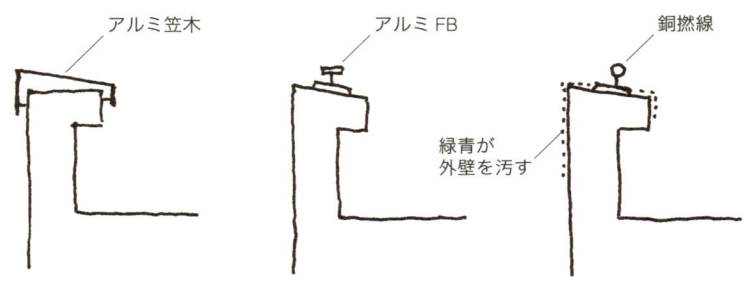

アルミ笠木   アルミ FB   銅撚線

緑青が
外壁を汚す

図1　棟上げ導体

　屋上に設置された避雷突針は、強風時には風圧により突針の振動が躯体を伝搬し、下階の居住者に不快感を与え、体調に変調をきたすという振動公害を起こすことがある。

　避雷突針の支持固定方法には、自立型と側壁型の二つのタイプがある。自立型避雷突針が全長 6m を超えると、強風時の揺れで躯体に共振して、下階の居住者に不快感や振動公害を与える。集合住宅では受雷部は棟上げ導体にすることを推奨する（図1①）。

　側壁型避雷突針の場合は、支持固定方法を確実に施工すれば躯体への振動の伝搬は抑えることができる（図1②）。

　避雷突針に対する風圧荷重は、建築基準法の定めによる地域係数により設計し、必ず構造設計者と協議して支持固定方法の詳細を決定する。

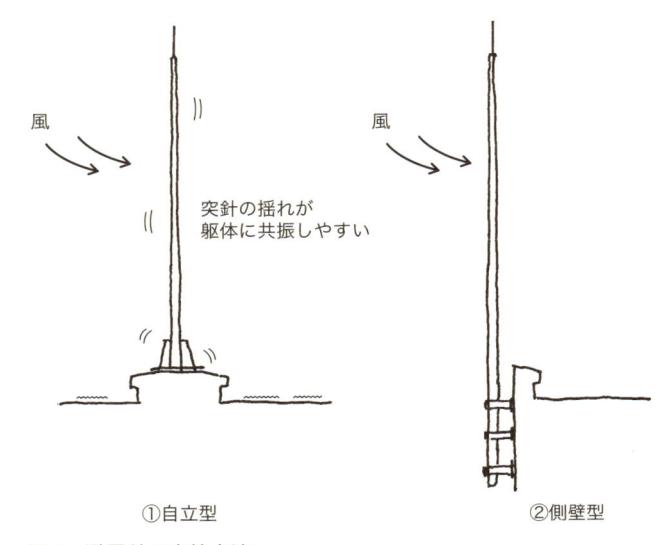

風

突針の揺れが
躯体に共振しやすい

風

①自立型　　　　　②側壁型

図1　避雷針の支持方法

設備全般
電気設備
空調設備
給排水設備
ガス設備
防災設備
昇降機設備

エレベーターの設置工事は、建築基準法及び同法関連法令『昇降機技術基準の解説』（日本建築設備・昇降機センター、日本エレベーター協会）等の基準を遵守し、確認申請が必要である。

1. 建築で行うエレベーターの関連工事

エレベーターの設置工事に伴い、建築基準法で規定されている、建築で行う関連工事がある。

①昇降路の壁は耐火構造とする。

②昇降路の開口面積、ピット深さ、頂部隙間は必要寸法を確保する。

③自動火災報知設備を設けた建物は、昇降路に煙感知器を設置する。

④ピットに地下水の浸入の恐れがある場合は、防水工事をする。

⑤ピットには必ず点検用タラップを設ける。

⑥エレベーター昇降路内には雨水を入れない。乗場に向かって強風・風速7m/秒以上が吹く場合は、防風対策が必要。

⑦昇降路内の温度は、$-5 \sim 40$℃以内に保つ。

⑧昇降路頂部には吊りフックが必要。

2. シースルーエレベーター

シースルーエレベーターには建物内部吹抜け空間に設けるものと、建物外壁に添わせて設置するタイプがある。

①建物内部吹抜け空間のみに設置するシースルーエレベーター

建物内部吹抜け空間のみに設置するシースルーエレベーターの昇降路は、「防火避難規定の取扱い」（国土交通省）で、吹抜け空間と一体として扱われるため、耐火構造の壁で区画する必要はない。エレベーター昇降路が吹抜け空間より、上階の部分、または下階の部分へつながった部分は、耐火構造の壁で区画する必要がある。

②建物外壁に沿わせて設けるシースルーエレベーター

建物外壁に沿わせて設置するシースルーエレベーターの昇降路は、「防火

避難規定の取扱い」で外壁の窓の扱いとなり、耐火構造の壁で囲う必要はない。延焼の恐れのある範囲に設置する場合は防火措置が必要である。

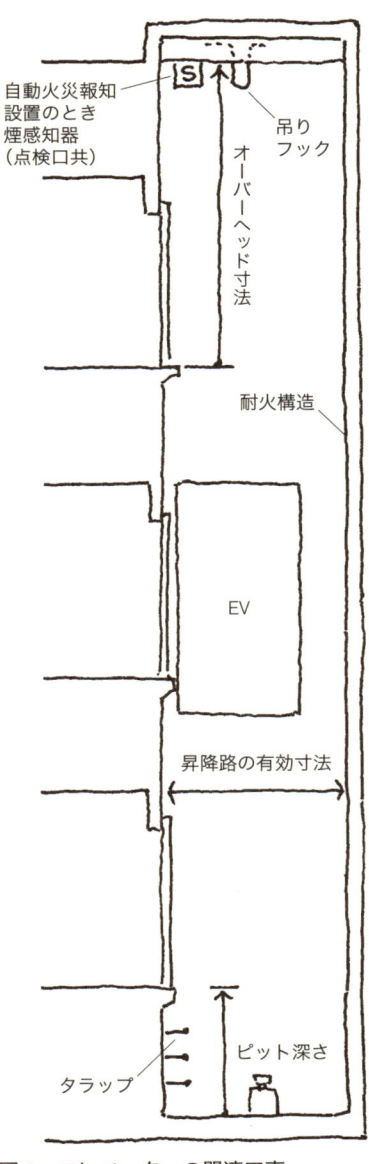

図1　エレベーターの関連工事

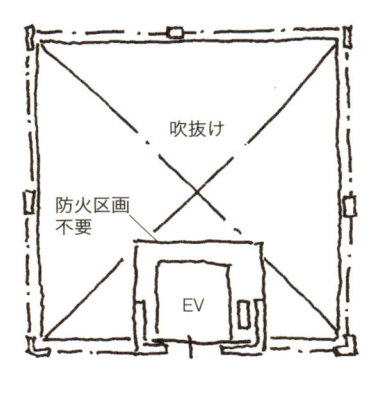

図2　吹抜け空間のみに設置する
　　シースルーエレベーター

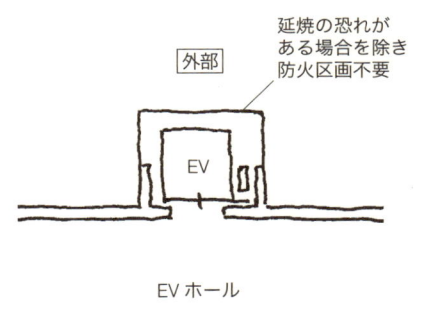

図3　外壁に沿わせたシースルー
　　エレベーター

設備全般

電気設備

空調設備

給排水設備

ガス設備

防災設備

昇降機設備

エレベーターピットの湧水対策　　　　　　　

　建築基準法では、エレベーターピットへの地下水の浸入の恐れがある場合は、湧水対策としてエレベーターピットを防水するように規定している。敷地内の地下水位の常水面を確認し、エレベーターピット底が常水面より低い場合は、地下水の湧水対策を行う。地下水位は年間で上下するので高い位置で検討する。

1. エレベーターピットの湧水対策

　エレベーターピット内へ地下水を浸入させてはならない。地下水の湧水が多いところでは、エレベーターの運行や定期点検に支障をきたす。エレベーターピットに湧水が浸入すると、エレベーターの定期点検時に手で汲み出すことになる。エレベーターピット内部を塗膜防水する場合が多いが、外側からの水圧に対して防水効果は少なく、湧水対策を設計段階で考えて処置をしておかなければならない。

【エレベーターピットへの湧水対策】（図1）

　①地下水位が高い敷地では、地下外周壁から離してエレベーターピットを計画する。外周壁に接して設ける場合は、地下外周壁は二重壁とする。

　②エレベーターピットの底版は透水マットを挟んだ二重床とする。地下外周壁に設けた二重壁への浸入水もここへ誘導して排水をする。

　③エレベーターピットの周囲の底版をエレベーターピットより深くして、湧水を集める集水ピットを設ける。

　④エレベーターシャフト地下部分は湧水対策として外防水で施工することが望ましい。

2. エレベーターピットと他の水槽は空ピットを介して

　湧水対策だけでなく、隣接した水槽からの漏水がないようするため、エレベーターピットと消火水槽や汚水槽などの水槽とは隔離して計画をする。エレベーターピットと水槽との間に空ピットを設けるとよい。関連して、汚水槽も周囲は空ピットにする方が衛生上安心である（図2）。

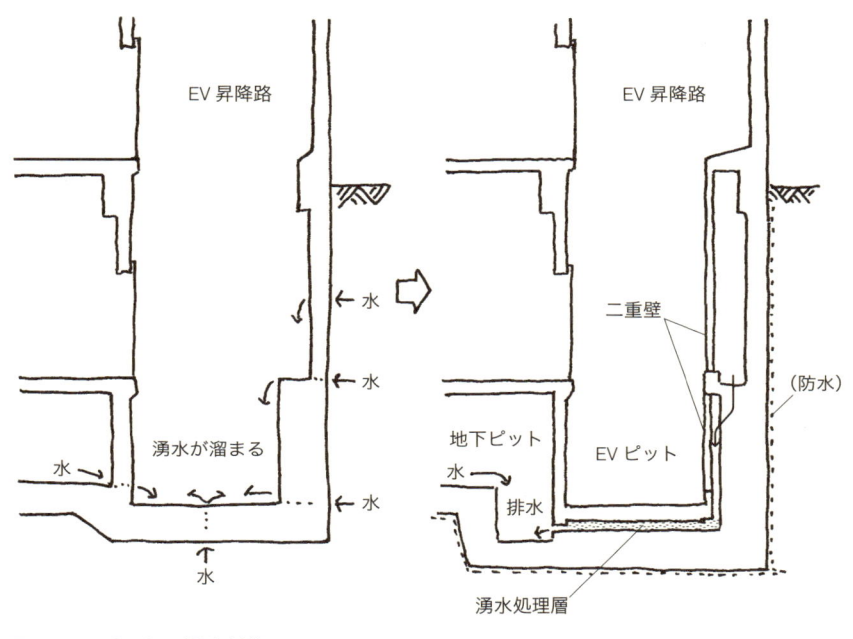

図1　EVピットの湧水対策

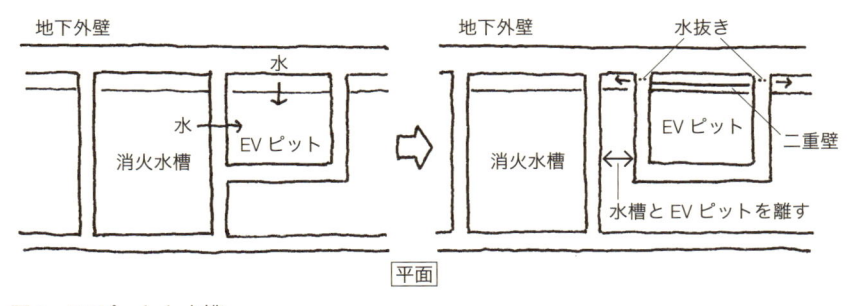

平面

図2　EVピットと水槽

設備全般

電気設備

空調設備

給排水設備

ガス設備

防災設備

昇降機設備

　集合住宅の共用部開放廊下に面してエレベータを設けたり、公共歩廊等の屋外に面してエレベータの乗降口を設ける場合、防風スクリーン等で浸入水対策をしないと、豪雨の時にはエレベータシャフト内に雨が吹き込み、ピット内に雨水が浸入する。

1. 集合住宅の開放廊下に設けたエレベーターへの雨水浸入防止対策

　中間階の開放廊下に面してエレベーターを設置する場合、豪雨時に雨水が開放廊下へ吹き込み、風による押し水でエレベーターシャフト内へ雨水が浸入することがある。エレベーター乗場の床は開放廊下から水勾配 1/50 程度確保し、エレベーター扉前には排水溝を設けて雨水の浸入を防ぐ。エレベーター扉の周囲は袖壁や防風スクリーン等で雨が吹き込まないようにする。1階（接地階）のエレベーター乗場床は、敷地地盤面より高くし雨水の浸入を防ぐ。最近は、予期せぬゲリラ豪雨が発生し、各地で水の被害が多発している。敷地が傾斜地になっている場合は、集中豪雨時に道路からの越流水により、1階エレベーター乗り場床が冠水する恐れがある。降雨量は安全率を高めて雨水排水計画をし、エレベーター乗場の床高さを設定するとよい（図1）。

2. 公共歩廊等に設けたエレベーターへの雨水浸入防止対策

　エレベーターを公共歩廊に設けたり、建物の屋上外部に面して着床させる場合は、直接エレベーター扉に風雨が吹き付けることがないように対策が必要である。エレベーター乗場出入口上部には庇を設け、袖壁や防風スクリーンで囲う。エレベーター乗場出入口の高さは周囲床仕上げ面から高くし、エレベーター扉前には排水溝を設けて押し水による雨水を排水する。エレベーター扉下枠は防水層を巻き上げて止水ラインを確保し、シャフト内への雨水の浸入を防ぐ（図2）。

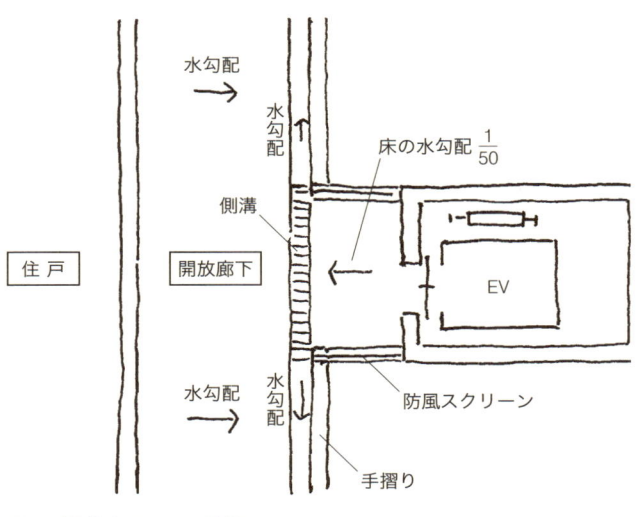

図1　開放廊下の EV 乗場

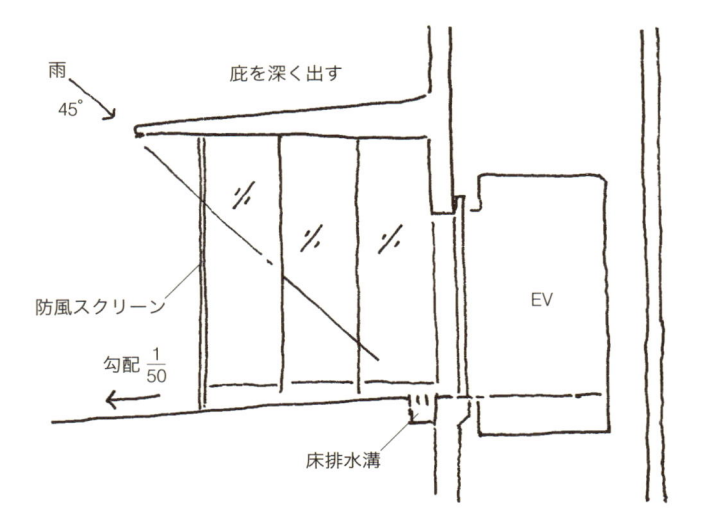

図2　屋外の EV 乗場

設備全般

電気設備

空調設備

給排水設備

ガス設備

防災設備

昇降機設備

　吹抜け空間がある中高層建物では、風除室の自動扉やエレベーター扉の隙間からピューという風切音がする。建物内にある外開き扉が開けにくい、内開き扉は閉まりにくい。逆に勢いよく閉まって危険である。また、扉を開けると強風が吹き込むなどの現象が起きることがある。

1. エレベーターシャフトは煙突効果によるドラフトが発生する

　中高層ビルに吹抜け空間を設けた場合に、暖められた空気が上昇し、それに伴って下層階の気圧が低くなる現象が起きる。冬期には、建物内外の温度差や外気との圧力差が生じ、エレベーターシャフトや、階段室、アトリウムなどの吹抜け空間に上昇気流が生じる「煙突効果」によるドラフトが発生する。建具まわりの隙間に風が流れ込み、風切音の発生や扉の開閉が困難となる。

2. ドラフト現象の防止策

　ドラフト現象の防止策としては、建物内外の圧力差をなくすことである。

　建物出入口に風除室を設け、扉を二重にしてバッファゾーンを設けるのが、最も一般的な対策である。しかし、通勤時間帯のように出入りする人の数が多くなると、風除室の扉が内外2枚とも同時に開け放された状態となり役に立たない。回転扉（リボルディングドア）は、多くの人が出入りしても外気が吹き込まず、冷暖房した空気の入れ替わりが少なくエネルギーロスも少ない。回転扉は、内外の圧力差がどんなに高くても、扉を回転させる力は変わらない。多数の人が同時に出入りできるように大型化、自動化したものもある。火災時の避難のためには、回転扉に隣接して開き扉が必要となる。

3. 空調設備によるドラフト防止策

　空調設備に頼って完璧な防止策はできないが、まず、エレベーター機械室の排気量を制御もしくは給気過多となるように計画する。

　侵入する隙間風の量を減らすには、エレベーター機械室内を正圧に保つことが重要となる。

　換気設備の停止も考慮して換気設備連動ダンパーの設置を推奨する。

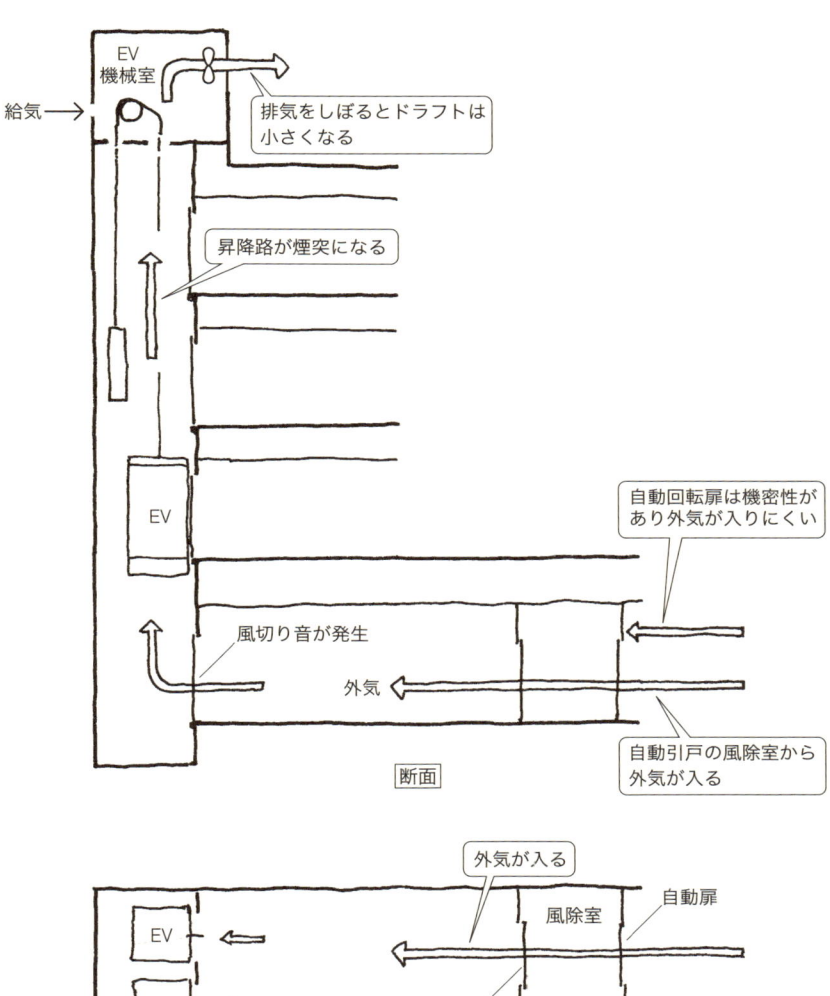

設備全般

電気設備

空調設備

給排水設備

ガス設備

防災設備

昇降機設備

図1　エレベーター昇降路のドラフト

エレベーター機械室は、電動機、抵抗器等の発熱で室温が高くなり、機器の機能・性能に影響を与え、夏期には保守・検査にも支障をきたす。室温を 40℃ 以下に保持できるように、換気設備または空調設備を設けるように『昇降機技術基準の解説（2016 年版）』（日本建築設備・昇降機センター、日本エレベーター協会）で技術指針が示されている。機械室レスのエレベーターも同様に、夏期の日射による昇降路内の温度が上昇する恐れがある場合は 40℃ 以下に保持するように規定している。エレベーターカゴにクーラー等の大きな電力を消費する機器を設置する場合は、その機器の放熱量も考慮する。

1．エレベーター機械室は室温 40℃ 以下に保持する

昇降路が外部の日射や外気温の影響を受けやすい構造である場合は、昇降路内の温度上昇を抑えるための換気設備、または空調設備が必要である。昇降路内の最頂部温度が上昇し 40℃ 以上になると、秤装置等安全装置が作動してエレベーターを停止させる。

2．機械室レスエレベーターの場合

機械室レスエレベーターの場合、駆動装置（巻上げ機）等が昇降路内に設けられているが、駆動装置による温度上昇が 7℃ 以下の場合で、昇降路内温度が 40℃ 以下に保持できる場合は、換気設備、または、空調設備は不要である。

3．シースルーエレベーターの場合

シースルーエレベーターの場合で昇降路の外壁面が全面ガラスで構成されている場合は、夏期には日射や外気温の影響を受けて昇降路内温度が 40℃ 以上になることがある。その場合は駆動装置や制御装置が昇降路内に設置されるため支障をきたす。昇降路内温度を 40℃ 以下に保持するために換気設備や空調設備が必要となる。夏期には昇降路下部の換気口から外部空気を取り入れて、昇降路頂部の換気口から暖められた空気を逃がす第 3 種機械換気または自然換気が有効である。

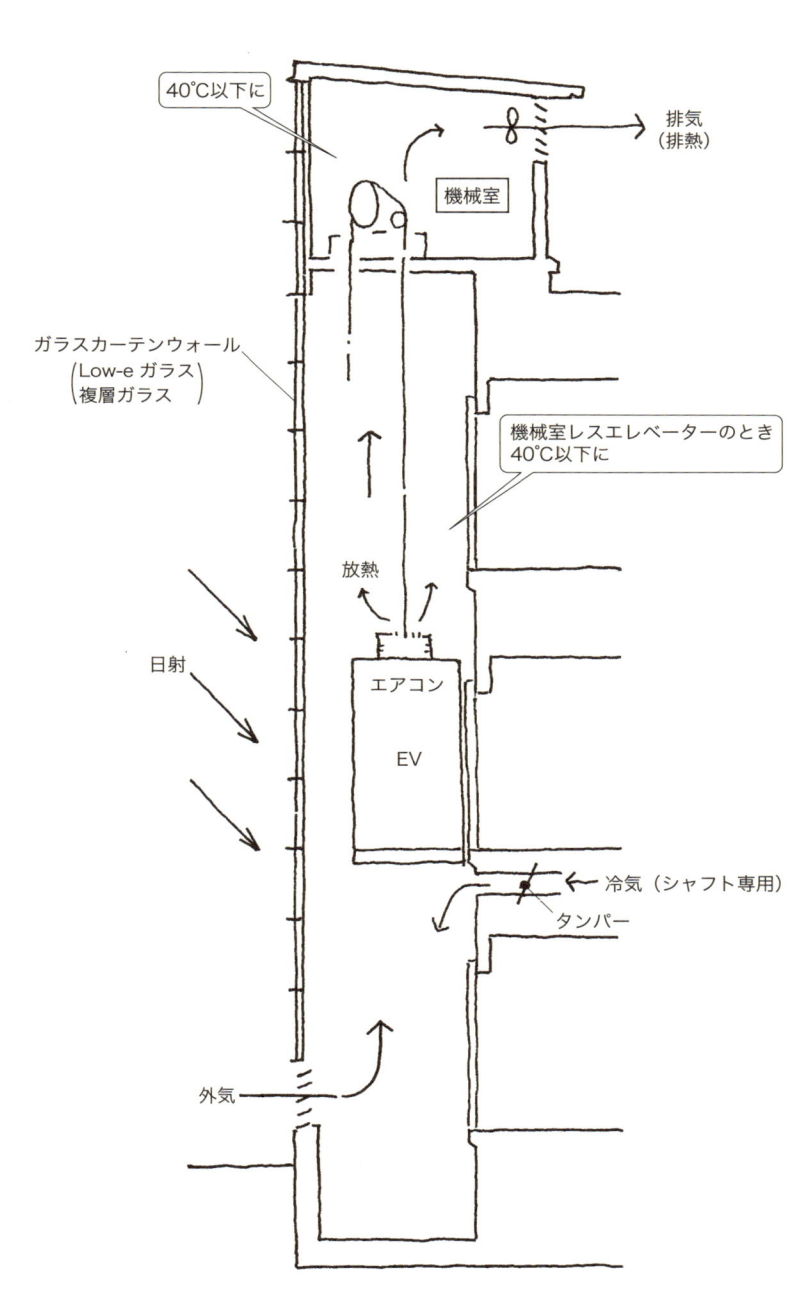

設備全般

電気設備

空調設備

給排水設備

ガス設備

防災設備

昇降機設備

図1 エレベーターの昇降路

集合住宅の場合、居住空間は静かな環境のために、エレベーターの巻上げ機や制御盤などの機器の振動やカゴ・カウンターウェイトの走行時の振動が建築躯体を伝搬し、住戸へ伝搬する。エレベーター機器の大型のものや高速エレベーターを採用すれば、居室騒音レベルはさらに増大する。機械室レスのエレベーターの場合は、騒音・振動は少ないが、巻上げ機の設置位置に近い住戸へは振動が躯体を伝播する。

1. 集合住宅のエレベーターは別棟に

エレベーターは原則、別棟とする。開放廊下を介してエレベーターを配置し、開放廊下と昇降路は EXP. J で絶縁する。計画上、別棟にできない場合は、昇降路や機械室は居住空間とは極力距離を設け、居住空間と昇降路との間に、パイプスペースやトイレ、ユニットバス、洗面、キッチン等で緩衝ゾーンを設けるとよい。

2. 躯体伝搬する振動音が問題となる

エレベーターが走行する時には、カゴやカウンターウェイトの走行音が発生する。カゴが昇降路内を走行することにより発生する風切音や階床通過音は、昇降路をできるだけ広く確保するとともに、梁などの出張りをできるだけなくすことで抑えることができる。

問題となるのは、エレベーターの走行音より、巻上げ機や制御盤などから発生する振動が躯体伝搬する振動騒音である。住戸居室に対する振動騒音の有効な対策は、住戸居室と昇降路が接する場合は、住戸の壁・床・天井は絶縁して防振仕様とすることである。

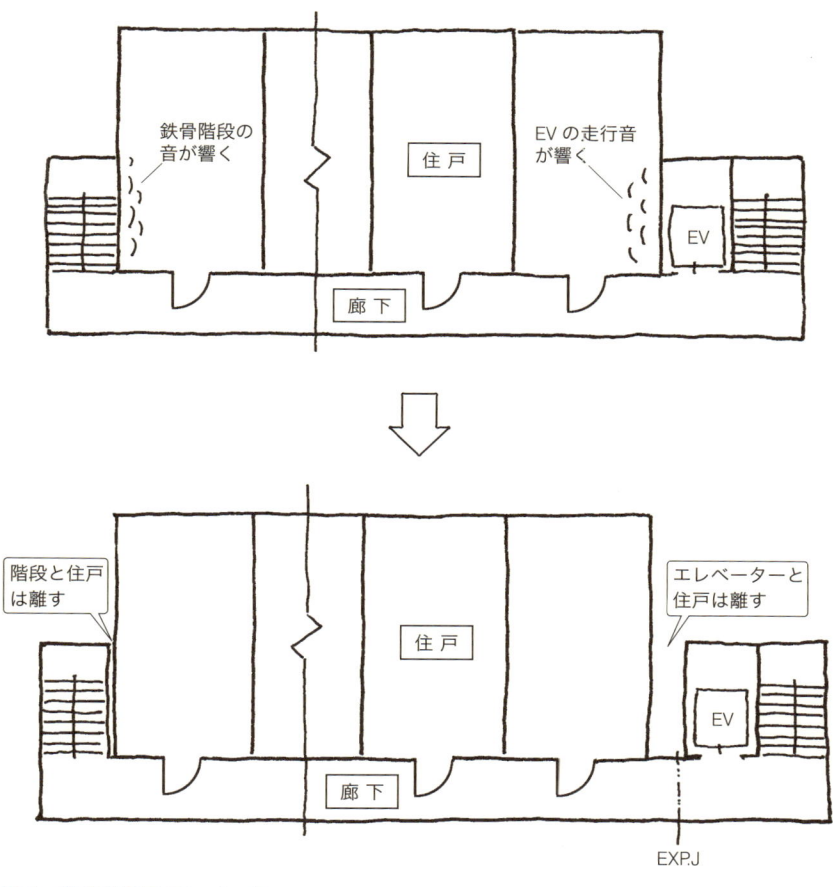

鉄骨階段の
音が響く

住戸

EV の走行音
が響く

EV

廊下

階段と住戸
は離す

住戸

エレベーターと
住戸は離す

EV

廊下

EXP.J

図1　集合住宅のエレベーター

設備全般

電気設備

空調設備

給排水設備

ガス設備

防災設備

昇降機設備

エレベーター乗降ロビーでエレベーターカゴ位置を表示する方法に、インジケーター方式とホールランタン方式がある。インジケーター方式は、設置された複数台のエレベーターのそれぞれのカゴが、どの階にいるかを表示する。ホールランタン方式は、カゴの上下移動の方向は表示するが、今どの階にカゴがいるかは表示しない。どちらの方式を採用するかは、建物の規模、用途により決められる。

1. エレベーター群管理システムとは

　一つの建物に複数台のエレベーターを設置する場合は、コンピュータで群管理されるのが一般的である。利用者が乗場でボタンを押したときに、各エレベーターの位置や乗車率から消費電力を推定して、運行効率と省エネを両立するエレベーターカゴを選び、配カゴをコントロールすることで、待ち時間を短縮し、スムーズな運転を実現する。

2. ホールランタン方式

　ホールランタン方式とは、乗降ロビーにそれぞれのエレベーターごとに、上昇中か降下中かのみをホールランタンで表示する。不特定多数の人が利用する業務ビルでは、運行効率や省エネの観点からエレベーターを群管理するのが一般的で、群管理されたエレベーターは、コンピュータ制御で最寄り階を素通りしていくこともある。ホールランタン方式はエレベーターのカゴ位置を表示せずに待つ人のイライラ感を和らげている（図1①）。

3. インジケーター方式

　病院では乗用エレベーターと医療専用エレベーターとに分けるのが一般的であるが、中小の病院の場合は、建物規模の関係から、区別せずに2〜3台を兼用で設ける場合がある。ホールランタン方式を採用した場合は、エレベーターのカゴ位置が表示されないために、待ち時間がどれくらいになるか判断できない。医師等の医療従事者が緊急で移動しなければならない時に、エレベーターカゴ位置が表示されていれば、エレベーターを待つべきか、階段

を利用すべきかの判断ができる。建物用途が病院の場合は、インジケーターの要不要やエレベーターの制御方式について十分に協議をして決める必要がある（図1②）。

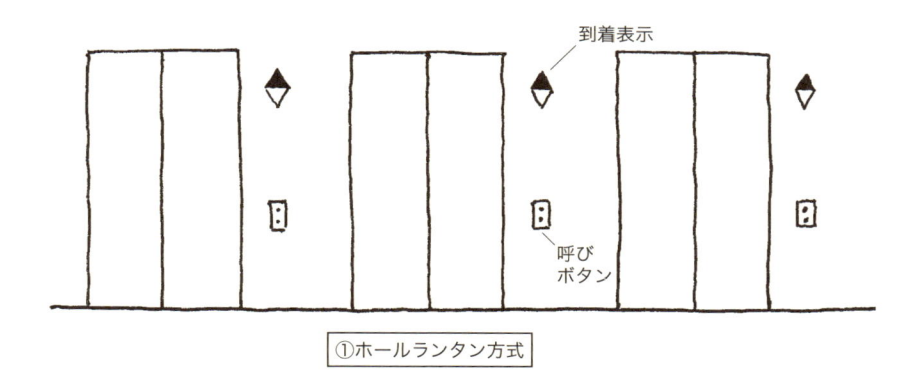

①ホールランタン方式

到着表示

呼びボタン

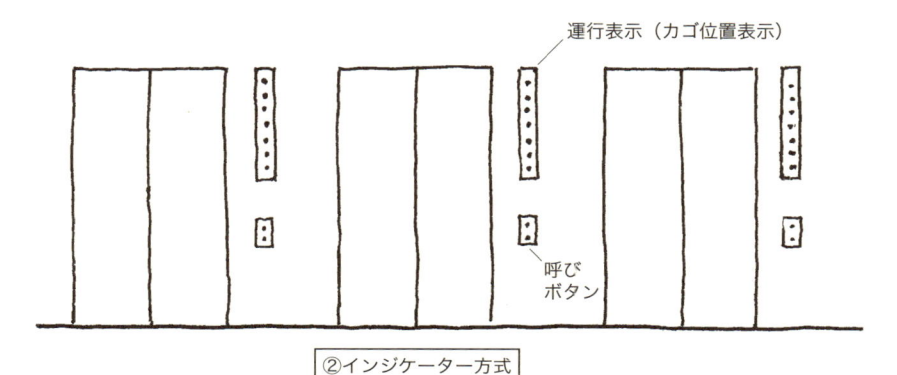

②インジケーター方式

運行表示（カゴ位置表示）

呼びボタン

図1　エレベーターの表示

設備全般

電気設備

空調設備

給排水設備

ガス設備

防災設備

昇降機設備

　子どもやお年寄りが乗り降りの時に躓き転倒したり、エスカレーターの移動手摺りと建物との隙間に挟まれたり、衝突する事故が起きる。東日本大震災後の余震でショッピングセンターのエスカレーター本体が落下する事故も発生した。

1. 人にやさしいエスカレーター

　エスカレーターの昇降スピードについては、駅や病院等の不特定多数の人が利用する施設に設置する場合、規格型の標準スピード 30m/min の機種を採用するのではなく、転倒防止や安全対策を施した 15 ～ 20m/min のスピードの仕様の機種を採用する。お年寄りや子どもにやさしい、乗込みステップの長いものや、車椅子に座ったまま昇降させる(2 枚以上の踏み段を同一面に保ち車止めを設ける) タイプも開発されている。屋外に設置するエスカレーターは屋根があっても、雨の吹降りにより床が濡れ滑って転倒する恐れがある。乗降場の床は水切りを配慮した仕上げ材とし、床排水を確実に行う必要がある。

2. 安全対策

　建築基準法で安全対策を義務付けているが、それに付加して建物用途に応じた運用上のソフト対策も組み合わせて実施することを検討する。エスカレーターの勾配に応じて踏み段の定格速度も定められている。詳細は国交省告示第 1417 号（建築基準法第 129 条の 12 第一号及び第五号）を参照。

【エスカレーター乗降場付近の転落防止策】

　2 台並ぶエスカレーターの隙間には転落防止塞板や誘導手摺りを設置する。

【エスカレーター利用中の転落防止策】

　①吹抜けに設ける場合には、エスカレーターに沿わせて、転落防止スクリーン（透明ポリカーボネート製、高さ 1500mm 程度）を設ける。

　②2 台並ぶエスカレーターの隙間には、転落防止用の安全板を設置する。

【子どものいたずらによる事故防止】

　移動手摺りへの駆け上がり防止板の設置をする。

3. 地震時のエスカレーターの脱落防止

　エスカレーターの支持トラスは、「一端固定支持（一端を固定し、他端を摺動する状態）」あるいは、「両端非固定状態（両端を摺動する状態）」で支持するが、地震時の躯体の振動に追随して脱落しないように十分なかかり代が必要である。取付け及びかかり代については、国交省告示第 1046 号（建築基準法第 129 条の 12 第 1 項六号の規定）により決められている。十分なかかり代が確保できない場合は、落下防止措置を講ずることとしている。

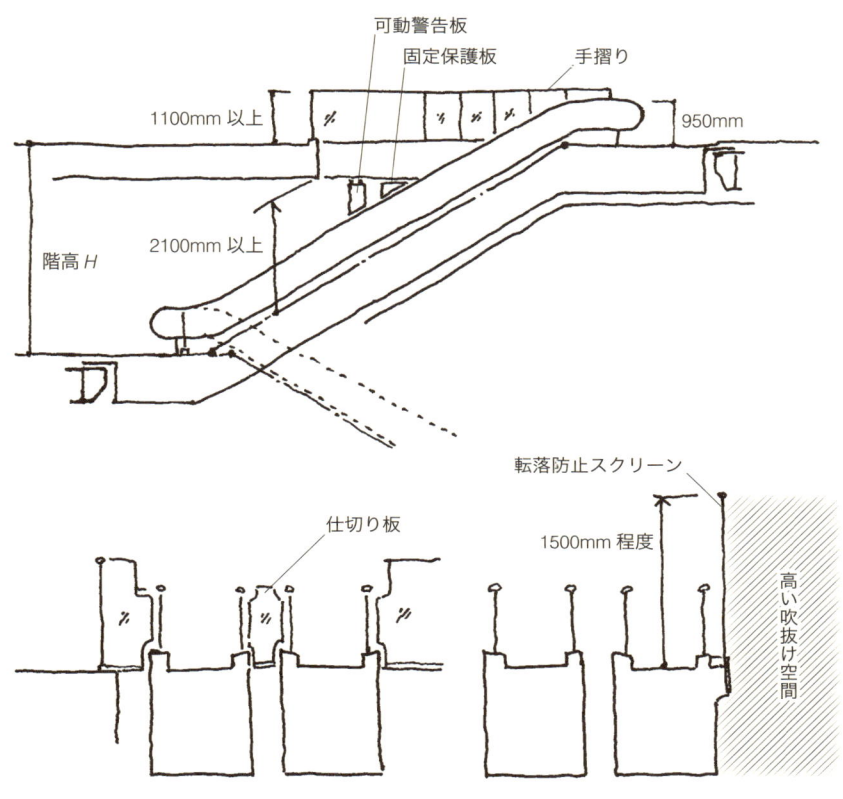

図1　エスカレーターの安全対策

設備全般

電気設備

空調設備

給排水設備

ガス設備

防災設備

昇降機設備

接点	番号	予防のツボ	A 耐震・耐久性	B 騒音・振動	C 漏水・浸水	D 防露・断熱	E 遮音・吸音	F 給排気・臭気	G 機能・効率	H 省エネ対策	I 防災・安全	J 環境・美観	K 維持・保全
設備全般	001	設備の仕様・グレードの設定							●	●			
	002	設備機械室の適切なスペース											●
	003	設備機器は騒音・振動のもと		●								●	
	004	設備配管が外壁を貫通するとき			●								
	005	設備配管は外壁に打ち込まない	●		●	●							
	006	屋上への配管取出し			●	●							
	007	屋上階の機械基礎の防水納まり			●								
	008	設備配管が内部防水を貫通するとき			●								
	009	設備機器の転倒防止	●										
	010	配管類の継手は地震に強く	●										
	011	軟弱地盤敷地での埋設管引込み	●										●
	012	設備インフラを引き込むとき										●	
	013	電気室への漏水対策			●						●		
	014	コンピュータ室の二重床下への浸入水対策			●						●		
	015	ピット内の漏水は気が付かない			●								●
	016	電気パイプスペースへの浸入水対策			●						●	●	
	017	集合住宅のパイプスペースの浸入水対策			●								●
	018	メンテナンスを考慮したパイプスペース											●
	019	乾式遮音間仕切りの遮音性能が低下した					●						
	020	倉庫内の露出配管は要注意			●			●					
	021	大型設備機器は更新を考慮する											●
	022	防火区画貫通部の処理は確実に									●		
	023	操作機器の取付け位置は利便性と美観で							●			●	
	024	システム天井の設備器具が落下する									●		
	025	システム天井は音漏れに注意					●						
	026	天井吊り設備機器は防振・耐震対策を	●	●							●		
	027	高天井の点検は安全に									●		●
	028	この点検口は何のため?											●
	029	点検口が多すぎて見苦しい										●	●

接点	番号	予防のツボ	トラブル										
			A 耐震・耐久性	B 騒音・振動	C 漏水・浸水	D 防露・断熱	E 遮音・吸音	F 給排気・臭気	G 機能・効率	H 省エネ対策	I 防災・安全	J 環境・美観	K 維持・保全
電気設備	030	高圧電気室からの騒音・振動対策		●			●						
	031	天井吊りの照明器具は脱落防止を		●							●		
	032	照明は球替え・器具替えを考慮する											●
	033	寝室の天井照明がまぶしい							●			●	
	034	照明は色温度と演色性										●	
	035	軽鉄間仕切り壁内の配線は保護が必要									●		
	036	高周波による障害									●		
	037	接地極導線からの漏水			●								
	038	ゴンドラによる通信障害と振動・騒音		●								●	
	039	太陽光発電パネルは強風と防水に注意	●		●						●		
	040	太陽光発電パネルの反射光障害									●	●	
空調設備	041	空調屋外機は騒音対策を		●								●	
	042	空調屋外機は配置により熱交換効率が変わる							●				
	043	空調屋外機が雪に埋もれた							●				●
	044	冷凍・冷蔵倉庫は防熱・防湿が大事				●							
	045	定温倉庫の床が結露する				●							
	046	静電気による放電ショック									●		
	047	熱負荷は建築の断熱仕様で決まる				●				●		●	
	048	地下外壁が結露する				●							
	049	天井冷房吹出し口は結露する				●							
	050	天吊型空調機からの漏水			●								
	051	天井内スペースは空調の性能を左右する							●				
	052	空間形状に適した空調気流							●				
	053	総ガラスの開口部では冷気が降下する							●				
	054	天井チャンバー排煙は梁下空間が必要							●		●		

接点	番号	予防のツボ	トラブル										
			A 耐震・耐久性	B 騒音・振動	C 漏水・浸水	D 防露・断熱	E 遮音・吸音	F 給排気・臭気	G 機能・効率	H 省エネ対策	I 防災・安全	J 環境・美観	K 維持・保全
空調設備	055	電算室の床スラブ裏面は結露する				●							
	056	風除室は広くゆったりと						●	●				
	057	エアバランスがドアの開閉に影響する						●	●				
	058	換気口と給気口は一対で設ける						●	●				
	059	給排気ガラリは風が出れば音も出る		●				●				●	
	060	排気ガラリ取付け位置は風向きに注意						●	●			●	
	061	給排気ガラリは外壁を汚す										●	●
	062	浴室は給排気バランスが大事						●	●				
	063	外壁ガラリからの雨水浸入防止策			●								
	064	レンジフードから漏れた排気はどうする						●					
	065	厨房ダクト内の油に火がついた						●			●		●
	066	集合住宅の換気口には消音チャンバーを設ける		●				●					
	067	外気取入れダクトは断熱して結露を防ぐ				●							
	068	屋内温水プールの天井内は 24 時間換気				●							●
	069	トイレの臭いを残さない排気						●					
	070	特高電気室の室温維持			●			●			●	●	
	071	厨房の臭いが事務室へまわる						●				●	
給排水設備	072	厨房の床仕上げ材											●
	073	集合住宅の受水槽の騒音・振動対策		●								●	
	074	集合住宅の排水管の騒音・臭気対策		●				●					
	075	集合住宅の洗面室・浴室からの漏水対策			●								
	076	給水配管のノッキングによる騒音・振動							●				●
	077	ジャグジーバスの振動音が下階に伝わる		●									
	078	ピットの汚水槽は腐食する										●	●
	079	防火・準防火地域内にある外部受水槽									●		
	080	水景施設を美しく維持する										●	●

接点	番号	予防のツボ	トラブル										
			A	B	C	D	E	F	G	H	I	J	K
			耐震・耐久性	騒音・振動	漏水・浸水	防露・断熱	遮音・吸音	給排気・臭気	機能・効率	省エネ対策	防災・安全	環境・美観	維持・保全
ガス設備	081	煙突の不具合	●					●	●				
	082	ガス器具の給排気						●			●		
防災設備	083	消防活動用開口部は有効寸法を確保する									●		
	084	消火水槽の有効容量									●		
	085	屋内消火栓の位置は使われ方を想定する									●		
	086	消火器は普段から目につく場所に置く									●		
	087	非常用発電機の燃料搬入経路									●		●
	088	オイルタンクの油漏れ対策									●		●
	089	低い位置のスプリンクラーヘッドは防護する									●		
	090	避雷導体設置のポイント									●		
	091	避雷導体が外壁を汚す										●	
	092	避雷針は風で振動する		●									
昇降機設備	093	エレベーターの関連工事	●	●				●			●		
	094	エレベーターピットの湧水対策			●								
	095	エレベーター昇降路に雨水を入れない			●						●		
	096	エレベーター昇降路は煙突と同じ						●					
	097	エレベーター昇降路内の温度は 40℃ 以下に						●			●		●
	098	集合住宅エレベーターの騒音・振動対策		●									
	099	エレベーターのインジケーターは必要か？								●			
	100	エスカレーターの安全対策									●		

おわりに

　『建築品質トラブル予防のツボ』を出版した後に、建築と設備との取合い部においてもトラブルが多いので、このことを書かなければいけないのではないかということで本書を企画した。

　設備機器や配管配線は必ず建築に取り付けられる。床に設置され、壁、天井に取り付けられる。その取合い部すなわち「建築と設備の接点」において、設備は性能・機能を発揮すると同時に、様々なトラブルも発生する。本書は設備単独のトラブルでなく、接点でのトラブル事例を明らかにし、その原因と対策を示すことで、より良い建物をつくることに役立てばという思いで書いている。この本を書きながら、なぜトラブルは起きるのかを考える中で、大事なことが二つあることを改めて認識した。一つは、「相手のことを思いやる」ということ。まずは建築主の思いを理解し、その実現へ向けてベクトル合わせができていることである。次に建築は設備のことを、設備は建築のことを互いに尊重し、思いやり、コミュニケーションを取ることである。これは設計から施工、そして維持管理まで、すべてのプロセスで大事なことだ。

　もう一つは、「トラブルを予測する」ということ。トラブルを予測できれば、対策が検討できる。完成形をイメージできれば、どうしたら実現できるか考えることができる。このことはものづくりの基本で、設計の早い段階で検討し、遅くとも施工に着手する前には検討が済んでいることが重要である。本書がトラブルのない建物を実現することに少しでも役に立てば幸いである。

　本書の出版に際し、一般社団法人 日本建築協会ならびに同出版委員会委員長西博康氏をはじめ、委員会の方々には多大なご支援、ご指導をいただいた。また、一般財団法人 日本建築総合試験所・平沢隆志氏からも貴重なご意見をいただいた。特に学芸出版社の岩崎健一郎氏には出版に向け多くの提案をいただき、また校正に献身的なお力添えをいただいた。ここに深く感謝する次第である。

◆ 著者紹介

仲本 尚志（なかもと　たかし）

1947年生まれ。1970年大阪工業大学工学部建築学科卒業。同年株式会社竹中工務店入社、設計業務に従事。2012年退職。神戸大学大学院経営学研究科修士課程・社会人MBA科目履修。2007年3月、放送大学大学院文化科学研究科修士課程修了。atelier UNI-SUPPORT（主宰）、一般社団法人 日本建築協会出版委員会委員。
著書：『建築工事の祭式』『建築品質トラブル予防のツボ』『図解 一発で通す！確認申請』（共著 / 学芸出版社）

馬渡 勝昭（まわたり　かつあき）

1947年生まれ。1970年武蔵工業大学建築学科卒業。同年株式会社竹中工務店入社、設計業務に従事。梅田スカイビル実施設計などを担当。2011年退職。2012年1月、一級建築士事務所 Atelier・YOU 設立。
著書：『建築品質トラブル予防のツボ』（共著 / 学芸出版社）

赤澤 正治（あかざわ　まさはる）

1954年生まれ、1973年広島県立尾道工業高等学校卒業。同年株式会社竹中工務店入社、設備設計業務に従事。海遊館、ハービスOSAKA等を担当。2015年TAKシステムズ大阪支店設備担当、現在に至る。
著書：『改訂版 イラストでわかる消防設備の技術』（共著 / 学芸出版社）

図解 建築と設備の接点
トラブル予防のツボ

2018年10月30日　第1版第1刷発行

企　　　　画	一般社団法人 日本建築協会
	〒540-6591　大阪市中央区大手前1-7-31-7F-B
著　　　　者	仲本尚志、馬渡勝昭、赤澤正治
発　行　者	前田裕資
発　行　所	株式会社 学芸出版社
	〒600-8216　京都市下京区木津屋橋通西洞院東入
	電話 075-343-0811
	http://www.gakugei-pub.jp/　info@gakugei-pub.jp
印　　　　刷	イチダ写真製版
製　　　　本	新生製本
装　　　　丁	KOTO DESIGN Inc.　山本剛史